阿 拉 伯 研 究 系 列 丛 书

The Arab Studies Series

非传统威胁下
海湾国家安全局势研究

肖 洋◎著

时 事 出 版 社

本书得到教育部区域和国别研究培育基地“北京第二外国语学院阿拉伯研究中心”2014年度资助，在此表示感谢！

自 序

以海湾地区为核心的中东，曾诞生了辉煌的人类文明，这里是世界历史上不同文明冲突与交融最为显著的地区，同时也是当今世界各种矛盾集中表现的地区。至今尘埃未定的中东政治动荡，既反映了世界各国内部的社会矛盾，也有大国博弈的因素，更隐含着各国人民冀求通过变革获得美好生活的愿望。

冷战结束后，国际社会的安全视角逐渐从以军事、政治为核心的传统安全延伸到以经济、能源、生态、文化、信息等为主要内容的非传统安全领域。作为一个动态性的概念，非传统安全体现了安全现实的变化和安全理念的拓展。随着涉及该领域的深层次问题不断涌现，如何应对非传统安全带来的威胁已成为各国政府战略与决策面临的新课题。

海湾国家是中东地缘政治的核心力量。同大多数国家一样，非传统安全因素带来的挑战使海湾国家的安全环境与安全形势面临着转折性的变化，其中既有世界各国面临的共性问题，也有该地区特殊背景下的个性问题。近年来，海湾国家面临的非传统安全挑战日益严峻并危及该地区的长远发展，本书将围绕与海湾国家密切相关的人口、粮食、生态等非传统安全热点问题进行评述，而历史演变、今日处境、未来展望是笔者构思的基本脉络。

作为关系国计民生、具有重要战略价值的特殊商品，粮食安全是海湾国家安全战略的重要组成部分。海湾国家的粮食自给率很低，严重依赖由美欧控制的国际粮食市场。发生在2008年的国际粮价暴涨被普遍认为是引发“中东乱局”的导火索，而这一切都与某些大国的粮食霸权战略密切相关。对富足的海湾国家而言，尚不存在发生大规模饥荒的可能，但也必须支付巨额外汇储备来购买高价粮，这在增大政府财政负担的同时，还会加剧国内通货膨胀。

海湾国家水资源安全形势十分严峻。一方面是因为该地区常年干旱少雨，过度开采地下水已经造成海水倒灌、水质恶化、地面沉降等严重后果；另一方面是因为各国淡水需求量不断增长以及水资源消费结构不尽合理，水资源浪费现象非常严重。随着工业化的发展，海湾国家将面临更为严峻的水源供给紧张和消费结构矛盾问题。

海湾国家是世界第三大劳工市场，却面临因人口结构失衡导致的国家人口安全威胁。外国移民数量激增导致了海湾国家人口结构严重失衡，本国居民已长期居于“少数居民”地位。此外，外籍劳工的生存状况也不容乐观，在海湾国家落后的保荐制度下，他们不仅受到雇主的压榨，还难以利用法律武器维护自身权益，而当地人却将外籍劳工视为造成海湾国家公民失业、社会动荡、外汇流失的重要原因。

由于工业化规模的不断扩大、城市化进程的加快，再加上社会综合发展水平的相对滞后，海湾国家的环境问题日益突出，粗放型能源消费和高额的能源补贴，使得海合会国家成为全球人均碳排放量最高的国家。国内能源消费的增长必然减少出口能源份额，并且对生态环境带来严重后果。作为可持续发展的重要内容，节能减排科技受到海湾国家的高度关注，特别是卡塔尔成为引领海合会国家走向绿色发展道路的“排头兵”。

海湾阿拉伯国家作为中国能源外交的核心区域，与中国在政治、经济、文化、安全等领域的联系极为紧密。近年来，双方经贸合作取得了快速进展。然而中东乱局未定，海湾国家对区域外大国的介入仍然缺乏足够的信任和认同，这已成为中国进一步拓展与海湾国家经贸合作的一大障碍。由于历史因素和政治经济制度的差异，中国塑造在海湾地区的正面国家形象面临着认同问题的挑战。因此，实施国家形象优化策略有助于中国获得海湾国家的信任，为中国走进阿拉伯世界创造一个良好的国际舆论环境，同时也为中国—海湾国家长效经贸合作提供了战略新思路。

在本书的撰写过程中，笔者力求运用历史唯物主义和辩证唯物主义的立场、观点和方法，全面系统地阐述这场挑战。书中内容涉及政治、外交、经济、军事、民族、宗教、文化等问题，力求通过对非传统安全问题的研究，突出对高层次、深层次问题的研究，把历史和现实、史实和理论有机结合起来。由于资料和水平所限，难免有疏漏不当之处，望国内同仁提出宝贵意见。

肖　洋

2014 年 8 月于北京

目　录

第一章

食品政治与海湾国家的粮食安全

当今世界，食品供应全球化，人人需要饮食。因此，任何人都会对食品政治问题感兴趣。但近年来国际粮食市场暗流涌动，粮食价格起伏不定，难以捉摸。事实说明，全球粮食供应是稳步增长的，粮食市场价格的变动，究竟是不是市场调节的结果？在全球化时代，对于海湾国家这样的粮食净进口国来说，是谁在主宰着世界粮食供应？粮食不仅是食品，更是某些大国推行霸权战略的武器。粮食安全问题不仅仅关系到海湾国家的民生与社会稳定，还引发了市场寡头、国家权力和世界粮食市场体系的隐形战争。对于各国领导人而言，全球粮食战争已经拉开序幕，而探究海湾国家粮食安全危机产生的国内外因素，总结海湾国家摆脱粮食危机的出路与成功经验，极具资政价值。

第一节　粮食危机背后的霸权逻辑

全球粮食市场的供需关系长期面临严重的结构性失衡，有关粮食安全的问题成为很多发展中国家最重要的安全议题。如今，世界上有近十亿的人处于饥饿和半饥饿状态，与此同时，还有近十亿的人为营养过剩而犯愁。人们不禁思索这样一个问题：导致粮食危机的根源，是粮食减产，是分配不均，还是这本身就是大国政治博弈的必然结果？

一、粮食危机的实质

尽管过去20年全球农业生产已取得巨大进展，但仍有8.42亿人长期遭受饥饿。联合国粮农组织的统计数据表明：有1.62亿名五岁以下儿童长期营养不良（发育迟缓），世界上有20亿以上人口遭受微量元素缺乏症，或“隐性饥饿”。这一现象阻碍了人类社会的发展，并导致了营养不良和经济乏力的恶性循环。与此同时，世界上有5亿人面临肥胖症的困扰。21世纪的食品政治是一种痛苦的讽刺。饥饿与肥胖，看似毫无瓜葛，却存在紧密的联系。粮食的丰产与短缺，一再塑造着国家的健硕与羸弱。当美国德克萨斯州的农民在用过剩的玉米换取生物柴油的时候，苏丹达尔富尔的难民们却在令人绝望的沙尘中争抢一块干硬的面包。上述问题的严重后果不仅会损毁人类道德的底线，还给整个社会带来严重的人力、社会、经济代价，因为粮食短缺会降低生产率、健康和福利水平、学习能力，阻碍人类潜力的发挥。

最让人担忧的是，美国、俄罗斯、法国、阿根廷等主要粮食出口国纷纷提升粮价，试图从世界的“大粮仓”转型为“大粮商”，掀起一场粮食巨头的私欲与人们肚子之间的战争。尽管这场战争终究逃不过国际伦理道德的谴责，但事实上国际粮食市场的人道主义底线早已被突破，一场蓄谋已久的全球性粮食危机已席卷而来。联合国粮农组织在2014年5月17日发布的《粮食展望》报告中预测：2014年全球谷物产量将为24.58亿吨，比2013年减少约2.4%，此外，鉴于主要粮食产区气候异常以及“东欧粮仓”乌克兰的政治紧张局势等不利因素，全球主要粮食种类价格都将大幅上涨。① 随着高粮价的阴影日益逼近，

① 中国农业外经外贸信息网：《粮农组织〈粮食展望〉发布2014/2015年度全球食品市场首次预测》，http：//www.moa.gov.cn/sydw/mczx/mygj/201405/t20140509_3898862.htm，2014年7月6日。

很多发展中国家逐渐陷入到一种如坠深渊的恐惧之中。国际粮价持续飙升造成了二战后最大规模的全球性粮食恐慌，引起了上至政府领导人下至平民百姓的共同关注。始于2008年的粮价疯涨已经让8亿多人食不果腹，近亿人面临饿死的威胁，其中绝大多数是儿童与老人。目前在加勒比、东非、西亚地区共有33个国家面临严重的粮食短缺，撒哈拉沙漠边缘国家平均每五年就发生一次大范围粮荒，马里、毛里塔尼亚、尼日尔、乍得从2012年3月开始就成为粮荒最为严重的国家。由粮食危机造成的社会骚乱和流血冲突使这些国家雪上加霜，例如马里北部的图阿雷格人和从利比亚卡扎菲倒台后返回的雇佣军一直要求独立，不断发动反政府袭击行动，造成当地百姓恐慌性外逃，严重影响粮食收获，也给国际救援带来困难。

食物与住房，都是人类生存的基本物质需求，也是为数不多的能长时间躲避资本主义逐利规律染指的商品。即使在资本主义国家，炒作粮价与房价的结果必然造成社会剧烈动荡，甚至会引发革命，此外，还会使得民众积攒的财富加速蒸发，从而形成金融寡头。因此，全球粮食市场一直保持在较低的价位。然而，资本主义逐利的冲突最终打破了这一“禁区”。2008年3月，世界粮食计划署执行干事乔塞特·希兰（Josette Sheeran）说，自2007年6月以来，全球谷物价格上涨了近40%，全球食品储备支撑不到2个月；3个月后，联合国粮农组织列出厄立特里亚、尼日尔、科摩罗群岛、利比里亚、朝鲜、柬埔寨、塔吉克斯坦、海地等22个发生严重粮荒的国家。为了增加粮食储备以备不测，粮食进口国调整了粮食政策以扩大进口额，如摩洛哥把小麦进口关税由130%降为2.5%，菲律宾实施“大米自给计划”，马来西亚则开展“种稻改革计划”，实行国内的稻米种植业集中化管理，增加本国粮食产量，减少对外依赖。而一直以高粮食贸易壁垒和高额农业补贴著称的欧盟，也暂停征收大部分谷物进口关税，不断囤积粮食。受国际粮价不断攀升影响，国内外原粮及其制粉价格存在较大价差，从而带动了中国小麦等原粮及其制粉产品出口的快速增长。[①] 为了确保粮食储备安全，2007 年 12 月 20 日，中华人民共和国政府宣布取消粮食及其制粉出口退税，2008 年全年对小麦、玉米、稻谷、大米、大豆等原粮及其制粉共 57 种产品征收 5%—25% 的出口暂定关税。[②] 与此同时，主要的粮食出口国则开始“捂粮惜售”，2008 年 3 月 27 日，柬埔寨和埃及颁布大米出口禁令，越南制定了 2020—2030 年的国家粮食安全计划，以保障本国的粮食需求。[③] 越南、印度、泰国等粮食出口大国也纷纷提价并减少大米出口量，令全球大米供给减少了近 1/3，米价上涨造成以大米为主食的新兴国家的通货膨胀率不断上扬。

对于贫困的粮食进口国来说，全球粮价暴涨就是一场灾难。在埃及，Eish（一种烤饼，原意为生命）是人们的重要主食，2008 年埃及一个 100 克受补贴 Eish 的售价低于 1 美分（约合人民币 0. 07 元），不受补贴 Eish 的售价则是其 10 倍至 12 倍，远超过埃及平民的承受能力。很多人为了买受补贴的 Eish，每天要排两到三个小时的队，并常常为此发生争抢。2008 年小麦及面粉涨价导致埃及的 Eish 出现严重短缺，人们因抢购受政府补贴的低价 Eish 而引发的冲突，已经造成数人死亡。很多拉美国家也饱受粮价攀升所导致的面粉短缺之苦。玻利维亚政府已经接管了部分面包房，以保证穷人能吃上面包。根据秘鲁国家统计机构的统计，与 2007 年同期相比，秘鲁国内面粉价格已经上升了 35%，面包价格上涨了 40%，外汇储备不足导致秘鲁政府无力大量进口小麦。为了应对粮食危机，秘鲁政府甚至计划发放“面包券”，限量购买面包，而军队已经开始供应由土豆制成的面包作为士兵的主食。

---

① 中华人民共和国财政部：《2008 年我国对原粮及其制粉征收出口暂定关税》，http：//www. mof. gov. cn/pub/mof/zhengwuxinxi/bulinggonggao/tongzhitonggao/200805/t20080519_ 27999. htm，2014 年 8 月 12 日。

② 中华人民共和国中央人民政府：《财政部：12 月 20 日起取消粮食产品出口退税》，http：//www. gov. cn/banshi/2007 - 12/19/content_ 838500. htm，2014 年 7 月 22 日。

③ 中国经济网：《全球粮价上涨创纪录世行警告 33 国或临社会动荡》，http：//www. ce. cn/cysc/sp/info/200804/08/t20080408_ 15080711_ 1. shtml，2014 年 7 月 22 日。

然而，2008年粮食危机的导火索并非是粮食减产，而是粮食供给不足。事实上，2007—2008年度全球谷物产量增长了5.7%达到16亿吨。那么，为什么粮食丰产却导致粮价攀升呢？因为粮食供不应求。需要说明的是，这里的粮食需求不是指粮食被当作食物，而是指粮食被加工成生物能源，即粮食能源化。由于传统化石能源价格居高不下，因此发展生物能源则成为各国维护能源安全的选择之一。例如在中国东北的粮食产区，3吨玉米可以生产1吨化工醇、1吨干酒糟和1吨酒精。以目前中国的玉米价格和工业原料价格计算，每生产1吨化工醇便能获利1200元，如果年产20万吨化工醇，则可盈利近亿元。因此，将粮食转化为能源可以带来极大的经济收益，这导致农作物不再用来填饱肚子，而是用来注满汽车油箱。然而，粮食能源化耗费的粮食是巨大的，例如生产50升生物乙醇所需的粮食可供养一个人一年之久。然而，在资本主义的逐利逻辑里，人的生命安全往往让位于经济利益最大化。2007年12月19日，美国前总统小布什签署新能源法案，将发展生物燃料作为美国未来的能源战略方向。由于粮食是人们的必需品，美国又是主要的粮食出口国，大量的粮食被用于生物能源，自然会拉升农产品价格。①

由上可知，粮食危机是一场围绕利益再分配展开的人造危机。因此全球粮价疯涨不仅是经济问题，更是政治问题。“经济创造财富，政治分配财富”——这一政治经济学的基本要义诠释了粮食危机的本质。然而，能够看清并敢于揭示粮食危机实质的人少之又少，本就不多的质疑声音往往被既得利益者贬为“阴谋论”，而一些抛弃学术良心的学者则在国际粮食巨头的威逼利诱下纷纷论证粮价上涨是市场调节的结果，掩饰其背后的政治图谋，提出一个又一个看似有说服力，实质不堪一击的荒谬论断。

---

① 郭生详：《粮食战争是一场什么样的战争》，《环球视野》，2010年5月24日第293期，第24页。

二、解读粮食危机的四大谬论

西方国家常常利用手中掌握的大众传媒优势来控制对粮食危机的话语解读。综合看来，西方国家为2008年粮食危机的根源编造出诸多解释，归纳起来主要有四点：新兴国家消费论、气候暖化论、美国货币政策论、生物能源占粮论等。这些论点避重就轻，过于强调外部环境的作用，而刻意回避问题的实质。以下将逐一进行剖析。

新兴国家消费论认为粮食危机是由中印等新兴市场经济国家增大粮食消费量引起的。该论断是“中国威胁论”的升级版，将全球对粮食短缺的恐惧，转移到新兴市场国家身上。对于西方国家来说，这是一箭双雕的妙棋，既能减轻国际舆论对西方国家粮食政策的职责，又可以打击新兴市场国家的崛起进程，尽可能维护既有大国的优势地位。因此，西方国家掩盖了全球粮价上涨的表象和本质、短期矛盾和长期挑战，运用强大的传媒力量转移国际舆论的视线，回避国际社会对其发展生物能源所造成的机器与人类争粮的批评。此外，把全球粮食危机、矿产危机归因为新兴大国强大的购买力，一直是美国政府部门的惯用做法，大力营造“中印买啥啥贵”的市场假象。在2008年全球粮食危机中，以美联储主席为首的美国高官借此抨击中印的声音不绝于耳，他们宣称由于中国、印度工业化进程较为成功，积累了大量财富，购买力的提升与庞大的人口推动了对食物的旺盛需求，导致大量进口粮食，从而造成国际粮价飞涨。2008年诺贝尔经济学奖获得者保罗·克鲁格曼（Paul R. Krugman）也在《纽约时报》的专栏中附和美国政府的观点，把粮食危机归到中国和印度头上，从而引发国际经济学界对中印的围堵风暴。此外，一些国外媒体还大力炒作2008年发生在中国华北地区的冬旱，鼓吹旱灾导致中国冬小麦歉收和粮食减产，迫使中国动用巨额外汇储备大量进口粮食。由于13亿中国人的粮食需求是个天文数字，因此必然导致随后几年全球粮价的大涨。然而，中国与印度人口众多是现实，但这两个国家也是世界上最重视粮食自给的国家，单纯靠国际市场来维持粮食供给是极为幼稚的论调，也是刻意忽视中印粮食安全国策的别有用心之举。例如2013年中国的粮食总产量实现十连增，达到6亿吨，口粮自给率几乎为100%。[①] 中国之所以要进口谷物，并非是因为国内粮食不够吃，而是越南、巴基斯坦、缅甸出口的米比国产米便宜，能够降低食品加工企业的成本。所以说“中印粮食进口威胁论”是一种居心叵测的论调，是西方国家混淆视听、刻意损毁中印国家形象的卑劣行为。

气候暖化论认为气候异常是导致全球粮价上涨的原因。这是一种最不负责任但也最难反驳的观点，因为粮食生产的确与气候变化紧密相关。全球暖化论试图让人们接受这样一个现实：真正的恐惧是全球变暖所造成的粮食减产，而非汽车与人争食。一些气象学家认为：全球暖化导致水灾和旱灾发生的周期日益缩短，粮食丰产区出现大面积歉收，从而使国际粮食市场出现“断货”的风险，粮食的供不应求自然会导致“物以稀为贵”。当气温达到30摄氏度以上时，水稻产量就会下降。在信息化时代，人类掌握的高科技仍无法摆脱极端天气对粮食生产的威胁。但问题在于，虽然气候暖化的确会影响某类农作物的产量，但并非所有的农作物都会出现产量的大幅下降。例如按国际粮农组织的统计数据，2013年全球玉米、稻谷都是增产的，只有小麦略有减产，全球粮食供需状态基本平衡。此外，因为粮食生产要有一个5个月的生长周期，所以气候暖化只能影响到秋粮的产量，所以单纯地把粮食危机归为全球变暖带来的极端天气并不客观。

相对而言，生物能源占粮论具有一定的说服力，其核心观点认为美国生物燃料计划要求汽油必须添加10%的玉米乙醇，因此需要用大量的玉米制造乙醇，从而造成美国的玉米出口骤减，造成全球玉米价格不断攀升的状态（见图1－1）。2008年美国制造乙醇的玉米用量首次超过了玉米出口量，意味着本该用于食用的玉米被制造成汽油，而

---

① 中国粮油信息网：《2014我国进口谷物1500万吨》，http://www.chinagrain.cn/liangyou/2014/1/17/201411715245993763.shtml。（上网日期：2014/7/12）

玉米是非洲、拉美等大部分发展中国家的主食，因此，这个“车与人争粮”的证据被认为是导致2008年全球粮荒的主要原因。然而，生物能源的主要原料是玉米，最多只是导致玉米出口量的减少，对其他粮食作物影响极小。事实表明，在国际食品价格上涨的动因中，30%来自能源价格上涨，40%与生物能源有关，20%来自投机资金，10%来自贸易壁垒。尽管生物燃料需求扩大会造成玉米价格飙升两成左右，但俄罗斯、阿根廷等国的玉米生产潜力巨大，全球玉米的供需基本平衡。发展生物能源对全球粮价产生有限影响。

美国货币政策论将全球粮食危机的祸首直指美联储。该论调认为：正是由于美国政府实施货币宽松政策（easy monetary policy），不负责任地滥发美元，才造成了全球粮价暴涨。尽管美国政府一再否认这一论断，但事实胜于雄辩，苍白的解释就是掩饰，深陷金融危机的美国的确是靠大量发行货币来推动经济复苏的，滥发货币导致美元贬值，那些以美元为主要外汇储备货币的国家纷纷面临“特里芬难题”。[①] 国际金融市场中巨额的投机基金在美元贬值的情形下，只能以购买粮食等资源产品作为保值增值的替代品，货币金融逐渐转向实物金融。由此引发粮食等全球资源类产品的期货价格飞涨，恶化了国际经济环境和民生环境。从经济理性的视角来看，美国作为美元的最大受益国，应该像维护全球生态均衡一样维持美元的稳定，因为币值稳定的美元可以为美国带来稳定的收入。但美联储显然私心太重，为了一己私利而随意让美元贬值，让其他国家承担美元通胀的压力，这种损人不利已的行为扰乱了国际粮食市场的正常秩序，必定带来一系列连锁反应。

---

① “特里芬难题”告诫我们：依靠主权国家货币来充当国际清偿能力的货币体系必然会陷入“特里芬难题”而走向崩溃。不论这种货币能否兑换黄金，不论是哪一国货币，也不论是以一国货币为主还是平均的几国货币，这对于我们分析未来国际货币体系的发展无疑有着重要的启示作用。

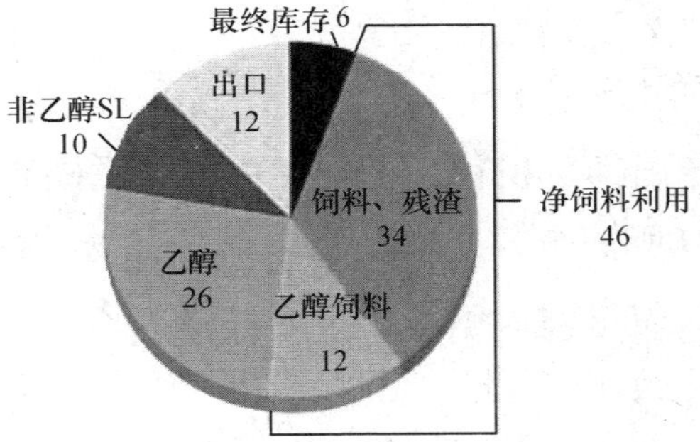

图 1-1 2011 年美国国产玉米的用途（%）

图片来源：上海行业情报信息网；http：//www. hyqb. sh. cn/tabid/1146/ctl/InfoDetail/InfoID/8597/mid/3097/Default. aspx? ContainerSrc = %5bG%5dContainers%2f_ default%2fNo + Container。

三、粮食武器化

以上四个论断都不足以解释全球粮食危机的真正根源，笔者在此提出一个新的观点：粮食危机的实质是美国将粮食作为统治世界政治经济秩序的武器。美国不仅是粮食出口大国，而且控制着国际粮价。以美欧为背景的 ADM（Archer Daniels Midland）、邦吉（Bunge）、嘉吉（Cargill）和路易达孚（Louis Dreyfus）被称为“国际四大粮商”。当国际社会探究粮价高涨的始作俑者时，这些行业巨头逐渐成为媒体聚焦的对象。欧美粮食巨头一直主导着国际粮食贸易，因此西方国家在粮食涨价中获益最大。中东地区一些被美国认为是“不民主”的国家，例如埃及、突尼斯、阿曼等国，在美欧一手导演的粮食危机面前，被迫开始“西方民主化”进程，因此美国是此次全球粮食危机的最大获益者。

由于美国拥有世界上面积最大的耕地和最大的粮食交易平台，因此国际粮食贸易受美国的影响很大。二战中，美国通过操纵国际粮食市场而获得巨大财富，这使得西欧各国不惜投入巨额补贴来实现粮食自给，以免受高粮价之苦。连日本、韩国等美国的“附庸国”也一直坚持大米自给，严加防范唯利是图的美国粮商。然而可悲的是，至今为止，日韩仍是世界上最大的粮食进口国，且近一半的进口粮食来自美国。

二战以后，各国都重视粮食生产，一些严重缺粮的国家逐渐实现了粮食自给甚至有所盈余，这导致全球粮食市场供过于求，粮价持续下跌，靠出口粮食为生的美国农场主因此损失惨重。为了维持国际高粮价，美国政府让粮农停止生产并给予补贴，目的就是不想让粮食生产太多，以维持高粮价。美国将粮食优势转变为政治优势的运作十分熟练。冷战时期，美国政府就通过“粮食禁运”来打击共产主义国家。例如在1959—1961年中国经历了三年困难时期，中国政府除了调动国内一切力量克服粮荒之外，还积极设法从国外寻求粮食进口，其中就包括存粮甚巨的美国。肯尼迪上任伊始就面临着是否卖粮给中国的问题。在美国民间、特别是中西部的农场主，则支持向中国出口粮食。据1961年3月20日公布的盖洛普民意测验结果，认为美国应该向中国出口粮食的占52%，持否定态度的占37%。[①] 美国政府内部也有人建议趁中国遭受粮荒之际，适当放宽对华禁运政策，从而为改善对华关系打下基础，拉拢中国反击苏联。与此同时，加拿大、澳大利亚等粮食出口国的商轮已经开始向中国运粮，并且向美国的石油公司申请加油服务，但美国在政府仍然坚持不予持中国准航证的西方国家船只加油的政策。1961年5月20日，时任英国外交大臣霍姆向美国国务卿迪安·腊斯克（David Dean Rusk）提出给中国运粮的问题，腊斯克没有允诺。5月29日，日本前首相吉田茂向美国建议由国际组织向中国提供粮食，此事也不了了之。美国政府之所以持隔岸观火的态度，是在等待中国在粮荒的重压下服软，主动提出“以粮食换合作”的建议。然而美国对华强硬的立场受到其盟友的广泛质疑，英国前首相哈罗德·麦克米兰（Harold Macmillan）就一再告诫美国：没什么东西能诱

① 中国网：《美国对中国的粮食禁运：鲜为人知的冷战“武器”》，网址：http://military.china.com/zh_cn/history4/62/20091124/15711872.html，2014年8月10日。

使中国求援。

然而，并不是所有遭受粮荒摧残的国家都能像中国这样有骨气。2010 年底在突尼斯、埃及、利比亚、也门、叙利亚等阿拉伯国家爆发了以“民主”、“反腐”、“就业”为口号的反政府运动，造成大中东地区社会的巨大动荡，引起了国际社会的广泛关注。表面看来，这次中东乱局的导火线是突尼斯自焚事件，而其深层因素是粮食大幅涨价所导致普通民众的恐慌。美欧国家借此次社会危机为其对中东进行“西方民主化改造”战略铺路搭桥，利用现代移动通讯技术和互联网社交媒体将这种恐慌快速扩散开来，很快便控制了社会舆论的风向标，进而推动反政府力量的发展。突尼斯和埃及的主粮小麦靠进口供给，由于 2008—2009 年全球小麦价格大涨，这两个国家也顺势提高了粮价。由于粮食是民生型商品，粮食价格大涨带动其他商品价格跟涨，加上许多商家囤积，百姓日常生活受到威胁，加上失业率居高不下引发的对政府不满，由此引起社会动荡。可以说，正因为美欧国家控制了全球粮食交易的定价权，从而具有对粮食进口国的特权优势，当推行西方民主价值观受阻时，则将粮食变成武器鼓动平民进行反政府游行，从而达到兵不血刃进行政体更迭的目标。可以预测的是，随着国际粮价的飞涨，中东地区因恶性通胀引起的地缘政治混乱很可能向东亚、西非等高度依赖国际粮食市场的地区蔓延，粮食最终会成为美国施行全球战略的又一有力武器。

四、农业美元与美国的粮食霸权

美国作为世界粮食市场的实际操纵者，其粮食战略正悄然发生改变。从 2007—2008 年全球粮食危机背后的政治博弈可以看出，美国借用粮食来巩固全球霸权的谋略正浮出水面。为了维护美元体系的稳定，美国政府开始将美元的根基从中东国家的“石油美元”逐渐转向本土的石油农业，从而推动“石油美元”向“石油—农业美元”的历史性转移。

在币缘政治时代，美国全球战略的三大支柱是美元、石油与粮食，维持三者间相互依赖的关系是美国全球战略的基本纲领。[①] 20世纪70年代以来，美国以大规模补贴本国农业为手段，以“东京回合”谈判（1973—1979年）和“乌拉圭回合”谈判（1986—1993年）为契机，[②]实现了对全球大宗农商品的全产业链垄断，使各国对美国农业权力产生制度性依赖，奠定了粮食霸权的基础。

依靠石油致富的突尼斯、阿尔及利亚、埃及、也门等国，单一的石油炼化产业无法构建完整健康的国民工业体系，社会保障制度也极为脆弱，粮食自给率极低，不得不过度依赖国际市场的粮食进口，因此，在国家发展战略失误导致的通胀率与失业率攀升，导致了社会矛盾的激化。美国全球战略的主要设计者布热津斯基在其名著《大棋局：美国的首要地位及其地缘战略》中写道：“粮食依赖进口，将不仅因成本较高而造成经济资源紧张，而且也会使这些国家更易遭受外部压力的打击。”[③] 显然，这些美国资深的战略家都不约而同地认识到粮食所具有的战略价值。

21世纪的国际政治经济格局与二战后并没有太多变化，以中国、印度为代表的新兴市场国家，其现代化进程仍以美元资本实现工业化，这必然会严重削弱国内耕地、灌溉用水等农业基础性资源，并对美国资本占垄断优势的国际农产品市场产生依赖，从而强化了美国粮食霸权的国际基础。

2012年6月21日，美国参议院通过了《农业改革、食品与就业法

---

① 贾林州：《美粮食战略拐点：通过粮食重塑霸权》，中国乡村发现网，网址：http：//www.zgxcfx.com/Article/50058.html。（上网日期：2014年8月2日）

② 东京回合是指关贸总协定第7轮多边贸易谈判，讨论内容主要包括农产品贸易、多边贸易谈判协议安排，并扩大到包括非关税壁垒问题在内的领域。乌拉圭回合是关税与贸易总协定主持下的第八轮多边谈判，其主要成果之一是强化了多边体制，特别是将农产品和纺织品纳入到自由化的轨道，并加强了争端解决机制。

③ 兹比格纽·布热津斯基著，中国国际问题研究所译：《大棋局：美国的首要地位及其地缘战略》，上海人民出版社2007年版，第142页。

案》，将在未来十年内削减236亿美元的农业开支，这将直接削减美国农场主的收入，致使美国农业生产成本将变得更为昂贵，从而推高全球农产品价格，世界廉价粮食时代逐渐走向终结。[①] 这预示着美国粮食战略发生了重大转折。

美国粮食霸权的战略谋划十分精妙，主要表现在以下两个方面。

第一，鼓励保险金融资本进入农产品期货交易市场，推高农产品价格。在美国现行法规下，政府对农业的直接补贴并不与农产品价格挂钩，而是与种植品种、种植面积和产量挂钩，而保险项目则与价格波动和收成好坏相挂钩。换句话说，只有推高农产品价格换取赔保才能弥补农户因政府补贴骤减而带来的损失。例如在美国参议院讨论和通过削弱农业补贴法案时期，美国农产品期货市场的主要农产品价格全面上涨50%以上，甚至连中国的大连期货交易所的豆粕价格也遭遇逼空行情，[②] 并且中粮集团、中粮期货、国投期货也发生危机。因此，美国农产品价格暴涨的背后，实际上是美国制度性推动农产品价格走高的战略图谋。

第二，推动农场主的相互兼并，催生农业托拉斯。大农场主和大型农业企业具有较强的抗风险能力，是美国农业产业链的领导者，拥有农产品定价权。虽然大农场的生产效率并不高，但仍能获得绝大多数的政府补贴，这也是美国农场主不断对外扩张的原因。随着资金薄弱的小农场主纷纷破产和被吞并，美国农业寡头的势力越来越大，从而集体推高了农产品价格。

今天，随着美国生物能源战略的推进，世界粮食与农业市场早已被美联储、美国财政部联合美国农业托拉斯、军工集团和华尔街投资

---

① 贾林州：《美粮食战略拐点：通过粮食重塑霸权》，中国乡村发现网，网址：http：//www.zgxcfx.com/Article/50058.html。（上网日期：2014年8月2日）

② 所谓“逼空”，字面理解就是逼迫空头，股指期货中的逼空是指反复单边上涨，不给那些没买入股票而在等待回调再买的人机会，这种行情的特点就是一旦你抛出股票就很难再次买进，因为你总想等回调有个低点，但这种回调总是点到即止，然后不断上涨。

集团联合垄断，而美元资本也因此拥有了世界粮食市场的绝对权力。综上而言，美国粮食战略的核心目标，是通过制造、传导粮食危机来重组国际地缘政治格局，稳定美元霸权。

随着叙利亚问题和伊朗问题处于打打停停的胶着状态，美国意图推行中东民主化进程的战略雄心，使其很可能同时利用对国际粮价和国际油价的控制权进行联袂出击，在推高国际原油价格的同时，推高粮食价格，这将带动全球性的资本回流美国，催生美国金融市场的复苏，有效解决了全球美元通胀的难题，而与此同时也将引爆新兴市场国家的资本泡沫，将美国霸权的潜在挑战者扼杀在幼年时代。

第二节　粮食安全与中东乱局

如今，被称为大中东的西亚和北非地区是粮食匮乏的重灾区，该地区的农业生产受到灌溉水资源稀缺、耕地荒漠化以及相关公共政策缺失等制约，而导致粮食产量日趋下滑。与此同时，由于受剧增的人口和低效社会管理政策的影响，粮食消费量在不断攀升。然而，无论是从个人消费水平（贫困率较高）或是国家整体发展水平（对进口的依赖）来看，该地区的食品消费情况均呈现出巨大波动。食品价格的飙升助长了该地区的动荡局面，然而这一核心因素似乎已被政府贪腐、经济不景气等现象所掩盖。实事求是的说，西亚北非地区的各国政府、包括埃及和利比亚的过渡政府都试图通过增加食品补贴和不断出台粮食政策来获得民众对新政权合法性的认同，但这也加速了导致“中东乱局”发生的政治化进程。

一、大中东的粮食安全现状

西亚和北非各国多年来一直处在濒临食品危机的险境中，而“阿拉伯之春”带来的社会动荡使得这种局势变得雪上加霜。近十年来，无论是农业生产还是粮食消费，该地区的食品产业安全系数一直逼近警戒线。尽管越来越多的中东国家领导人意识到了这一问题的严重性，但他们迫于粮食增产乏力以及国内外粮食寡头的反对，并没有采取强有力的措施来克服粮食安全问题。西方国家精心策划的“阿拉伯之春”，其战略目标就是通过削弱一些反西方国家的政府权威、培植亲西方的代理人。需要指出的是，西方国家要整治的对象不但包括利比亚、埃及、突尼斯、伊朗、叙利亚等国，还包括尚未发生政权更迭、且与西方关系尚好的海湾国家。尽管例如阿曼、沙特等海合会国家也纷纷施行了一系列改善民生的政策以化解日益尖锐的社会矛盾，但这些政策是为了满足短期“维稳”的政治需求而非进行实质性经济改革，更妄谈进行大规模基础设施建设了，这毕竟需要大量的资金投入和具有远见卓识的决策者。然而，无论是以依靠市场供需平衡还是政府的宏观指导，这些措施在动荡的社会局势中难以奏效。食品价格的全球性上涨已经成为现实，但海湾国家，以及整个中东地区却没有出台足够多的应对政策（这也可能是导致“阿拉伯之春”的原因之一），使得大中东地区的粮食安全领域处于不设防的状态，因而加重了该地区本已十分严重的食品安全问题。

中东国家的食品危机具有不同的性质，辨别差异的焦点在于它们是石油出口国家还是非石油经济国家。事实上，该地区的所有国家都在与一种或多种的食品危机作斗争。大多数中东国家的食品制造商因为一些严苛的制度而被迫减少食品产量。中东国家的农业也存在很多问题，如像大多数发展中国家共同存在的低产量、耕地利用率较低、城市化进程加速而导致对土地和淡水资源的巨量需求，从而出现“城进农退”的困局。虽然西亚北非国家大都注重提升粮食自给率，但无论是国内的农业生产还是从邻近地区的粮食进口，干燥的气候都加速了中东农业生产环境的逐步恶化；对于消费市场来说，过快的人口增长导致了食品需求量猛增，各国有限的粮食产量和薄弱的社会保障体系，将粮食供给不足带来的不良影响与民怨沸腾联系起来，为西方把控中东“民主化进程”提供了舆论支持。

和世界的其他地方一样，中东地区正处于食品价格随着全球消费水平的提高而不断上涨的态势，粮食价格也不再“随天而定”而是“随市而定”，即使是风调雨顺也会出现粮价暴涨。然而，中东地区的一些非石油国家饱受食品价格过高、贫困率过高、对进口食品过度依赖之苦。除此之外，由于缺乏较强的国际经济竞争力，使这些国家难以获得足够多的外汇收入来填补因进口粮食造成的财政黑洞。

二、粮食危机背景下的中东乱局

粮食危机的表现形式是食品价格危机，成为大中东阿拉伯国家的核心议题。自从20世纪70年代以来，食品价格的疯涨和食品补贴的减少，在中东地区引发了多次群体性冲突，如在1977年的埃及、1981年的摩洛哥、1984年的突尼斯、1996年的约旦和2008年的整个中东地区。后面几次大规模“抢粮运动”直接造成了美国次贷危机前夕的全球食品价格上涨，这也可能是二战结束以来，造成全球经济不景气的重要原因。2008年6月的前两年是食品价格上涨的高峰期，全球食品价格提高了77%，同期谷类的价格则上涨了近两倍。

尽管这些事件并没有引发中东国家政权的更迭，但是对于落实那些被广泛接受却难以为继的粮食补贴政策则产生了重要影响。这些事件也反映出一个现实：在享受所谓经济发展红利的同时，还有很多穷人在忍饥挨饿。值得一提的是，尽管由面包引起的骚乱是中东国家罕见的大规模反政府运动，但该地区各国政府仍坚持实行财政紧缩政策，甚至埃及、伊朗和其他一些中东国家在大规模动荡爆发前夕还在削减食品补贴。

中东乱局首先发生在2010年底的突尼斯，并且迅速波及到阿尔及利亚、也门、约旦和埃及。人们广泛认为食品价格过高是重要诱因，甚至是引发暴乱的导火索。[①] 但内战不休的叙利亚却是个反例。虽然从2006年起，由于持续干旱导致叙利亚粮食产量持续性减少，130万叙利亚人受到直接影响，此外还有叙利亚境内的120万伊拉克难民无法获得足够的食物，这造成了大规模的人口迁移和范围较大的粮食短缺，但是对于反政府示威者来说，食品问题却并非是指责巴沙尔政府的有力理由。[②] 全球粮食价格指数自从2009年初就开始增长，于2011年2月达到了峰值，增长了68.3%。[③] 中东各国政府提供的食品补贴成效颇微，这是因为补贴并没有覆盖到所有的食品种类，并且被官员腐败和黑市垄断等阻力削弱了其减压效果。[④]

不管食品涨价在挑起最初的社会冲突中扮演了怎样的角色，民众愤怒的核心很快指向了更多显而易见的政治不公现象。然而，中东所有国家的政府（包括没有被大规模群体性冲突威胁到的国家）都试图通过一些常规的方法，如增加食品补贴、提高政府职员的薪水和退休金等方式来减小社会管理所面临的压力。这些措施表明执政者内心的矛盾，他们要么继续掩盖政治不公现象背后的经济问题，要么寄希望于这些小修小补的措施能够缓解社会矛盾。因此，这些改良措施在整个中东地区都得到了落实，以下列四国为例。

1. 埃及

埃及前总统穆罕默德·胡斯尼·穆巴拉克（Muhammed Hosni Mubarak）在2011年2月30日命令政府终止正在进行的削减食品补贴政策。不仅如此，埃及的过渡政府也计划增加食品补贴和公共部门的

---

① Johnny McDevitt, "Jordanians Protest Against Soaring Food Prices," *The Guardian*, January 15, 2011.

② United Nations, "Syria Drought Response Plan, 2009 – 2010", *Mid-Term Review*, New York, February 2010.

③ FAO, World Food Situation, September 8, 2011, http://www.fao.org/worldfoodsituation/wfs-home/foodpricesindex/en/, 2014/7/12.

④ Jeff Rubin, "Food: What's Really Behind the Unrest in Egypt," *Toronto Globe & Mail*, February 9, 2011.

薪金，在2011—2012年共达150亿，为GDP的7%。[①] 具体举措为增加公共部门雇员的底薪，提高26%的公务补贴，提升全国的养老金数额。然而，海湾国家的政府受益于油价上涨和可观的外汇储备，可以担负的起这种大规模刺激经济的成本，但非海湾国家却力不能及。如果埃及仍坚持2011—2012年的补贴规模的话，财政赤字将会达到GDP的11%。

2. 约旦

约旦政府为了维护社会稳定，宣布拨款5.5亿美元用于食品补贴，为市民和军队官员增加退休金和薪水。[②] 同年8月，又额外花费了5.84亿第纳尔（8.24亿美元）用于社会福利和食品补贴，[③] 2011年的食品补贴开支所造成的政府赤字占约旦GDP的5.5%，并且有进一步提升的趋势。

3. 摩洛哥

尽管摩洛哥国内支持改革的力量并不大，但在2011年，摩洛哥政府依然提高了食品和燃料补贴，从原计划的170亿迪拉姆提升到480亿迪拉姆（约合58亿美元）。摩洛哥政府还花费950亿迪拉姆（约合115亿美元）用于提升公共部门职员的薪水，平均增幅为11%。因此，摩洛哥政府开支赤字预计将会达到GDP的5.5%—6%，而原先预计的仅为3.5%。

4. 海合会国家

2008年，海湾各国政府反应迅速，增加包括食品补贴在内的各项社会开支。科威特埃米尔谢赫萨巴赫·艾哈迈德·贾比尔·萨巴赫（Sheikh Sabah Al-Ahmed Al-Jaber Al-Sabah）在2011年1月责令内阁为市民提供14个月的免费食物，并且分发总计35亿美元的现金，这共花

---

① Matt Bradley, "Egypt Budget Reflects Populist Turn," *The Wall Street Journal*, June 3, 2011.

② "Jordan Expands Subsidies, Raises Salaries," *Associated Press*, January 20, 2011.

③ "Jordan Approves $824 Million Social Spending," *Reuters*, August 24, 2011.

费政府40亿美元。[①] 2011年5月，阿拉伯联合酋长国经济部长采取强制性措施责令食品零售商稳定400种商品价格，直到2011年末，一些零售商同意以批发价出售商品，也有一些零售商把商品价格降低了50%。[②] 其他一些海湾国家政府，如沙特阿拉伯和巴林，尽管没有只针对食品制定新政策，但也增加了相应的补贴。

2010年的12月，伊朗在“阿拉伯之春”爆发以前就减少了食品和燃料的补贴，这使其并未像埃及等国一样施行补救性经济刺激政策。事实上，大多数示威游行的导火索源于经济发展不平衡。如今在约旦和摩洛哥，像2011年9月那样的大规模示威游行已经很少发生，并且没有对政府造成明显威胁。埃及和突尼斯的前政府首脑在暴乱发生的几周内便纷纷下台，而新政府则在暴乱白热化时采取了增加补贴和其他一些惠民政策，从而能够稳定局势。因此由于处理得当，一些经济比较发达的海湾国家并没有发生大规模暴乱，但作为波斯湾阿拉伯国家中的特殊存在，宗派矛盾尖锐的巴林仍然坐在火药桶上。

显然北非的反政府骚乱已经波及到叙利亚，但是海湾六国基本上幸免于难。尽管全球食品价格在2011年的2—8月间下降了2.8%，谷物价格也由2011年4月的峰值降低了4.9%。[③] 然而，对于中东各国的普通民众来说，食品价格仍然很高。例如，根据联合国粮食与农业组织的报道，在埃及，2011年5月小麦的价格增长了16%，这意味着小麦面粉以及用面粉制造的产品价格都会上涨。[④] 作为埃及经济问题恶化的一种必然结果，埃及镑的贬值增加了进口小麦和其他农产品的开支。

---

① “Food Reserve Planned, But Imports Leave UAE Vulnerable,” *The National*, January 12, 2011; “Kuwaiti Emir Grants $4bn, Free Food to Citizens,” *Arab News*, January 17, 2011; Rory Jones and Tom Arnold, “UAE Pact on Price Controls Set to Last to End of the Year,” *The National*, May 11, 2011.

② Emirates News Agency (WAM), “UAE freezes prices of 400 major commodities,” *E-mirates 24/7*, May 27, 2011.

③ FAO, *World Food Situation*, May 20, 2011.

④ FAO, *GIEWS Country Brief for Egypt*, September 13, 2011.

此外，摩洛哥粮食部门的同期通货膨胀率为3.1%。[①]

不应该把所有的反政府运动都归咎于政治不平等现象，并且中东君主制国家面临着不限定继承权的民主化改革挑战。然而，大多数的暴乱都是由经济问题引起的。在这一方面，根据拉比·萨迪奇（Larbi Sadiki）的“民主的面包”理论，在中东乱局爆发后的两年内，西亚北非国家再次无法有效确保食品的供应，这在一定程度上打破了民众对新政府的期望。对于一些国家来说，增加食品补贴意味着即使无法进行深层次的经济政治改革，政府也已经履行了应尽的义务。根据联合国粮食与农业组织预测，2012年中东国家的粮食产量同比回升，这也让很多消费者和决策者长舒一口气。然而，2012年叙利亚大麦和小麦的产量下降了9%。[②]需要指出的是，尽管粮食自给率有所提升，西亚北非地区的所有国家仍然保持对国际粮食市场的高度依赖性，用于进口粮食的外汇储备不足。埃及的情势尤其严重，2011年埃及小麦进口量由于本土产量的增加而减少，但全球粮食价格的升高和埃及镑的贬值使埃及用于粮食进口的费用不断攀升。[③]

中东乱局将一些不出口石油的阿拉伯国家置于一种危险境地，经济发展速度正在变缓，而且鲜有复苏的迹象。从埃及、突尼斯、巴林到也门、叙利亚和利比亚，罢工和抗议活动此起彼伏并且影响到了正常的经济活动。即使过渡政府上台以后，这种乱象也没有发生明显的改变，中东地区的社会运动仍然在政局动荡下风起云涌，使这些国家失去了外国投资和发展旅游业的机会。

除此之外，在经历了2008年全球金融危机的冲击之后，西亚北非国家的经济发展一直踌躇不前。国际货币基金组织（The International Monetary Fund）在2011年9月下调了中东石油进口国的GDP增长预测值，把2011年4月预测的1.9%下调至1.4%、将2012年的4.6%下调

---

① FAO, *GIEWS Country Briefs*, August 24, 2011.

② FAO, *World Food Situation*, September 8, 2011.

③ FAO, *GIEWS Country Briefs*, September 13, 2011.

至2.6%，这其中也包括除巴林之外遭受反政府示威的国家。[①] 除此之外，在一些更为动荡的国家，例如叙利亚的GDP则会呈现负增长，突尼斯则呈现零增长，埃及在2011年也只增长了1.2%。如果计算人均增长率，这些国家都会是负值。

与上述背景相矛盾的是，正遭受社会动荡烦扰的西亚北非各国，其施行的财政政策，在某种程度上有助于减轻一些私营部门因经济减速所受到的冲击。然而，这也带来了两个与食品安全相关的新问题：第一，它加速落实了那些助长粮食浪费和食品消费的政策，却没有解决贫困问题，[②] 这些开支早晚会让政府入不敷出。除非海湾国家政府大量动用石油收入或外汇储备，[③] 即便如此，这些举措又会对宏观经济造成很多负面影响。第二，没有任何迹象表明，无论是现任政府还是过渡政府的首脑，愿意进行从根本上解决食品危机的宏观经济改革。

正如上文中所提到的那样，在政治上的沉默期，中东国家并没有做出很多努力去进行粮食改革。“阿拉伯之春”带来的社会动荡使各国政要敏锐地意识到他们的国家处于多么危险的境地，这种危险的处境已经由于反政府运动的成功而显得愈加严峻。事实上，无论是过渡政府还是现任政府，都没有得到群众的广泛拥护。因为长时间的社会动荡，使得中东国家更难在经济结构改革上有所作为，因为维护政权稳定成为头等大事。由于难以为继的财政改革和迫不得已的缩减开支，可能会出现新一轮的食品危机，或是引发更大规模的反政府运动。总的来说，食品危机日益严峻的时候，也是西亚北非政府的危机管理能力最脆弱的时候。

---

① International Monetary Fund, *World Economic Outlook*, September 2011, p. 99.

② Luzi Ann Javier, “Egypt to Boost Wheat Imports to Avert Unrest, El Attal Says,” *Bloomberg News*, September 20, 2011.

③ 2013年，西方国家和一些富有的海湾国家对遭受“阿拉伯之春”冲击的国家进行经济援助。然而，绝大多数此类援助都附加政治条款，即要求受援国进行经济体制改革。

第三节　海湾地区的粮食危机

一、农业危机

除了依靠能源出口的海合会六国之外，农业是大多数阿拉伯国家的重要经济部门，2000—2004 年，农业生产占该地区 GDP 的 9%。[①] 然而，这个数字却不能完全体现出农业在这些国家政治、社会、经济等领域中的重要性。在大中东地区，大约 45% 的人为农民，他们有的直接进行农业生产，有的从事与农业密切相关的工作，因而绝大部分的人都易受农业生产状况和农产品价格的影响。值得一提的是，在中东地区的一些重要国家，农业占 GDP 总额的比重更大，尤其是埃及（农业生产量占 GDP 总量的 13.5%，从事农业生产的劳动力占总人口的 32%）和叙利亚（农业生产量占 GDP 总量的 17.6%，从事农业生产的劳动力占总人口的 17%）。[②] 此外，西亚和北非的很多石油输出国也将农业作为吸纳就业人口的重要部门，尽管石油部门为这些国家带来巨额财富，却没有给人们创造足够多的就业岗位，因此，农业仍然是最重要的就业来源。在伊拉克，农业对 GDP 总量的贡献率虽仅为 9.7%，却容纳了全国 21.6% 的就业人口。在阿尔及利亚，对应值分别为 8.3% 和 14%，伊朗为 11% 和 25%。

在此需要说明的是，农业之所以在中东经济发展过程中占据如此重要的地位，是因为没有哪一种经济可以成功替代农业来吸纳如此之多的低素质就业人口，特别是青壮年。尽管中东地区从事农业的人口数量有所减少，但由于常年的高出生率，以青年为主的就业大军仍然

---

① Clemens Breisinger et al.,"Food Security and Economic Development in the Middle East and North Africa: Current State and Future Perspectives", *International Food Policy Research Institute (IFPRI) Discussion Paper*, May 2010, p. 7.

② "Central Intelligence Agency (CIA)", *The World Factbook*, https://www.cia.gov/library/publications/the-world-factbook, 2014 年 7 月 17 日。

会源源不断的涌现。因此限制农业经济的发展对于决策者来说是一个巨大的挑战。尽管农业很重要，却被很多国家的领导人所忽视（主要为非石油经济国家），并且在以石油经济为主体的海合会国家，需要付出巨额生产成本的农业已经成为得不偿失的代名词。自二战结束到20世纪末以来，海湾各国的农业生产主要由国家掌控，政府控制着耕地面积，负责购买和分配水、种子、肥料、机械等基本要素，并且作为农产品的最终购买者来限制农民对土地的占有量。尽管有大量的政府补贴和投资，广泛但低效的政府参与阻碍了农业生产力的提升。在过去的20年里，海合会六国每公顷耕地的年均产量增加了2.24%，而劳动生产率只增长了0.87%。①

20世纪80年代，全球油价的下滑限制了海湾国家经济的发展，这无疑增大了政府的财政压力，因此这个时期，包括海湾六国在内的中东国家都在进行农业政策，致力于推行自由市场贸易，总体而言，改革促进了农业生产力的提高，每公顷耕地年均产量增加了2.76%，劳动生产率增加了1.84%。与1991—2001年与2007—2009年的平均水平相比，17个中东国家的谷物产量均增加了17%，只有叙利亚的粮食产量有所减少。

然而，在中东的三个重要国家埃及、土耳其、伊朗，农业的劳动生产力与整个国家的经济水平并无多大关联。以2011年的数据为例，埃及的每个从事农业生产的工人所创造的GDP为1780美元，土耳其为3107美元，伊朗为4295美元，而西方国家的数据是：澳大利亚为33485美元，德国为35365美元，美国为76695美元。在埃及，每个农民的生产量占全行业工人人均生产量的27%，同样的数据在伊朗为40.7%，在土耳其为38%，而在发达国家，例如澳大利亚，每个农业产业工人创造的GDP值是全国工人人均

---

① Eckart Woertz. “Arab Food, Water and the Big Gulf Landgrab that Wasn’t”, *The Brown Journal of World Affairs*, p. 4.

产值的80.5%，德国为93%，美国为150%。[①] 因此，一个常常被我们忽略的重要问题是绝大多数的中东农民具有较低的社会地位和文化程度。由于农业往往是低收入的代名词，因此农村地区的基础设施和社会服务较差，人们又易受其他高收入行业的吸引，即使在海合会国家也是如此。[②] 所以农业部门很难找到兼具专业技术和开拓精神的管理者，从管理、市场、组织和技术等方面去探寻农业生产的改善途径。

与2008—2009年相比，近年来中东地区的农业产量呈现出较为严重的滑坡，下降幅度约为10%。尽管该地区最大的、地位举足轻重的农业生产国——埃及仍维持着7%的农产量增长率，[③] 但在17个被调查的国家中，包括海湾六国在内的11个国家的农产品都出现了产量下降。海湾地区不断扩大的农业规模正在挑战着本就匮乏的土地和水资源的承载极限，阿拉伯半岛国家利用地下水去种植谷物、豆类，而沙漠边缘地区则因过度放牧使得草地资源损毁巨大。[④] 更为重要的是，中东地区的人均水资源为757立方米，远低于世界人均7130立方米的水平。如果根据中东地区现有的人口增长趋势，世界食品政策研究机构（International Food Policy Research Institute）预测757这个数字不久将会降为400，由于农业用水占水资源利用总量的90%，因此所受水资源短缺的影响也越大。

世界食品政策研究机构指出，伊拉克的水资源利用率下降了60%，也是中东地区下降最多的国家，并且在吉布提、约旦、苏丹、叙利亚等国也有超过50%的下降。埃及农业生产面临如下的阻碍因素：尽管

① V. Shahabinejad and A. Akbari, "Measuring Agricultural Productivity Growth in Developing Eight," *Journal of Development and Agricultural Economics*, Vol. 2, No. 9 (September 2010), p. 327.

② FAO Global Food Security Review, December 13, 2010, p. 1.

③ Food and Agriculture Organization of the United Nations, *FAOSTAT* 2014, http://faostat3.fao.org/faostat-gateway/go/to/download/FB/CC/E, 2014年7月18日。

④ Imed Drine, "The Food Crisis: Global Perspectives and Impact on MENA", *MPRA Paper*, No. 22245, April 21, 2010, p. 6.

用于农业生产的土地有所增加（相对于1999—2001年和2007—2009年的数值大约增加12%），但这很大程度上是由于政府把尼罗河谷外的沙漠地区改为耕地。[①] 更加严峻的现状是，埃及正在把最适合耕种的土地用于城市化建设，把大量的海水转化为淡水，并且实施落后的漫灌方式，导致了严重的土地沙漠化和盐渍化问题，而对埃及来说最基本的问题在于，其境内的水资源也面临着与邻国分享的风险，甚至受制于苏丹、埃塞俄比亚等上游国家。

一些海湾国家政府在农业问题上最具前瞻性，尽管这些国家面临着最为严重的水资源短缺问题，但仍通过增加出口补贴来弥补对进口食品的资金缺口。事实上，由于缺乏一些农业重要资源，海湾国家特别是卡塔尔极其重视本国的食品安全，其基本粮食安全理念已经在2008年“全球食品危机——中东地区”的声明中得到了阐释，该声明也是旨在确保粮食安全的《卡塔尔国家粮食安全计划》的一部分。[②]

2008年农产品和食物价格的飙升已经引起了人们对食品安全和全球贫困率攀升等现象的广泛关注。然而，由于2008年下半年全球经济的不景气和粮食生产国放松了出口管制，这使得海湾国家长期遭受的高粮价威胁有所减轻，但是一些导致食品价格大幅波动的主要因素仍然存在。

近来由于粮食价格波动所带来的冲击，使许多小麦和大米的出口国因害怕无法满足本国人的粮食需求，而再次采取禁止粮食出口的政策，这些禁令进一步助长了全球市场食品价格的飙升。例如卡塔尔由于国家的规模较小，所以更易遭受粮食安全问题的困扰。

根据食品及农业组织（FAO）的食品价格系数显示，在2008年6月全球的食品价格增长了25.7%，这无疑惊醒了海湾国家的决策者。

---

① Adel Shalaby and R. R. Ali, “Agricultural Land Monitoring in Egypt”, *NOAA-AVHRR and SPOT Vegetation Data*, Vol. 8, No. 1, November11, 2010, pp. 275－276.

② Qatari National Food Security Program, “The Global Food Crisis: Middle Eastern Dimensions,” http://www.qnfsp.gov.qa/issue/global-food-crisis, 2014年7月19日。

尽管很多海湾国家很早就已经启动了食品安全的相关项目，但卡塔尔的粮食安全项目在2012年才被正式提出。

然而，关于引发食品价格飙升的原因则一直备受争议，但主流的观点认为，一是由于中国、印度这些新兴经济体对食品需求量的增加；二是由于为获取生物燃料而对某些农作物的过分改造，还有一些观察者认为是由于投机性购买。然而，海湾国家担忧的重点是2008—2009年，一些国家为确保本国人民的食品供应、免受全球粮价上涨冲击而出台的短期内禁止出口粮食的决定。尽管海湾国家并没有发生大规模的骚乱，但是在中东一些相对贫困的国家，食品问题仍然是引发社会动荡的导火索。

沙特阿拉伯在20世纪70年代开始实施提高农业生产的计划。尽管该国的农业生产禀赋条件不容乐观，但还是采取农业补贴和土地分配等政策以实现粮食自给。这个雄心勃勃的规划使沙特变成了纯粹的小麦出口国，但是该国投资力度和生产成本都很高，特别是对本已极度稀缺的水资源的挥霍，导致沙特阿拉伯为此付出了巨大的代价。除此之外，沙特国王不得不大量进口化肥、农机甚至是所有的农业工人，这无疑使自主生产粮食这一目标无法实现。因此在重重压力下，沙特粮食自给计划于2008年正式结束，并且根据该国的农业分析，沙特小麦的产量将以每年12.5%的速度降低，直到2016年降至为零。

尽管沙特阿拉伯粮食自给的经历令人失望，但海湾地区一些较小的国家仍然开始了相似的计划。卡塔尔政府于2011年8月向公众宣布要建立1400个农场，在超过45000公顷的土地上实现粮食的完全自给，而这仅仅是作为该国粮食安全战略的一部分。卡塔尔粮食计划的负责人——穆罕默德·本·法赫德阿提亚（Muhammad bin Fahd al Attiya）说：这些农场将会雇佣一些来自农业科技革新研发机构的农业技术人员。[①] 据卡塔尔媒体称，这个粮食自给项目甚至包括从伊朗进口土壤。

① “Qatar Plans up to 1, 400 Local Farms,” *The Peninsulas*, August 2, 2011.

2011年2月，阿提亚说，卡塔尔的主要目标是到2023年能够实现70%的粮食自给，而2011年的对应数据仅为10%。[①]

阿布扎比酋长国作为阿联酋最大的组成部分，也启动了多个项目来保障它的食品安全。阿布扎比酋长国食品管理局成立于2007年，负责包括农业和食品安全问题。尽管阿联酋对许多农产品的补贴已经在2010年结束，但阿布扎比却积极介入农业生产领域。阿布扎比政府为该地区24097个农场提供了免费灌溉用水。阿布扎比酋长国食品管理局服务中心每年给每个农民十万迪拉姆（大约27250美元）的现金补贴，并且这些农户可以获得灌溉技术、种子、栽培技术和一些培训项目。[②]在2010年末，阿布扎比政府建立了一个商品交易机构——Abu Dhabi Source，目的之一是保证进口食品的供应，如今正在富查伊拉酋长国建设粮仓。[③]

在废弃了国内农业发展的项目之后，沙特阿拉伯加速实施了那个备受争议的“租地种粮”农业计划，该计划为了获取在海外的耕地（主要在非洲，也有一部分在亚洲和东欧）用于粮食种植，该计划很早就被启动了。然而，沙特阿拉伯的国王并不是唯一的冒险者，其他海湾国家，如阿联酋、卡塔尔、巴林、科威特，甚至北非的利比亚都制订了明确的土地租种合约。有意思的是，这些国家很少在阿拉伯世界投资或是发展农业，这主要缘于中东动荡的地缘安全形势。[④]其中涉及到从东道国的农民手中获得土地进行粮食出口而不是供当地人民解决温饱问题，这种做法可能有失“租地种粮”国家的颜面，但这也暗示

---

① “Qatar ims to Meet 70% of Its Food Needs in 12 Years”, *Gulf Times*, February 20, 2011.

② Vinita Bharawaj, “U. A. E. Strives to Promote Local Farm Goods at Home,” *The New York Times*, January 19, 2011.

③ Javier Blas, Jack Farchy, and Roula Khalaf, “Abu Dhabi Moves to Secure Food Supply,” *Financial Times*, November 16, 2010.

④ Nadim Kawach, “Arabs Mull $65 Billion Food Security Plan,” *Emirates* 24/7, July 28, 2010.

了这些国家很难大幅度增加粮食产量。

这些“租地种粮”项目的规模大小、具体操作细节和租借东道国土地的相关条款很少公之于众。通常情况下，海湾国家会直接收购土地，也会试图通过农业投资、加强当地道路、灌溉等基础设施的建设来确保食品的供应，在一些情况下，东道国会提供长期的土地租赁来获得打折石油和基础设施投资。① 这种交易方式的范例之一是在2008年12月，卡塔尔埃米尔谢赫·哈马德·本·哈利发·阿勒萨尼（Hamad bin Khalifa al-Thani）贷款25亿美元去建造肯尼亚第二大深水港，以换取在塔纳河三角洲4万公顷的耕地。②

这种交易大多数是政府和政府之间，如卡塔尔—科威特之间的协议，但由国家赞助的民营企业也热衷于这种交易。③ 在这些民间的交易中，2008年位于迪拜的Abraaj Capital公司通过与阿联酋政府合作，要求租用巴基斯坦32.4万公顷的土地进行农业生产；④ 2011年3月，以沙特政府为后盾的Menafea公司声称将投资1.25亿美元在赞比亚建造一个5000公顷（12400英亩）的农场以及一个炼油厂。⑤ 沙特阿拉伯鼓励私人在国外的耕地进行投资，并且提供了共计50亿的软贷款。⑥

对于食品安全来说，控制国外的耕地是一个十分冒险的解决方式。⑦ 这些举措已经引发了一些东道国尤其是食物十分短缺的非洲国家

---

① Joachim von Braun and Ruth Meinzen-Dick, "'Land Grabbing' by Foreign Investors in Developing Countries: Risks and Opportunities," *IFPRI Policy Brief*, April 20, 2009.

② Xan Rice, "Qatar Looks to Grow Food in Kenya," *The Guardian*, December 2, 2008.

③ Alpen Capital, GCC Food Industry, June 28, 2011.

④ Simeon Kerr and Farhan Bokhari, "UAE Investors Buy Pakistan Farmland," *Financial Times*, May 11, 2008.

⑤ "Saudi Arabian Firm to Invest $125m in Zambia Farmland," *Reuters*, January 29, 2011.

⑥ John Vidal, "How Food and Water Are Driving a 21st – Century African Land Grad," *The Guardian*, March 7, 2010.

⑦ John Sfakianakis, et al., "Saudi Arabia Economics: Pressure on Food Prices," *Banque Saudi Fransi*, August 21, 2010, p. 11.

的抗议。卡塔尔—肯尼亚的租地合同就遭到了社会活动家、当地政府部门和一些非政府组织的强烈反对。① 此外，东道国的政府更迭、战争和国内动荡局势等威胁因素仍然存在。还有一种可能性是，在全球食物短缺并且全球粮价不断上涨的背景下，东道国可能会没收或者限制外国租地者收获农作物，以削减全球粮价变化所带来的食品安全压力；而那些到海外“租地种粮”的私有投资方，尽管担负着保障母国食品供应的责任，但也可能会按照国际市场价格而不是国内市场优惠价格来出售他们的农产品。

二、消费危机

因为中东地区有相对较高的人口增速，所以在粮食增产方面变得十分困难。大幅度降低的人口死亡率抵消了只轻微下降的出生率，因而从1950—2010年，该地区人口增速为335%（大约是世界人口增长数值的两倍）。据联合国预测，中东地区人口增长速度将会继续攀升，② 到2030年增速为31%，人口将达到5.83亿；到2050年，增速为52%，人口将达到6.8亿。此外，一些低收入国家在2030年前人口增速较快，如埃及（31%）、叙利亚（36%）、约旦（36%）、也门（72%）和阿拉伯（74%），这使得人口问题继续恶化。对于中东的一些贫穷国家来说，解决温饱问题十分困难，这种严峻局面主要由高贫困率、高失业率和贫富差距过大等多方面因素造成的。尽管该地区没有任何国家通过发展极具竞争力的企业和出口导向型企业来推动经济迅猛发展，但总体而言，自20世纪90年代以来，中东地区的GDP增长速度还是十分可观的。从1990年至2000年，该地区年均GDP增速为3.8%，虽然这只是西太平洋地区的一半，但也接近了中等收入国家

① Nick Wadhams, “Kenyan Activists Fight Land Deal With Qatar,” *The National*, June 6, 2009.

② United Nations Department of Economic and Social Affairs, *World Population Prospects*: 2010.

3.9%的GDP增长速度。近十年来，几乎停滞不变的石油价格严重影响了中东地区的经济发展，但是一些重要的非石油经济国家在经济发展方面的表现相当出色（埃及4.4%、叙利亚5.1%和突尼斯4.7%）。从2000年至2009年，由于油价的上涨和一些经济改革措施的施行，中东地区的所有国家经济增长速度都有了很大提高，平均水平达到了4.7%，然而，与中等收入国家（6.4%）和中国等新兴市场国家（9.4%）相比，差距仍然在加大。

自2000年以来，尽管大部分中东国家一直在开放国内市场，减少政府干预并且鼓励私有企业自由竞争，但是这些国家很难提升经济发展速度。因为政府主导型经济体制已经由裙带资本主义所替代，经济改革也没有带来新兴企业遍地开花。该地区的经济政策没有催生出具有全球竞争力的企业，也没有创造足够多的新型工种，更没有增加大多数人的收入。

对于中东地区的食品需求而言，该地区的经济增长质量并不高：一是未能大幅度减少贫困人数，以及提升食品的供给能力；二是未能利用能源出口收入来发展本国的非石油经济，从而支付进口食品的费用。

但中东并非是营养不良的重灾区。2010年，在全球饥饿指数（Global Hunger Index）所划分的0—14指数体系之中（数值越大则表示越饥饿）：中东地区数值为5.1，而1990年的数值为7.5，这表示中东地区反饥饿运动成效显著，并且已经低于世界平均水平9.8。因此，西亚北非作为一个整体被归类为“中等饥饿地区”。[①] 也门和利比亚的饥饿指数更低，这可能是由于比较优厚的社会福利政策导致的。[②] 沙特阿拉伯等海合会国家和伊朗等石油国家的儿童营养不良率有所下降，而在黎巴嫩、利比亚、土耳其、也门一些非石油国家，儿童营养不良的比例非但没有减小，反而在有所提升。而在黎巴嫩、利比亚、土耳其、也门等非石油经济国家，儿童营养不良的比例有所提升。

---

① Klaus Von Grebmer et al., *2010 Global Hunger Index*, IFPRI, October 2010, p. 13.

② Ibid., p. 14.

中东各国面临的最严峻问题是食物价格是否实惠于民。这不但是对一些非产油国的严峻考验，同时在一些产油国里也是很敏感的话题。在中东地区，各国日均收入低于2美元的贫困人口比例有所不同，但在一些人口众多或地缘位置十分重要的国家这个比例则非常高，如也门（44.6%）、摩洛哥（24.3%）、埃及（18.5%）和叙利亚（16.9%）。① 总而言之，中东1/5的人口都处于贫困状态。② 并且，贫困人口的绝对数量非但没有减少，反而由于“越穷越生”的恶性循环而导致贫困率的持续增大。在过去几十年中，无论是从多元化的工种还是高工资来讲，海合会国家都是佼佼者，而非产油国的经济增长并没有惠及低收入人群。

低收入人群的大部分收入都用于购买食物，所以即使是食品价格的轻微增长也对他们影响很大。在埃及，低收入群体花费50%以上的收入用来购买食物（其中的20%用于小麦、食用油和糖类等主食上）。在摩洛哥，食物所占收入的比值超过了60%（15%在主食上）。③ 所以，食品价格的增长（或者食品补贴的减少），对贫困家庭的日常花销影响很大，这种影响会通过政治和社会两个方面被进一步放大。

首先，对于城市人口来说，食品价格过高会使城市人口感到与消费总支出不成比例，他们比农村的人们更享受高收入的快乐，但是也不愿意与那些受益食品价格增长的人分享他们的收入。④ 开罗和安曼有很多的贫困人口，他们极易形成大规模的抗议活动并涌进政府权力和媒体的中心。其次，中东地区的中产阶级是一个很重要但又很脆弱的群体，从人均国民收入3330美元的伊拉克到7810美元的突尼斯，中等

---

① WorldBank，2011，DevelopmentIndicators，http：//data. worldbank. org/indicator/SI. POV. 2DAY/countries，2014年7月19日。

② Breisinger et al.，*Food Security and Economic Development*，p. 7.

③ Drine，*The Food Crisis*，p. 8.

④ Ruslan Yemtsov，The Food Crisis：Global Perspectives and Impact on MENA：Fiscal & PovertyImpact，http：//www. pptsearch. net/details-the-food-crisis-global-perspectives-and-impact-on- mena-108058. htm，2014年7月19日。

收入人群对于食品价格变动比高收入的同龄人更为敏感。[①] 在中东国家，广泛的食品补贴政策是社会福利的主要组成部分，这就意味着，如果没有这些补贴，中产阶级会和贫困人口一样受到粮价上涨的很大影响。

海湾国家未能完全免受食品涨价所带来的影响，因为该地区虽然人均收入很高，但也伴随着贫富差距过大和奢靡消费等问题。在2007—2008 年，沙特《阿拉伯新闻报》的一则社评明确指出了沙特阿拉伯的问题和政府关心的焦点："尽管外国人对沙特阿拉伯存有很大的幻想，但这里并不是亿万富翁的聚集地。"[②] 大多数沙特阿拉伯人和外来移民选择在这里工作，主要是希望通过努力工作换取高工资，但他们很多都失败了。沙特政府十分清楚这种危险的存在，即通货膨胀的潜在风险远高于失业问题。

尽管和国际失业指数相比，沙特阿拉伯的贫困率并不高，但是在2009 年 4 月，社会福利部发布了该国贫困率为 22%，大约有 300 万人。[③] 沙特阿拉伯作为海湾阿拉伯地区最大也是最重要的经济体，其食品零售价格远超过其他任何一个阿拉伯国家，因此食品开支占据普通沙特家庭总支出的 1/4。在 20 世纪 50 年代，发放食品补贴成为中东地区经济生活的重要组成部分，并且作为政府鼓励民众对国家保持忠诚的一种手段。食品补贴是包括免费教育、大量雇佣公共部门人员、没收私有财产等政治战略的重要组成部分。尽管这通常是社会主义国家的社会管理方式，但是食物补贴仍然被一些保守的石油出口国政府采纳。因此，虽然海合会各国为了食品供应所采取的农业政策常被描述为保障国家安全或宏观经济稳定所采取的措施，但是大量证据表明，该地区的领导人已经意识到能否负担得起食品补贴，是一个潜在的且

---

① World Bank, 2011 Development Indicators. 其他国家为：埃及 5680 美元，摩洛哥 4400 美元，叙利亚 4620 美元。

② "Inflation: Government Action Needed," *Arab News*, August 5, 2008.

③ Abdul Rahman Shaheen, "Poverty Alleviation Becomes Priority for Saudi Arabia", *Gulf News*, September 22, 2009.

十分敏感的政治议题。

对于中东地区的非石油出口国来说，这些津贴增加了政府财政负担。在2010年，埃及花费大约30亿美元用于对面包进行补贴，这些钱本可以更有效的用于农业投资，或是改善贫困人口的医疗或教育条件。然而，补贴政策对于那些最需要帮助的人来说，是一种效率低下的援助方式。因为政府会对每个人提供帮助而无论其是否需要，这种大锅饭的社会福利政策助长了浪费和滋生腐败。但是相较于其他反饥饿措施，它更具可操作性，并且在公众中也很受欢迎。更重要的是，拉比·撒迪（Larbi Sadiki）把这一政策作为执政者与民众建立社会联系的核心，并借此来保证和平与社会稳定，认为它是“民主的面包”。①

对于中东一些非石油经济地区来说，食品补贴的花费很高，并且当全球食品价格飞涨时往往难以为继。然而，近年来这些国家为取消食品津贴所做出的努力由于遭到公众的强烈反对而宣告失败。例如，2008年由于面包价格上涨了五倍而引起了骚乱，埃及政府花费20亿美元用于面包补贴，禁止水稻出口、命令军队给穷人制作并分发面包等行动安抚骚动的人群。但是当政府和社会学家成功地逐步减少食品补贴时，他们正处于一个没有高速经济增长和充足的工作机会来减少贫困率的经济萧条时期。当政府以囊中羞涩为由减少食品补贴的时候，通常是伊斯兰宗教组织代替政府为民众提供食物、医疗和教育等服务。②

因为中东地区存在长期且范围较广的食品贸易赤字，这使得个人对食品供给的不安全感与宏观经济的发展息息相关。正如上文所提到的那样，过度依赖进口导致的食品安全风险已经引起海湾国家的高度重视，但是对于其他大多数国家来说，在宏观经济层面的食品安全问

① Larbi Sadiki “Towards Arab Liberal Governance: From the Democracy of Bread to the Democracy of the Vote,” *Third World Quarterly*, Vol. 18, No. 1, March4 1997, pp. 127 – 148.

② Haim Malka and Jon B. Alterman, “Taking It to The Streets,” *Middle East Notes and Comment*, October 2007.

题主要还是经济问题：他们无法通过大量的出口来弥补进口粮食所带来的财政赤字。测试这种关系的标准是总出口数和总进口数的比率，这个比率可以检测出一种经济形式在食品价格变化时的漏洞——不仅检验出在食品价格上涨时国家购买食品的支付能力，还能对比出粮价上升对消费者的影响程度。该比值在中东的数据为11.5%，换句话说，即8.8%的出口收入都用于填补粮食进口的花费。参与国际粮食政策研究所（International Food Policy Research Institute）调查的16个中东国家中，只有3个国家超过了2009年世界的平均水平。[①]

包括海湾各国在内的中东粮食危机反映出两个问题：一是该地区农业竞争力的缺失。就像20世纪90年代之后中东地区承诺实施的市场改革那样，贸易自由化给农业带来了很多负面影响。除了提升中东地区各国的农业生产率之外，贸易自由化也开启了从美国、欧洲进口小麦的先河，并且使得传统的小麦出口国如埃及、摩洛哥变成粮食净进口国。[②] 2010年，在世界前20个谷物进口大国中，中东地区占了8个，并且埃及位居榜首。二是农业替代产业的缺失。通常而言，经济现代化的必然结果，是农业领域的缺陷会由其他经济部门所弥补，其中大多数为新兴产业。然而中东国家具有国际竞争力的部门乏善可陈，因此也没有解决粮食安全比率过高的问题。虽然海湾六国的粮食安全形势较好，但是就像近年来阿拉伯动荡反映出的那样，这些国家仍然受食品安全的影响较大，这主要是由于它们过分依赖单一商品（石油和天然气）出口创汇，并且易受全球能源价格和需求的影响。

综上所述，海湾六国在世界舞台上扮演着重要角色，丰富的石油资源给它们带来了丰厚的能源红利，但并不能真正解决这些国家的粮食安全问题。农业是国计民生的根本，要想实现粮食自给、彻底解决

---

① Tony Allan, *The Middle East Water Question: Hydropolitics and the Global Economy*, London: I. B. Tauris, 2001.

② Annia Cielzado, "Let Them Eat Bread: How Food Subsidies Prevent (and Provoke) Revolutions in the Middle East," *Foreign Affairs*, March 23, 2011.

本地区的食品安全问题，就需要高度重视农业在国民经济中的作用，增强海合会国家内部互助合作精神，积极寻求与地区外国家的合作，实施海外“租地种粮”战略，保证今后长期的粮食生产与供应。利用和保护好已有的环境资源，加大农业科技投资力度。目前，海湾六国已经意识到粮食危机问题的严重性，并采取了一些卓有成效的措施，再加上大量的石油美元，海湾国家定能平稳地度过粮食安全困局。

第二章

经济发展与海湾国家的水资源安全

近年来，随着工业化进程和人口压力的不断增大，全球水资源供应形势日趋紧张。对于干旱的海湾国家来说，水资源短缺是制约国家发展的重要因素。虽然海湾国家拥有巨额石油美元，为政府确保水供应充足提供了财力基础。但随着人们对水资源需求的不断增长，海湾国家的供水成本也不断上升，这限制海湾国家应对新的经济挑战的能力。21 世纪的国际冲突将围绕水资源展开。可以说，没有全面的改革，水资源缺乏将成为海湾各国可持续发展的重要瓶颈。

第一节　水资源安全的内涵

饮用水、工农业用水短缺在中东各国十分突出，直接制约了当地国民经济的发展。近年来，受全球气候变暖、人口增长迅速等影响，中东水资源问题更加严重，国家间围绕水资源展开的博弈日益白热化。水资源短缺和分配不公使得中东国家间充满了矛盾和冲突，各国为了本国经济的发展而采取了掠夺式开发水资源，却不注重水资源保护，使得水资源问题逐渐成为国家安全的重要议题。

如今，水资源安全已得到国际关系学界、军事学界的高度重视。

虽然国内外并未对水资源安全进行明确定义，但对其的关注却不断升温。早在1977年，联合国就把水资源安全问题提高到全球安全的战略层面。国际水资源协会和世界环境与发展委员会等国际组织都曾提出过类似的报告，即水资源正逐渐取代石油成为引发国际冲突的核心问题。

一、水资源安全的特征

水资源是人类生活生产不可或缺的自然资源，随着人口激增和工业化的发展，水资源短缺和气候变化带来的干旱洪涝等问题，逐步威胁着人类社会的发展和国家安全。总体来说，水资源安全具备以下三个特征：

一是兼具自然性与社会性。水是自然资源，因此具有自然属性；同时，水又是人类赖以生存的环境资源，关系到人类社会生存发展的环境安全问题，因此又具有社会属性。

二是兼具区域性与全球性。水资源短缺不仅成为国家和地区的焦点议题，同时其带来的影响也会逐步演变为国际问题。水安全不仅涉及人类健康，而且还影响一个国家的整体利益和安全。例如跨境水资源开发及污染治理，是需要国际社会共同努力才能完成的目标。因此，水资源安全的产生到解决，都需要各国和国际社会的有效调控。

三是始终处于动态变化。水循环是在太阳辐射和地球重力作用下不断转化交替的过程，同时也是水安全的基础。然而，随着人类活动的加剧，如水库的修建、跨流域调水直接改变了水循环的路径；城市化进程中对森林的砍伐、侵占湿地等使土地蓄水结构发生改变，全球变暖加快了大气环流的运动，从而影响了降水与蒸发的速度和地域。水资源的循环系统决定了水资源的再生能力和自我修复能力，然而，这种动态平衡正逐渐遭到破坏。

古希腊哲学家泰勒斯（Thales）说：“水是一切生物的‘始基’，

万物来源于水又复归于水。"[①] 中东地区不仅生活着信仰伊斯兰教的阿拉伯人、波斯人、土耳其人、库尔德人、德鲁兹人，还有信仰犹太教的犹太人，以及信仰基督教的科普特人。宗教经典中有许多关于水的故事，如《古兰经》中的麦加渗渗泉（Zamzam）、《圣经·旧约》中著名的大洪水（The Deluge）故事和摩西杖击磐石出水等。根据伊斯兰教和犹太教教义，水还是穆斯林和犹太教徒"净礼"中的必需品。《古兰经》中说："我们用水创造了一切生物。"[②] 而犹太人则说："耶和华赐予以色列人的所有奇迹都与水有关。"[③]

在中东，水既决定了文明的兴衰，又决定了人们的经济发展。尼罗河的定期泛滥孕育了古埃及文明，幼发拉底河和底格里斯河的川流不息孕育了古巴比伦文明。在中东各地，水是限制人类活动的主要因素。[④] 生活在这样一种荒凉、单调、沉寂的环境中，无论是"逐水草而居"的阿拉伯人，还是颠沛流离的犹太人，都高度知晓水资源的重要性。在阿拉伯人眼里，水是"白色的金子"，而在犹太人眼里，水是流淌在他们民族动脉中的"血液"。

二、中东水资源危机的成因

中东之所以成为国际安全的核心地带，是缘于以下几点原因。第一，地缘位置重要。它位于亚欧非三大洲的枢纽地带，扼守苏伊士运河，控制着霍尔木兹海峡、曼德海峡和土耳其海峡。第二，资源丰富但分配不均。中东拥有世界已探明石油储量的66.4%，但水资源匮乏、降水时空分布不均，普遍存在水资源跨国分享等现象。第三，种族教

---

① 朱和海、邹兰芳：《中东水问题成因、合作与冲突》，《世界地理研究》，2008 年第 2 期，第 7 页。

② 马坚译：《古兰经》，中国社会科学出版社 1996 年版，第 21 章第 30 节。

③ 朱和海、邹兰芳：《中东水问题成因、合作与冲突》，《世界地理研究》，2008 年第 2 期，第 8 页。

④ Felix Bochenski and William Diamond, *Middle East Journal*, 1950 (4), p. 1.

派众多。中东地区生活着阿拉伯人、波斯人、土耳其人、库尔德人、犹太人、科普特人和德鲁兹人等。中东地区拥有众多宗教圣地和灿烂辉煌宗教文化，例如犹太教诞生于西奈半岛、基督教诞生于巴勒斯坦、伊斯兰教诞生于阿拉伯半岛。

如今在中东地区，水资源的重要性超越了石油，决定着中东各国的兴衰。其中，“为水而战”贯穿于整个中东历史的发展进程。为夺取战略制高点、石油资源、水资源和宗教圣地，各种内外部力量从1096年十字军第一次东征时就在这里展开了博弈，引发了无数次严重对抗、流血冲突和残酷战争。二战结束后，随着中东地区人口的增长，水资源短缺问题日益严重，成为中东新的动荡源。

中东国家水安全问题产生的原因如下：

首先，水资源匮乏。中东地区常年受到副热带高气压带和信风带的影响，气候干燥炎热，是世界上著名的干旱区和半干旱区。通常而言，国际社会将人均年淡水占有量1000立方米作为一个国家水资源储量的警戒线，如果一个国家年人均淡水拥有量在1000—1600立方米，则说明该国“用水紧张”，其社会生活和经济可持续发展都将受到直接威胁，而低于1000立方米的国家，则属于“水资源奇缺”。[①] 目前全世界15个水资源奇缺的国家中，有12个在中东。[②] 对这些国家而言，如何获取国家生存发展所必需的水资源直接影响到国家安全，所以这些国家之间爆发水资源冲突的可能性也相对较高。

对缺水国家来说，水资源直接影响到国家安全，尤其在一国水资源主要来自国际水域的时候，更容易因国际水资源的分配和利用与相关国家发生冲突，而且这种冲突极易升级为国际水战争。中东地区是世界上最干旱的区域之一，约旦河、耶尔穆克河和太巴列湖是该地区

---

① 中国水网：《全球水资源短缺对国际安全的影响》，http：//news. h2o - china. com/html/2005/10/411741128992920_ 1. shtml，2014年7月2日。

② 它们是阿尔及利亚、利比亚、突尼斯、以色列、科威特、约旦、沙特阿拉伯、巴林、卡塔尔、阿联酋、也门、阿曼。

仅有的地表水域，同时被以色列、约旦、叙利亚、黎巴嫩以及巴勒斯坦共同拥有；而巴勒斯坦和约旦河两岸的犹太定居者则主要以地下水为主要水源，地下水资源因为多年的过度开采已出现海水倒灌的情况。同样，解决戈兰高地问题的关键是水资源归属问题。戈兰高地水资源丰富，数条河流注入太巴列湖，因而戈兰高地被称为以色列的水库。以色列40%的用水依靠太巴列湖。对于水资源严重短缺的以色列来说，控制戈兰高地和太巴列湖事关国家的生存。

其次，水资源管理水平落后。较易抽取的浅层地下水是中东各国饮用水的主要来源，但如果得不到及时补充，就会永久干涸。阿拉伯半岛蕴藏着世界上最大的一片地下水资源，其中很多是深层的不可补偿的地下水。而随着不断抽水，地下水位不断下降，缺乏降水而无法得到及时补充，造成抽水成本不断上升，而且水质也不断下降。沙特阿拉伯水源奇缺，为了向居民供水，沙特阿拉伯不得不斥巨资用于海水淡化工程，并抽取深层地下水。虽然沙特阿拉伯的农业用水基本免费，但水渠里的绝大部分水都在阳光下蒸发了。

虽然中东地区普遍缺水，但为了减少对粮食进口的依赖，中东各国开始大力发展农业。1982年农业在沙特阿拉伯的国内生产总值中占1%，而1993年底，沙特阿拉伯已成为世界第六大小麦出口国，农业成为仅次于石油的第二大产业，由于农业要求年降水量至少在400毫米以上，因此中东大部分水资源被消耗在农业灌溉，而在沙漠里种植小麦需要的水是全球平均用水量的3倍。20世纪90年代中期开始，许多阿拉伯农民开始将麦田改造为用水更多的苜蓿地，高科技的牛棚通过内部不断喷洒的水雾来抵御棚外的热浪。

再次，中东的水资源污染问题也伴随着现代化工农业的发展日益严重。随着灌溉农业的发展，中东农业的回流水大量增加。为了增产，农民大量使用化肥和农药，而化肥和农业的回流水大部分流入江河、污染地表水，有些甚至渗入地下污染地下水。例如沙特阿拉伯拥有众多的私人水井，无节制地抽取地下水造成水位严重下降和海水倒灌。

工业对水的污染则更加严重，仅埃及就有200余家工厂直接向尼罗河排放污水。每年有1400万吨工业废水排入尼罗河，河水中的细菌、病毒、有毒物质的含量远远超过世界卫生组织规定的标准，甚至发生过饮用尼罗河水而引发急性肝炎和肾衰竭的事件。[①] 2012年9月，埃及曼妮苏夫省发生1000多人饮用水中毒事件。目前约3800万埃及居民饮水受到污染；每年约有450万吨污水未经处理便被排放到尼罗河；每年约10万人由于饮用污染水而感染肾脏疾病。[②]

最后，跨境水资源开发缺乏国际协调机制。水资源匮乏使得水资源分配成为中东各国高度关注的问题。虽然国际流域的水资源由流域内的国家共同占有，但是围绕水资源的获取和分配问题也常导致流域内的国际冲突。当各国水资源无法满足本国需要时，就想在国际河流中分配到更多的份额。在这种情况下，国家间的互不相让就极易产生摩擦。

在中东历史上因为水资源的分配问题而引起的争端冲突屡见不鲜。通常国际河流在用水分配上都有一定的规定，可是从国家利益角度出发，各国都以争取更多的水资源为目的，所以国家间经常会出现水权的争端。而水利工程的兴建都会影响沿岸国的水流量，所以历史遗留下来的关于水资源分配的问题以及一些水利工程引起国家间争端一直是中东水资源问题的核心之一。某国修建水坝会影响同流域其他国家的水资源利用，如埃及、苏丹、埃塞俄比亚三国至今未合理解决尼罗河水资源的分配问题，也未能形成有效地联合开发的明确制度和规定。土耳其在幼发拉底河建造多处水坝，造成叙利亚、伊拉克等下游国家水量急剧减少，上下游国家间的矛盾激化，三国都

---

① 中华人民共和国驻阿拉伯埃及共和国大使馆经济商务参赞处：《埃及境内尼罗河水污染严重》，http：//eg. mofcom. gov. cn/aarticle/jmxw/200405/20040500227252. html。（上网时间2014年7月23日）

② 中华人民共和国商务部：《埃及饮用水污染问题严重》，http：//www. mofcom. gov. cn/aarticle/i/jyjl/k/201209/20120908322870. html。（上网时间2014年7月23日）

曾动用军队以武力保卫水资源使用权。再如约旦河流域成为黎巴嫩、叙利亚、约旦和以色列四国的争夺对象。约旦因为贫困无法进行海水淡化工程，所以更需要依靠境内唯一的水源——约旦河，而以色列虽然有足够的用水，但为了在阿拉伯世界立足，它不断引水建坝，加剧了阿以矛盾。

综上所述，中东各国的水安全观出于国家安全的考虑，属于高级政治范畴。因此，尽管水资源安全问题日益严重，影响范围也不断扩大，但相关的国际合作却并不多。在严重缺水的中东，水资源与人民的基本生活、国民经济的发展息息相关，水资源安全就逐渐成为中东国家安全的重要组成部分。中东各国的安全观影响其对外水政策的施行，因此中东水资源安全问题的产生绝非偶然。对于缺水国家来说，必须用国家力量争夺水资源，否则就有可能造成国家崩溃的后果。既然水资源安全是国家安全的重要组成部分，那么各国在水资源问题上无法轻易与其他国家协调或妥协，这也是水资源安全问题难以解决的一个重要原因。

三、中东水资源安全的挑战与应对

水资源的匮乏不但极大阻碍了中东国家的经济发展，并且围绕水资源展开的争夺也加剧了本就动荡的国际安全形势。如何妥善应对水资源安全，避免水冲突引起的国际安全危机则成为一项焦点议题。

中东各国水短缺的轻重程度不尽相同，有些国家甚至不存在水短缺问题，如土耳其、黎巴嫩，其中，黎巴嫩常常被称为“东方的水城堡”。[①] 因此，水资源问题往往与政治问题交织在一起，这是中东水资源安全困局难以求解的主要原因。值得一提的是，幼发拉底河和约旦河的水争夺往往与其他政治问题并根而生。在幼发拉底河流域，土耳

---

① EmmanuelleKunigk.，http：//www.soas.ac.uk/research/our _ research/projects/waterissues/papers/38370.pdf，1998/1999，p. 12.

其同叙利亚的水争夺与库尔德人问题联系在一起，土耳其同伊拉克的水争夺与伊拉克的石油问题相联系、叙利亚同伊拉克的水争夺的背后是阿拉伯复兴社会党的领导权归属问题。在约旦河流域，以色列同约旦的水争夺与犹太人定居点问题有关，以色列同巴勒斯坦的水争夺与领土划分有关。

总体而言，中东水安全问题的根源既有自然因素，也有人为原因，其本质是有限的供给和无限的需求之间的矛盾。水源匮乏、降水时空分布不均、水资源共有现象普遍导致水资源问题长期难以调和，再加上中东复杂的宗教、种族冲突和区域外势力的干预，使得“天灾”演变为“人祸”。因此，有学者认为未来中东将为水而战并非空穴来风。这不仅因为水资源匮乏，还因为其被赋予了多种角色：水对土耳其来说是经济商品；对尼罗河流域国家来说是跨境合作的纽带；对以色列来说是立国之本，同时也是阿以冲突的根源；对于伊拉克来说是政治谈判的筹码。

阿拉伯世界的水危机主要影响农业部门。① 如果有国家为水而战的话，很可能是为低产值的灌溉用水而战。② 在军事上，把水当作武器来使用的做法叫“水攻”或“以水代兵”。“以水代兵”的根本目的既不是为了减少水需求，也不是为了增加水供给，而是为了削弱、打击敌国。在幼发拉底河流域，土耳其把水资源作为向阿拉伯国家和以色列施加压力的重要工具。在约旦河流域，西姆哈·福拉潘曾一针见血地指出：“‘阿拉伯方案’一旦得以实施，它极有可能成为历史上第一个不是为了最大限度地为那些迫切地需要发展的国家提供水电、而是尽可能多地浪费水以伤害虚幻中的敌人的多国方案。”③ 上游国家由于习惯于将水作为武器来使用，其国内的水坝等水利设施最容易成为下游

① N. Kawach, “Arab Nations Urged to Set up Strategic Cereal Stock”, *Emirates Business 24/7*, February4, 2009.

② Nils Petter Gleditsch. *Conflict and the Environment*, Springer, 1997, p. 370.

③ Simha Flapan. New Outlook, 1964 (7), p. 2.

国家攻击的首要目标。

中东从古代起就十分珍惜有限的水资源，采取各种措施加强水管理，取得了非凡的成就，但也存在着至今仍未解决的难题。为了最大限度开发水资源，中东国家主要采取流域内合作和跨流域水贸易两种合作方式。尼罗河流域的合作相对比较成功，出现过“东非尼罗河水协调委员会”、“水文气象观测工程”、卡盖拉河流域协定组织、大湖国家经济共同体、“促进尼罗河流域开发和环境保护技术合作委员会”、“尼罗河流域国家联合会”（“恩杜古组织”）和“尼罗河流域组织”等。先后有国家提出过“和平管道”、“友谊管道”等跨流域水贸易的建议。[①] 因此，从国际规制层面解析中东水资源问题，是推进中东水资源合作的关键。

首先，国际组织能够通过发布相关报告加强人们对中东水资源问题的关注。2007 年 3 月，世界银行公布了报告《中东与北非地区改善水资源管理成效的责任》，呼吁中东各国加速水资源改革，并且警告说，如果不采取有力措施，2050 年人均可用水量仅为 2007 年的一半。危机促成重视，重视带来行动。在国际组织的斡旋下，中东各国领导人意识到解决水资源问题已经“迫在眉睫”，必须认真采取有效措施来避免水资源危机进一步恶化。

其次，国际组织能够对中东国家提供实质帮助。国际组织在资金援助、专业人员派遣、决策顾问等方面能够提供有力支持。其中，在联合国开发计划署和加拿大国际开发署的共同斡旋下，尼罗河流域各国于 1999 年签署了“尼罗河流域倡议”，一致同意公平利用尼罗河水资源、消除贫困、推动次区域经济合作。2010 年 5 月，埃塞俄比亚、乌干达、坦桑尼亚、卢旺达和肯尼亚等上游国家在“尼罗河流域倡议”

---

① 朱和海：《中东水问题成因、合作与冲突》，《世界地理研究》，2008 年第 2 期，第 10 页。

的基础上签署了旨在公平合理使用水资源的“尼罗河合作框架协议”。[①]该框架协议倡议设立一个永久性的尼罗河流域委员会，规定流域内各国拥有平等使用尼罗河水资源、发展水电、灌溉的权利，相关项目只需得到多数委员会成员国的同意即可施行。

最后，国际法为中东水争端提供了法律依据。联合国等国际组织一直以来谴责以色列掠夺阿拉伯国家水资源的行为。联合国援引了《海牙章程》和《关于战时保护平民的日内瓦公约》中的相关条款，[②]确认阿拉伯国家被占领土上的人民保持对其国家资源控制的权利，谴责以色列“对被占巴勒斯坦领土和其他阿拉伯国家领土上国家资源的掠夺”。[③]

需要指出的是，中东地区缺乏专门负责中东水资源问题的国际组织。不论是联合国、世界银行还是众多的非政府国际组织，都不是解决中东水安全问题的专业组织，无法专注解决该地区的水资源博弈。目前，除了尼罗河流域存在的几个区域性合作组织之外，幼发拉底河和底格里斯河流域内的国家虽然也签订了一些双边或多边条约，但却未能建立长期的河流管理国际组织。这也使得国际组织和国际规制力量难以长期有效地处理中东水问题，这也使得本就缺乏互信的中东各国，难以深化水资源合作的力度与广度。

---

① 搜狐新闻：《尼罗河沿岸的“水战争”》，http：//news. sohu. com/20101022/n276249898. shtml。（上网日期：2014 年 7 月 25 日）

② 《关于战时保护平民之日内瓦公约》（geneva convention relative to the protection of civilian persons in time ofwar，即 1949 年《日内瓦第 4 公约》）共有 159 条正文和 3 个附件。由于在 1899 年海牙第 2 公约和 1907 年海牙第 4 公约附件中只有一些零散的保护平民的条文。《关于战时保护平民之日内瓦公约》是对这些条文的补充和发展，规定了处于冲突一方权力下的敌方公民应受到保护和人道待遇的原则和规则，要求各缔约国有义务搜捕被指控犯有或指使他人犯有严重破坏条约行为的人员，并送交法庭审判。

③ 童珊：《中东水资源问题的国际制度及存在的问题研究》，《辽宁科技学院学报》，2013 年第 4 期，第 35 页。

第二节 海湾国家的水资源概况

海湾地区的水资源极其匮乏，生活用水主要依赖海水淡化。全球气候变暖进一步加剧了该地区的荒漠化程度，致使各国农作物产量日益下降。与此同时，近年来海湾地区的人口增长迅速，已接近5000万关口，各国的国民生活水平步入富国行列，这些因素导致该地区淡水和粮食的供应压力与日俱增，对各国的财政支出及社会经济发展构成了严峻挑战。① 2012年4月22日，海湾合作委员会秘书长扎耶尼在多哈举行的第十届海湾水资源会议上表示，海湾国家在未来五年经济和人口可能会双重增长，用水需求将明显增加。② 到2025年时，阿拉伯国家的总缺水量将超过300亿立方米，其中阿拉伯半岛缺水约50亿立方米。海湾国家的能源红利已经无法掩盖水资源短缺的现实。

一、海湾国家的水资源概况

海湾六国都在阿拉伯半岛上，其所依赖的水资源主要是地表水和浅层地下水（可再生的水资源），主要用作生活和灌溉用水，同时对不能回灌的深层地下水（不可再生的水资源）的需求量也日益增长。该地区年降雨量约68亿立方米，沙特阿拉伯降水量较多，兴建水库约190座。沿海地区因大量开发地下水，致使水位下降，引发海水倒灌。阿拉伯联合酋长国近20年共抽水900余亿立方米，地下水位下降达70米。

从土耳其万湖（Lake Van）到伊朗扎格（Zagros Mountains）罗斯

① 中国网络电视台：《海湾国家关注粮食与水资源安全》，http：//news.cntv.cn/20120401/106006.shtml。（上网日期：2014年8月2日）

② 中华人民共和国商务部：《GCC秘书长：海湾国家应从长计议水资源》，http：//www.mofcom.gov.cn/aarticle/i/jyjl/k/201204/20120408097835.html。（上网时间2014年7月20日）

山、南苏丹是大中东地区的两大集中降雨带。这些地区受到东非季风带来的印度洋西南暖湿气流的影响，从而形成丰沛降水。降水量在500—700毫米之间的地区，主要包括土耳其和黎巴嫩西部、伊朗西北部、摩洛哥和阿尔及利亚内陆阿特拉斯山脉的南坡，以及也门和阿曼沿海山地面向海洋的一侧等地。

阿拉伯半岛的沙漠、戈壁地区，降雨量急剧减少。叙利亚的大马士革和安曼距离地中海岸不到280公里，降水量却急剧减少到150毫米以下。阿拉伯半岛之所以成为世界最干旱的地区，主要是气候和地理位置的原因造成的。阿拉伯半岛属于亚热带沙漠气候，全年炎热干燥，降水小且蒸发剧烈。阿拉伯半岛濒临海洋却无法受益海洋降水的根本原因，是因为中纬环流阻碍了海上暖湿气团的登陆。阿拉伯半岛地处北回归线副热带高压带控制区域，长年盛行下沉气流，气压高温度低，使得气压低温度高的海上暖湿气流难以向陆上移动，再加上阿拉伯海沿岸主要被寒流所控制，而寒流有降温减湿的作用，因此很少形成降水。

海湾地区是中东水资源安全形势最为严峻的地方。该地区常年干旱少雨，境内无一条完整河流或永久性湖泊，地下水是主要的淡水来源，而且地下水地理分布十分不均，绝大部分水量存在于沙特的地下储水层浅层蓄水层包括：哈马德（Hamad）蓄水层和锡尔汉（Sirhan）蓄水层，[①] 在叙利亚、约旦、沙特阿拉伯和伊拉克之间；巴廷（Batten）蓄水层在沙特阿拉伯、科威特和伊拉克之间；奈季兰（Najran）蓄水层、利雅得（Riyadh）蓄水层在沙特阿拉伯和也门之间；布赖米（buraimi）蓄水层和艾因（Al Ain）蓄水层在沙特大拉伯、阿曼和阿联酋之间。[②]

---

① 锡尔汉谷地是沙特阿拉伯北部的涸河谷地，位于叙利亚荒漠中。从安曼东南方的约旦—沙特阿拉伯交界处向东南伸展到大内夫得沙漠北缘，长约320公里，宽约30—50公里，谷底比周围高原面约低300米。谷地中的农耕区有以卡夫为中心的库莱雅特—米勒赫绿洲，以及以焦夫为中心的焦夫绿洲等。

② 许经纶：《阿拉伯半岛诸国的水源与用水》，《上海水务》，2004年第4期，第77页。

深层蓄水层包括：拜亚德（Byard）蓄水层，由沙特阿拉伯、巴林、卡塔尔、阿联酋、阿曼和也门共有；泰布克（Tabouk）蓄水层，由沙特阿拉伯和约旦共有；乌姆拉德胡马（Umm Ladd Humayun）蓄水层，由沙特阿拉伯同巴林、卡塔尔、阿联酋、阿曼和也门共有；新第三纪蓄水层，由沙特阿拉伯同科威特共有；达曼（Dammam）蓄水层，由沙特阿拉伯、科威特、巴林、卡塔尔、阿联酋和阿曼六国共有。①

二、海湾国家的需水量

海湾国家降雨量不足且时空分布不均，再加上高蒸发率限制了可再生水资源的数量。随着工业化和城市化的推进，工业和城市对水资源的需求将快速上升，但各国水资源消费结构却不尽合理。海湾国家将面临更为严峻的水资源供需矛盾。

在最近几十年里，水资源管理失序、人口增长迅速和社会经济迅猛发展，日益增加着对水资源的需求量。由于水质恶化和地下水分配不均等原因，周边邻国时有争水的矛盾。阿拉伯半岛诸国随着人口的骤增和生活水平不断提高，每年需水量递增20%—30%。但是水源消费极不平衡，城市居民用水占11%，工业用水仅3%，而农业用水则高达86%，近几年该地区总用水量约为350亿立方米，农业用水约为280亿立方米。为了满足农业用水的需求，海湾各国不得不加大抽取地下水。为了避免过度开采地下水而最终导致水源枯竭，海湾各国纷纷建起了海水淡化工厂。目前海水淡化通常使用的是蒸馏法和薄膜反渗透法，沙特阿拉伯是世界上海水淡化产量最高的国家。但是海水淡化工厂仍是资本和能源密集型的企业，不仅造价昂贵而且还会带来对环境的负面影响。虽然处理过的城市废水也可以重复利用，但是二次可再生水只占该地区总用水量的很少一部分。

海湾国家的水资源管理制度一直强调供给，坚持这种单一的管理

① 朱和海：《中东，为水而战》，世界知识出版社2007年版，第13页。

原则必然会忽视例如优化水量分配以及提升水资源利用效率等核心问题。海湾国家普遍缺乏综合性的水资源管理政策。各国水务管理部门存在政策重复与多头管理的困境，在制度创新、能力提升与公众参与度等方面仍存在很多不足。面对如此严峻的水资源安全形势，海湾国家不得不大力推动水资源管理制度改革。

通过对阿拉伯半岛水资源形势进行整体把握之后，未来海湾国家水资源管理可能存在四个不同方案，即市场优先、政策优先、安全优先、可持续性优先。这些方案研究了社会、经济和环境发展趋势对水资源供给以及海湾国家可持续发展的深远影响。

在过去的40年里，海湾国家的迅速发展归因于大量油气矿藏的发现和开采，这也拉动了海湾地区人们生活水平的大幅提升。截止到2010年，海湾国家国民的平均寿命是76岁，比1980年增长了12岁，识字率从20%增长到了83%。海湾国家的总人口数量从1970年的800万上升到了2013年的5000万，① 平均人口增长率在3%以上，是世界上人口增长最快的地区。② 除了生活水平和寿命的增长，为满足劳动力的需求而引发的外国移民潮同样增大了海湾各国的人口压力。尽管大量外籍劳工的涌入为海湾国家提供了劳动力保障，但也加剧了水资源供给紧张局势。

三、水资源供需差异

随着人口数量的增长，海湾国家人均可用淡水量从1970年的680立方米跌落到2010年130立方米，而北非马格里布国家和两河流域阿

---

① 中华人民共和国外交部，http：//www.fmprc.gov.cn/mfa_ chn/gjhdq_ 603914/gj_ 603916/yz_ 603918/1206_ 604570/。

② Arab Gulf Programme for UN Development Organizations（AGFUND）/World Bank，*A Water Sector Assessment Report on the Countries of the Cooperation Council of the Arab States of the Gulf*，World Bank Report No. 32539 – MNA，Washington，DC：World Bank，2005.

拉伯国家人均可用淡水量为1100立方米。[①] 国际水资源贫乏线为每年人均1000立方米，因此海湾国家是名副其实的水资源赤贫国。更糟糕的是，根据2005年世界银行关于水资源的评估报告，预计到2030年，海湾国家人口将达到5600万，那么人均可分配的淡水量可能会下降近1/2，即不到70立方米。

20世纪的最后20年，是海湾国家人口大爆炸时期，与此同时，工农业用水以及社会发展所需都推动了海湾国家用水量的大幅增长（见表2—1）。海湾国家年水资源总需求量从1980年60亿立方米增长到了2000年280亿立方米。[②]

表2—1　20世纪末海湾国家水需求一览表

	1980年（百万㎥）	1990年（百万㎥）	增长率 1980—1990（%）	2000年（百万㎥）	增长率 1990—2000（%）
巴林	138	223	162	269	121
科威特	186	383	206	993	259
阿曼	665	1236	186	1303	105
卡塔尔	110	194	176	433	223
沙特阿拉伯	2362	16300	690	20800	128
阿联酋	789	1490	189	3506	235
总计	6230	19826	318	27304	138

数据来源：Al-Alawi and Abdulrazzak 1994；Arab Gulf Programme for UN Development Organizations/World Bank 2005。

水资源需求量的剧烈增长可以初步归结于两个用水大户：农业部

---

① World Bank Middle East and North Africa Regional Water Initiative，*Middle East and Mediterranean Regional Day：Moving from Scarcity to Security through Policy Reform*，Summary Report，Kyoto，Japan：World Bank，2003.

② The World Bank："Why Business Leaders Support a Price on Carbon"，http：//www.worldbank.org/en/news/feature/2014/08/11/business-leaders-support-carbon-pricing.（上网日期：2014年8月15日）

门（总用水量的85%）和市政部门（占总用水量的13.7%）。[①] 在过去的30年里，食品安全和粮食自给的需求推动海湾国家的决策者鼓励发展本土农业，然而由于农业技术落后，此决策的最大弊病就是“耗水量大”。大多数海湾国家通过对农户进行补贴的方式来施行此政策，并且导致了农业的大规模扩张，而在阿拉伯半岛的沙漠中进行大规模耕作，其灌溉用水则来自不可再生的深层地下水。此外，没有节制的抽取地下水，以及缺乏对钻井作业的强制性准则、灌溉率的低下（灌溉效率是30%到50%），以及缺乏对农业用水的税收管理都导致了农业过度消耗着水资源。

为了满足增长的需求量，海湾国家水务管理部门已把努力方向集中在了扩大水资源的储备量上，例如保护地下水、建立海水淡化工厂和扩大污水处理能力。[②] 海湾国家的地下水资源可分为两种：可再生的浅层含水层和不可再生的深层含水层。浅层蓄水层分布在主要干河道（暴雨期间泄洪的干河床或山谷）的冲积物和排水盆地的河漫滩附近。这些含水层是海湾国家仅有的可再生水资源，其年储量为3.5亿立方米。[③]

所有海湾国家都有储量有限的深层含水层，这其中还包括了不可再生的矿物质水。这都说明深层地下水具有明确的开采期限，并且受到水质的局限。沙特阿拉伯拥有大约4300亿立方米不可再生的地下水，是海湾国家地下水最丰富的国家。[④] 然而，这些水资源正被毫无节制地

---

① Waleed K. Al-Zubari, “Alternative Water Policies for the Gulf Cooperation Council Countries,” *Water Resources Perspectives: Evaluation, Management, and Policy*, A. S. Al-Sharhan and W. W. Wood, eds., pp. 155 - 167.

② Waleed K. Al-Zubari, “Integrated Groundwater Resources Management in the GCC Countries—A Review,” *Proceedings of the WSTA 8th Gulf Water Conference*, Bahrain, March 2, 2008.

③ Waleed K. Al-Zubar, “Alternative Water Policies for the Gulf Cooperation Council Counries”, *Water Science*, NO. Volume 50. 2003, pp. 155 – 167.

④ Richard Cronin, Amit Pandya, “Exploiting Natural Resources”, *STIMSON Pragmatic Steps For Globlal Security*, p. 6.

开采；到了21世纪初，沙特阿拉伯40%不可再生的地下水资源已被耗尽。[①] 地下水的过度开采已经导致了沙特阿拉伯地下水位持续性急剧下降，从而引发海水倒灌和地面沉降，从而使地下水遭到严重污染。此外，广泛的农业、工业和国内其他人类活动所带来的污染也威胁到淡水资源的供应。

虽然农业是海湾地区最大的用水部门，但是快速城市化和居民生活质量的提高也增加了城市用水量。如今，海湾国家石油收入的很大一部分已被用来实现城市基础设施的现代化和提高居民的生活水平。海湾国家20%的财政支出都用来提供免费的水电等公共服务，或是采取高额补贴的方式支撑营运成本巨高的市政部门。大量建成的水和卫生设施服务使大量的城镇居民受益，几乎100%的人已经获得安全的饮用水，75%—100%的人享有改善的卫生设施。[②] 然而，已经模式化的水资源分配方式无法满足增长迅速的城市水资源需求量，缺乏有效的水资源保护计划。粗放型的水资源使用方式、城市供水网络的老化引发的严重漏水，这些都导致了用水部门极高的耗水量。

由于缺少常规饮用型淡水，沙特政府不得不将海水、苦咸水和地下水作为城市供水水源。在20世纪50年代中期，出于获取大量淡水的需要，海湾国家引进了海水脱盐技术，海水淡化工业在该地区迅速发展。沙特农业水利部负责水资源开发与供给，国家海水淡化公司（SWCC）负责建设海水淡化工厂及其运营和维护，中央政府负责对各种海水淡化方法的成效进行评估，并建设供水网，将淡化水输往城镇。[③] 沙特阿拉伯海水淡化供水实行政府补贴，因此水价较低，2010年

---

① A. Al-Turbak, "Water in the Kingdom of Saudi Arabia: Policies and Challenges," paper presented at the *Future Vision of the Saudi Economy symposium organized*, 2003.

② United Nations, Economic and Social Commission for Western Asia, *ESCWA Water Development Report 2: State of Water Resources in the ESCWA Region*, Report E/ESCWA/SDPD/2007/6, 2007.

③ 邢淑颖等：《典型国家海水淡化水定价机制及对我国的启示》，《水利经济》，2014年第3期，第32页。

沙特阿拉伯淡化水在城市供水中占52%，政府的高额补贴使得沙特阿拉伯居民供水价格比实际生产成本低很多。为使供水价格达到居民能够负担的程度，产水成本与售价之间的差额一直由政府给予补贴。以当时的世界能源价格计算，并考虑输水费用，海水淡化水成本约为1.0美元/立方米，而市政饮用水的水价范围为1.6美元/立方米。如今，海水淡化工厂为海湾国家提供了大量的生活淡水，可以直接利用或与地下水混合饮用。沙特目前在海水淡化投资已达1630亿里亚尔（约合435亿美元），日产量为300万立方米，预计2014年海水淡化水日产量将达570万立方米。①

科威特境内没有河流和湖泊，地下水为微咸水，无法直接饮用。严峻的水资源短缺状况使科威特十分重视污水回用、海水（咸水）淡化等。目前，预计至2025年科威特的人口将达550万。由于存在严重的浪费现象，科威特人均每天耗水量为110加仑，几乎是国际平均水平的两倍。科威特近90%的用水需求要通过淡化水来满足，为充分利用淡化水，科威特20世纪70年代就在全国范围内建成了连接各大淡化厂、泵站、水库和水处理厂的淡水/海水双套管网，其中淡水管网中的淡化水主要通过与地下微咸水混合，经处理后供居民饮用。阿联酋阿布扎比水电局（Adwea）计划扩建位于Mirfa的水电厂，完工后预计每天将增加3000万加仑的淡化能力；联邦水电局（Fewa）计划在阿基曼建造海水反渗透和纳滤厂，预计每天将生产1.15亿升的淡化水。②

城市废水处理是海湾国家水资源管理的重要一环。在20世纪80年代初期，城市污水净化结构和污水网络已经被建成，大多数海湾国家开始重视废水处理与循环使用。现在几乎所有的海湾国家都具备先进

① 中华人民共和国驻沙特大使馆经济商务参赞处：《沙特加大海水淡化投资》，http：//sa. mofcom. gov. cn/article/jmxw/201301/20130100004441. shtml。（上网日期：2014年7月26日）

② 中华人民共和国商务部：《未来五年海湾国家在海水淡化和污水处理行业投入将超1000亿美元》，http：//www. mofcom. gov. cn/aarticle/i/jyjl/k/201207/20120708256592. html。（上网日期：2014年7月26日）

的城市污水处理设施，然而，经过处理过的废水只占到国内供水量的12%，主要用于灌溉城市的花园、公园、饲料作物和公路绿化——考虑到海湾地区水资源短缺的现实状况，这些二次水资源并没有发挥其真正的经济价值。其余未被处理的废水则被直接倾倒至干河床或者海洋里。如今，所有海湾国家已经制定了明确的政策以提高城市污水的重复利用率，将废水回收作为可替代的战略水资源以满足未来对农业用水和减少过度开采地下水的需求。

第三节　海湾国家水资源管理的困境

海湾国家的水资源管理制度存在着两大主要问题：一是过度开采地下水资源；二是城市用水量的激增。由于常年过量开采地下水，导致海湾国家日益接近低于190亿立方米水资源的安全警戒线。①

如果仍然维持当前的高人口出生率、落后的水资源管理方法和挥霍性用水量，那么到2030年，海湾地区的年用水量可能会达到500亿立方米。由于海湾国家的海水淡化能力与废水再利用的能力将达到极限，因此仍将主要通过进一步开采地下水来填补用水缺口。与此同时，过度开采地下水会对环境带来一系列的负面连锁反应，如含水层储量的消耗和消失、地下水质的恶化和农业土地的盐碱化。在这样的情形下，水资源将会变得越来越稀有，反过来又限制了海湾国家社会、农业和工业的发展，同时，水资源的稀缺也可能危害人体健康。此外，许多海湾国家的发展在很大程度上依赖于不可再生的深层地下水，由于深层地下水的不可再生性导致社会各界对其“可持续性”供给产生质疑，进而引发水资源的不可持续与社会发展的可持续性之间的逻辑悖论。因此，海湾国家不可再生的地下水的可持续利用问题需要在社

---

① 巴林：85亿立方米；科威特：335亿立方米；阿曼：340亿立方米；卡塔尔：220亿立方米；沙特：158亿立方米，阿联酋：24.8亿立方米。

会经济学领域而非物理语境下进行解读。这意味着不仅要从企业的即期效益（immediate benefits）和使用地下水的长远收益方面进行通盘考虑国家的发展方略，同时也要注意在社会发展的过程中，地下水的损耗会带来长期的负面影响。因此，既然可以预测深层地下水的消失日期，那么执政者就需要制定一个“退出策略”并加以施行。此策略必须包括在使用地下水储备时要兼顾社会经济学的整体效益，从鼓励基于水资源的发展模式，逐渐过渡到不依赖水资源的经济发展模式，并对社会各界的水资源需求进行有效管理，以便为水资源耗尽时可以用其他资源进行替代。

将海水淡化工厂作为深层地下水的替代品，这种思路是值得商榷的。海水淡化工厂造价昂贵，运营时间仅为15年到25年，属于高耗能企业，大量使用化石燃料会污染工厂周围的大气和水。但是海湾国家为满足不断上升的社会用水量，正大力推广海水淡化工厂的建设。海湾国家的人均日用水量位居世界榜首，达到每日300升至750升。除此之外，尽管海湾国家尚未公布城市水务管理的相关数据，但一些海湾国家的城市水网漏水率在20%到40%之间。

虽然海湾国家的水务管理部门施行的水资源管理政策和措施可以在一定程度上缓解水资源短缺的难题，但是未来水务管理面临的最大挑战因素是水务部门的低效管理。要想实现水资源的可持续开发，需要依靠可持续的水资源管理政策、采取一系列环境友好型的互动措施，例如先进的水务管理方法、高质量的国民教育体系和科技创新平台。

以下四种方案呈现出21世纪中叶海湾国家水资源管理的大致发展方向，展示出了海湾国家在接下来的几十年里可能采取的应对措施和方法。[①] 这些方案不是对海湾国家未来水安全环境的预言，而是基于内在驱动力、不确定因素、系统间互动等要素进行模型设计，依据人口

---

① 这些方案的提出主要基于《联合国环境规划署全球环境展望进程》的相关论述。

统计学、人类发展、经济发展、科学与技术、文化和区域一体化等理论，推测出海湾国家水治理模式的可能图景。这些方案集中探讨三个问题：决策者、决策过程，以及影响决策的因素。

这些方案试图回答一系列的问题：在当前社会经济迅速发展和水资源稀缺的社会形势下，海湾国家是否应实现水资源与社会发展、环境稳定之间的良性平衡？具体的方法是什么？这些方案提出了更多具体性的议题：海湾国家现行的社会经济政策如何影响居民、环境和水资源？在水资源极度稀缺的条件下，想要避免或减缓对环境的负面影响是否具有可能性？这其中涉及到的权衡得失是什么？在不损害水资源或其他自然资源的前提下，油气资源能否继续开采？长期开采水资源的过程会对环境、经济、社会带来怎样的影响？

一、市场优先方案

在此方案中，市场力量和市场机制左右着海湾国家的经济命脉。“低成本的经济增长”是海湾国家经济发展的主导模式。依靠开采油气资源、雇佣廉价劳动力、大规模提高生产量和生产效率等被看作是区域性和全球市场中通过比较优势、特别是价格优势来获取国际竞争力的通用准则，而经济管理、社会问题、环境压力问题则交由市场的自我调节来处理。人类发展学领域中有这样一个假设：经济的发展将会很自然地改善社会环境、增大教育投资、推动政府行政能力发展、提高居民的健康水平，并能带来很多即时的回报。海湾国家普遍采取了当今工业化社会盛行的价值观和期望值——唯物主义、个人主义和消费者保护主义。海湾国家政府越大力推动自由市场机制，私人企业投资和市场营销活动在推动经济发展中就越起重要作用。在日益减少对石油收入以及能源工业的依赖的背景下，海湾国家的经济基础在不断扩大。虽然海湾国家有着社会经济发展的美好愿景，但它们也注意到了自然环境资源的减少、环境的恶化以及居民健康问题等一系列生存危机。

市场优先方案假设了海湾国家从“服务的提供者”到“服务的管理者”的角色转变。该方案提出的企业私有化策略可以降低政府预算、消除腐败、吸引投资、提升服务效率、回收成本。企业私有化推动了一些核心部门的发展，例如海水淡化工厂、污水处理厂和发电厂等。通常来说，企业私有化有助于提升资源的使用效，并对完善供水装置的整体性能等方面发挥着积极的作用。然而，海湾国家政府的管理能力没有跟上社会快速发展的步伐。为了吸引更多的投资者，环境管理问题被延后考虑，并且为了实现政府对市场干预的最小化，海湾国家政府放松了对投资者的管理。

由于人口迅速增长和可再生水资源及非常规水资源的有限性，海湾国家水资源短缺的压力仍在持续增长，人均可用水量持续降低，在水资源极端紧缺线附近徘徊。① 特别是对海湾国家的农业部门来说，其水资源的需求远超过可用地下水的存储量。地下水的过度开采和农业化学品的集中使用导致了以下严重后果：地下水水质下降、水资源严重不足、土地退化加剧、引发了与水相关的健康问题、农作物产量下降。由于海湾国家迅猛的城市化和工业化，工业与城市居民用水量激增，由此引发了农业部门和工业部门之间水竞争的白热化。

水资源越稀缺，它的价格就会越昂贵。为了满足逐步上升的水资源需求量，海湾国家对淡化海水以及被处理过的废水的使用量在逐年增长。在跨国公司的推动下，海湾国家在海水脱盐技术和水资源预处理等研发领域获得了长足发展，并成功地降低了获得这些新兴水资源的生产成本。尽管海湾国家掌握了45%的世界脱盐技术（基于最近生产力的数据显示），并且对该技术的依赖性有增无减，但由于研发脱盐技术的低成本性，使得海湾国家继续成为脱盐技术的进口国，却难以

① 这主要源于海湾国家失败的人口政策，以及为了满足经济发展需求大量吸引外籍劳工的做法。

完全获取脱盐技术的核心科技并使之本土化。①

脱盐技术（水和电的双生产）需要依赖化石燃料来运行，因此要提高淡水生产量就会带来与环境有关的一系列问题，例如对大气和海洋的污染、增加碳排放量等。② 虽然海水淡化的过程必须在严格控制海水淡化工厂污染度的前提下进行（例如氮氧化物燃烧器），但是目前各国控制污染的力度仍然不够，不能达到环保的要求。尽管海湾国家尽力提高海水淡化能力，但水资源需求量的不断上升远超出海水淡化能力之外。此外，排水设施远远落后于供水设备，这导致了城市废水直接被排放到了浅层含水层和海洋之中。由于油气资源仍然是世界主要的能源，同样也是海合会国家的核心经济部门，因此海湾国家的石油出口也导致了在近海石油开发与原油运输过程中发生的泄露事件，这导致波斯湾的海水中含有大量碳氢凝聚物，这对于海水淡化工艺、人类健康和环境都产生了负面影响。③

由于人口增加和消费模式的转变引起食物需求量的增长，这同样会带来一系列连锁反应，例如水资源的过度开采、土壤盐碱化、过度垦殖和过度放牧所带来的土地沙漠化问题。这造成了以下后果：为提高粮食产量而过量使用农药和杀虫剂，农作物的过度灌溉、地下水污染、水质恶化、内涝和土地盐碱化。由于不断恶化的自然条件以及缺乏粮食生产和管理的区域性战略，海湾国家未能在一些主粮品种上实现自给自足，沙特阿拉伯在2012年完全停止了小麦生产。市场力量导致了非传统农业部门的发展，例如土地保护、无土栽培、抗旱和耐盐的转基因作物。从短期效益来看，这样可以提高农业生产率，但未能对转基因作物对人体健康和自然环境带来的潜在威胁予以足够多的

---

① 海湾国家曾经致力于地区海水淡化的科研合作，在失败后再也没有在该领域类似的计划了。

② 使用可更新的清洁能源，如太阳能和风能，尽管这些新能源在海湾地区储量巨大，但在各国整体能源消耗中所占的比例仍然较小。

③ 世界每年60%的石油出口都必须经过霍尔木兹海峡，由海洋环境地区性保护组织的统计，有120万桶的石油被倾泻在波斯湾和阿拉伯海的水面上。

重视。

从根本上看，以市场为主导的发展模式实际上是海湾国家的一个消极发展方案。由于海湾国家对市场力量的过度信赖而忽视了环境问题，导致海湾国家最终要面临相当严重的水资源短缺和环境恶化的难题。

二、政策优先方案

此方案呈现出海湾国家政府为达到明确的社会和环境目标而实施的一系列有力决策。海湾国家为了尽可能减少市场力量对本土居民和环境的不良影响，于是对其采取了一些限制政策。海湾国家在制定法律、政策措施、规章制度的过程中，会把环境消耗和社会成本等因素考虑进去。在一系列鼓励经济发展的政策推动下，诞生了一大批的私营企业，但整个过程由强势的政府监察机构进行审查。施行宪政、公选与公投、审计的透明化在海湾国家正逐渐被人们所接收。公民社会的发展，以及公众政治参与度的不断提升，对海湾国家决策过程的影响力越来越大。人类健康和环境问题逐渐成为海湾国家两大焦点问题，这加强了环境部门在决策制定过程中的影响力。在海湾地区，例如海湾国家秘书处、海洋环境保护组织和阿拉伯环境部长理事会等部长级峰会和跨国组织中存在互信度较高的合作。在运输、能源、水资源和人力资源领域，海湾国家同样致力于推动区域一体化，并加强在其他基础设施领域的能力建设。这导致出现了一个朝气蓬勃和多样化的经济环境，迫使各国重新审视各自的相对优势。

与20世纪末相比，海湾国家人口增长有所减缓，这是由许多因素造成的，例如教育水平的提高以及更多的女性走入职场，但主要原因是海湾国家实施了有效的人口控制政策，减少了外来移民的数量，并且制定了由本地人替代外籍劳工的计划。[①] 劳动力替代规划依靠对劳工

① 这些计划如今已被公布，并在未来几年里加速施行。

培训和提升劳动力的巨额投资得以施行。

为了减轻海湾国家未来的水资源压力，除了降低海湾国家的人口增长率之外，还需通过采取一系列的水资源管理政策来提升水资源的利用率和保护力度。水资源短缺问题逐渐成为了海湾国家最需要优先处理的问题，为此，海湾国家将工作重心从提高水资源供应量逐渐转移到加强对水资源的需求管理上来。海湾各国实施了不同的措施和计划，其中包含了有针对性的水价补贴、开展节水教育活动、制定强制性水资源管理立法，加强边际水资源管理、努力实现在各个经济部门中对水资源进行有效分配。

可是即使是这样，海湾国家的水资源需求量仍然超过了储水量，并且地下水的消耗和水质的恶化等问题仍未得到明显改善（但是和市场第一方案相比程度有所降低）。海湾国家增加了对非传统水资源的需求，并且在开发非传统水资源所进行的区域性合作和定向研究方面做出了更多的努力。尽管海湾国家紧跟全球水资源管理的发展趋势，在海水淡化的单位成本和废水排放率上都有所减少，但是化石燃料仍是海水淡化工厂的主要动力能源，这会带来与环境污染有关的一系列问题。

海湾地区的城市化进程仍在继续，但是由于人口出生率的下降以及海湾国家采取了整合城镇规划的方法，所以在“政策优先”方案中，城镇化程度会比“市场优先方案”的程度要低。然而，供水和废水处理能力的提升速度仍远远落后于海湾地区城镇化的进程，并且环境问题仍然存在。

在此方案中，海湾国家对粮食的需求量也比“市场优先方案”中的需求量要低，并且海湾国家采取了战略性粮食需求管理政策，这些政策将水资源、土地利用、减少自然资源的过度开采等因素纳入到增加粮食需求量的战略决策过程中。除此之外，为改善农业生产条件和加强土地管理，海湾国家对该领域的研发进行巨额投资，此决策有助于减缓环境退化趋势，并提高了食品的安全性。在“政策优先”方案中也需要进口转基因作物，但是要考虑到转基因作物带来的潜在安全隐患，有效执行联合国《卡塔赫纳生物安全议定书》中关于生物研究安全性的条例。① 此外，海湾国家的经济一体化以及和其他阿拉伯国家的区域合作，有助于修改现行农业政策以最大化提升粮食产量，并且有效降低水资源消耗。

“政策优先”方案的初衷在于提升未来海湾地区居民的福利，与市场优先模式相比有助于减轻环境恶化的程度。然而，投资和经济发展政策仍然加重了自然环境的承载负担。从本质上来看，此方案仍延续自上而下的管理方式。在此方案中，海湾国家是被动而非主动改良，并且对于决策所产生的一系列变化不能给予即时且合适的回应。

三、安全优先方案

海湾地区的政治不稳定性因素增多，不仅拖延了海湾地区社会经济的发展，还减缓了海湾区域经济一体化的进程。海湾地区存在着一系列政治安全隐患：政治冲突带来的地区紧张局势、军事占领、超级大国干涉、国际制裁、经济和政治改革不利、社会贫富差距悬殊等。海湾国家的社会矛盾日益尖锐，并存在安全隐患，在国家和地区层面都被社会不平等和教派冲突所左右。随着海湾国家社会道德的日益恶化，一些居住在围墙之内的社会精英通过控制自然资源来控制大多数的普通民众，以此来维护他们的特权。宪法民主化低、执政不透明、公众政治参与度低，以及军人治国等问题抑制着海湾国家的经济与发展。海湾政府以社会经济发展和环境保护为代价，花费巨资用于购买

---

① 联合国《卡塔赫纳生物安全议定书》是在《生物多样性公约》下，为保护生物多样性和人体健康而控制和管理“生物技术改性活生物体”（简称 LMOs，Living modified organisms；或称“转基因生物”，简称 GMOs，Genetically modified organisms）越境转移的国际法律文件。《议定书》于 2000 年 5 月 15—26 日在联合国内罗毕办公室对国家和经济一体化组织开放签署，之后于 2000 年 6 月 5 日至 2001 年 6 月 4 日在纽约联合国总部继续供各国签署。截止 2005 年 5 月 18 日，共有 120 个国家签署《议定书》。中国于 2000 年 8 月 8 日签署该《议定书》。

武器。在这样的条件下，海湾国家的腐败问题更为严重，由此引发其国内投资环境的不稳定和国内企业的外移。经济预期不甚明朗的趋势导致了海湾国家失业率不断攀升、人类发展指数达到了历史最低水平，社会贫富差距不断拉大。私营公司把从国家得到的特许经费转移到了部落、种族、宗教团体，这导致了海湾国家传统社会结构的瓦解。

海湾国家的社会矛盾仍然比较尖锐。海湾国家的战略资源开发受到外国势力的压迫，这为海湾地区的不稳定埋下伏笔，也使该地区常年陷入到积重难返的社会经济矛盾和政治动乱中。在一些君主制国家，富裕的少数族群从政治混乱中获益匪浅，坚持传统统治方式。同时，海湾国家碎片化的经济又被世界主要的经济体（例如美国和欧盟）所蚕食鲸吞，造成了西方大国在海湾地区的争霸战，以及海湾国家与西方国家之间的控制和反控制。海湾国家常年不绝的地区冲突，导致了该地区防务安全的开支猛增，这将严重影响到海湾国家经济和社会资源的发展。在海湾各国的议程表上，自然环境资源等利益诉求通常成为最后考虑的因素，并被迫为满足安全需要而遭到削弱。

安全优先方案假设了海湾地区的高人口出生率基本不变（比市场优先方案中要高），这意味着水资源需求压力的攀升。使得海湾国家水资源短缺程度达到了最高水平，地下水资源不断被开采直至不再适合使用。为满足农业用水的需求，海湾国家对废水进行了循环利用管理，但是由于缺乏对废水处理的相关规定，导致了一些与水有关的疾病的爆发。海湾国家对非传统水资源的研发努力是值得肯定的。海湾国家加强海水脱盐技术以满足海湾地区居民的生活用水，但是海水淡化过程仍需要大量耗费化石燃料，而海湾国家几乎没考虑其对环境的负面影响。海湾国家对水资源的管理和服务项目被跨国公司、尤其是拥有与军事建设相关交易的公司所垄断。海湾国家的高税收是为了填平海湾国家政府的预算赤字和高额军费造成的亏空，从而使当地政府最终会完全取消供水补贴，这将导致对水务行业的歧视。

从另一方面来说，将实现粮食自给位于海湾国家政治议程的首位。

因此，海湾政府以补贴金的方式鼓励当地农业的生产，这造成了水资源和耕地的流失。在灌溉用水水质恶化和土壤盐渍化的条件下加大农业生产力度，会导致海湾国家土地更为贫瘠和优质耕地的流失。在农业生产量达到顶峰的时候，耕地和水资源的使用也极近极限，粮食的自给率便随之开始下降。

同时，由于人口出生率的迅速增长，城市富裕的中心区（CBD）被迅速增长的贫民区包围。在富裕阶层与城市贫民之间则出现了社会服务资源的分配不公，这导致那些远离城市中心的人们难以获得足够的基本医疗、卫生设施和公共基础设施等社会服务。失业率的攀升和高犯罪率都成为海湾国家社会动荡的安全隐患。“安全优先”方案是“市场优先”方案中的一个极端例子，若海湾国家为满足安全需要而忽视人民需求和环境保护，那么海湾社会和整个阿拉伯世界最终会完全崩溃。

四、可持续性优先方案

这个方案设想了为应对可持续性发展的挑战而出现的新型发展范例，即社会发展理念被更新的、更公平的价值观体系所支撑。社会发展的高级形式是注重人类发展的意图，而非积累物质财富。在此将提出一个更有远见、更具有前瞻性的方案以应对可持续发展所带来的挑战（例如社会、经济和环境政策的持续联系）。高品质的生活状态和良好的生存环境要靠长期的、综合和战略规划才能实现。

长期的战略规划强调通过对教育、培训和能力开发项目的大量投资来提高人类的发展。这个方案创立了一个多产的知识型社会，这样的社会不需要大多数海湾国家传统政府的福利政策来支撑整个社会体系。在以培养善待自然环境和合理开发自然资源理念为特点的教育体制中，海湾国家将追求长期的环境可持续性发展目标。海湾国家会增加解决社会、经济和环境问题的科研经费。在此方案中，保护环境和可持续利用自然资源等政策带动了科研经费的增长，这样最终会导致使用大量绿色科技，而这些科技的研发资金则来自生态税和排污费。

在这个方案中，海湾社会采纳了文化全球化和工业社会的种种优点。虽然摒弃了与西方世界相联系的物质主义和消费主义，但是采纳了与环境相关的专业主义、提高劳动生产力、危机意识、公众参与，以此替代现存普遍消极的传统文化习惯和态度，例如群体性事件频发、信访制度不到位和公共资源滥用。主张重视国家和地域性特征以及海湾国家传统社会价值观，如家庭、社会和伊斯兰精神和道德观等。

目前，海湾国家的集权化程度在逐渐弱化。社会民主化进程不断加速，公民社会的权力下放程度达到了历史最高水平，这使得公众参与国家和区域性决策的程度日益提高。健康、环境和资源的可持续性问题成为了海湾国家公民社会的主要关注点，并且在政府、私营部门和公民社会三者之间存在着势力均衡的现象。

在海湾地区内部，海湾国家之间的整合与合作最终导致了一个单一同盟国家的形成，并代替了海湾合作委员会，例如阿拉伯合众国（United States of Arabia）。这代表了当海湾国家面临着外部挑战和威胁时会站在一个强大的、统一的战线之上。这也同样标志着海湾国家涌现了一个强有力的、多样化的经济集团，且与大多数阿拉伯国家形成强劲的经济合作关系。海湾国家的部长级论坛也因此得以提高和强化。海湾各国也是全球环境政治的积极参与者。

海湾国家通过实施有效的人口政策使水资源压力大大减少，这导致了人口出生率的稳定和在全社会引起高度的环境保护和节水意识。因强调需求管理和水资源保护，海湾国家采用了经济高效性和环境可持续性背景下的水资源综合管理策略，这使得海湾政府有可能通过公共机构、政策和立法改革等方式建立起水资源管理优质环境。同时，节水成为海湾国家的优先政策目标。

海湾国家之间在水科技领域进行着紧密合作。海湾各国决定在合适的时间段内（例如 15 年）掌握海水淡化核心技术并使其本土化，为了实现这个目标，海湾各国投入了大量的研发资金。海水脱盐技术的研发投资推动了一些清洁能源（太阳能和风能）的发展，使得海水脱盐和处理技术对环境的负面影响较为有限，并取得了重大突破。[①] 和市场优先方案相比，海水脱盐技术的单位成本并不会大幅减少，但是对环境的污染程度则会大幅降低。

海湾国家通过废弃原有的使粮食产量最大化和粮食自给政策，极大减轻了农业的耗水量。水资源压力降低是海湾国家和其他阿拉伯国家进行区域整合和国际合作的结果，也是非传统高科技农业（例如无土栽培技术）高投资的结果。因此，从当前情势来看，过度开采地下水资源的趋势将逐渐变缓。此外，在对转基因作物进行谨慎甄别的基础上，海湾国家将在农业生产过程中有限且合理地使用生物科技。这些努力再加上海湾国家人口出生率的稳定化，使得水资源的压力不断减轻，人均可用水量持续下降的势头得以遏制。

海湾国家不断涌现了许多绿色城市，海湾各国政府通过实行更有效的整合计划和管理措施，不仅控制了人口的过快增长，还提升了公民的环境意识，减轻了城市化对自然环境和人体健康带来的消极作用。海湾国家批准并实施多项国际多边环境协议，特别是海运领域的《防止船舶造成污染国际公约》（MARPOL73/78 protocol）。海湾国家也建立石油泄漏的处理预案，声明将被石油污染的海域作为海合会组织管理下的海洋环境保护特别区域，这导致了海运业石油污染事件的大幅减少。海湾各国严格执行着旨在保护海洋环境不被陆地污水污染的全球计划，所有向海洋排污者都将支付高额排污赔偿金。这大幅减少了海洋环境中的碳氢化合物和其他工业污染物，也使得陆基污染源对海水淡化生产的威胁降到最低。

在可持续性优先方案中，自然界的生态平衡得以保持。这些实践使中东的水资源得到有效保护，推动了自然资源的高效利用，健全了环境管理体制。虽然和市场优先与政策优先方案相比，可持续性发展

---

① 尽管海湾地区化石能源丰富，在国际能源市场处于主导地位，但发展清洁能源有助于延长化石能源的开采预期，同时为海湾国家带来不菲的收益。

方案中的经济增长速度有所下降，但是有得有失，此政策会大幅提高人们的健康水平与幸福指数，减轻因水资源污染对海湾国家经济的损失。

五、四大方案的比较分析

目前，海合会国家的水资源需求量与供应量直接的缺口日益增大。如果人口出生率仍不断攀升，水资源利用率持续降低，那么终有一天水资源将成为引起海湾国家恐慌的稀缺资源。除非全面修改现行的水管理政策，否则水资源的紧缺将会严重制约海湾国家社会、农业和工业的发展。

想要实现环境友好型发展目标，提升民众的幸福指数，单独依靠市场调节是难以实现的。虽然市场会促进资源的合理配置、推动一些新兴科技的发展，但是像市场优先方案那样过度依赖市场调节来促使经济增长和科技革新，其结果很可能会恶化生态环境，最终减缓实现社会总体发展目标的规划。在安全优先方案中，社会和环境问题的辐射面比市场优先方案更广。海湾国家政治紧张和地区冲突的持续发酵会产生新的安全困境，这将遏制其他社会需求并对海湾地区的整体发展产生消极影响。换句话说，随着海湾国家区域一体化进程的提速，政策优先方案和可持续性优先方案将更可能导致海湾国家扩大在人力资源发展和能力建设领域的高投资，但这并不会影响经济增长。在可持续性优先的方案中，政府管理结构的改善以及海湾国家社会、经济和环境政策的持久联系，为海湾国家面临的可持续性发展问题提供了一个解决方案：通过推进国家间、地区间、甚至是次区域的一体化、合作和会话，以缓解海湾国家的政治紧张局势和军事冲突。

这些为海湾国家、也许包括很多发展中国家提供的水治理方案，其最大政策经验在于核心决策影响着水资源的利用，就好像环境政策并非一定由环保部门来制定一样。水资源政策应与环境政策进行统筹考虑，它们都应该被整合到海湾国家社会经济发展的总体规划中去。为了实现水资源和环境的可持续性利用，有赖于在深思熟虑后制定合理的政策体系，但是如果海湾国家不尽早采取有效措施的话，那么水资源问题将会带来极大的安全风险和严重后果。

第三章

外籍劳工与海湾国家的人口安全[①]

由于海湾国家人口稀少以及劳动力匮乏，使得海合会六国不得不依靠外国劳工来满足各国社会发展蓝图对人力资源的需求。大量的外籍劳工跨越阿拉伯半岛来到这里打工，占据了海湾国家各行业的多个岗位，主要集中在建筑工程和国内劳工市场，但有少数外来工作者成为了白领，并从事一些技术密集型行业。从当前情况来看，这种趋势仍将延续下去。事实上，尽管海湾国家在努力推进劳工本土化，但是随着海湾国家工业化的进一步发展，以及出台雄心勃勃的基础设施规划蓝图，海湾国家的未来发展仍将依赖外来劳动力的支持，并且在接下来的几年里对外籍劳动力的需求将会持续增长。随着海湾国家的发展，外籍劳工的地位变得日益重要，并逐渐成为地球村的主要成员，由此看来，海湾国家有必要深入研究劳务移民这种新兴的趋势。

---

① 本章是教育部区域和国别研究培育基地“北京第二外国语学院阿拉伯研究中心”2015年项目《“走出去”战略视域下中国在阿拉伯国家的形象优化设计研究》（ASC2015YB03）的阶段性成果。

第一节　海湾国家人口安全现状

拥有适度的人口规模，是国家人口安全的基本保障。目前海湾国家人口安全隐患就是外国移民数量远超东道国居民，从而导致人口结构生态失衡问题。[①] 在阿拉伯联合酋长国、卡塔尔和科威特三国，本国居民已长期居于“少数居民”地位。[②]

一、海湾国家人口结构失衡的原因

考虑到自然界存在着人口分布与区域经济发展不均的现状，对海湾国家来说，劳动力跨国流动以寻求赚钱机会是屡见不鲜的事情。劳动力迁移是一种全球现象，对于那些对外派遣劳工以换取侨汇的国家来说，把本国公民派遣到国外能带来一定的经济效益，而对于像海湾国家这样的东道国来说，更需要外来劳工来刺激并维持本国的经济增长。劳动力出口国依靠外派劳工来为降低国内失业率，并且同样依靠这些外来劳工的侨汇来增加外汇收入。

海湾国家与别国与众不同的是，海湾国家的国内外劳动力比例严重失衡，外籍劳工远多于本土劳工。在绝大多数国家及其很多产业部门中，外籍劳动力要多于海湾国家的本地公民。如何妥善管理外籍务工人员成为海湾国家面临的严峻挑战，虽然海湾国家政府也尝试满足国内劳工的要求，特别是当数量较少的本土人与如此之多的外国劳工之间所存在的社会文化与政治性的鸿沟日益加大的今天更是如此。

海湾国家的劳动力管理条例旨在确定外籍劳工的本质是临时工，并需对其进行严格管理。工人保荐制度（worker sponsorship system）可

---

① 刘彬：《海湾国家非传统安全现状评析》，《阿拉伯世界研究》，2010 年第 1 期，第 40 页。

② 王京烈：《论海湾六国移民与人口结构安全》，《西亚非洲》，1999 年第 2 期，第 20 页。

有效控制外籍劳工的输入量。然而，这种人力资源进口壁垒已经遭到了国际性劳工组织的审查和抨击。保荐制度的滥用可能会导致许多部门工作环境不安全、住宿匮乏、引发劳资纠纷以及限制工人的人权。从海湾国家施行这种制度可以看出，海湾国家领导人的领导力有限以及海湾社会的脆弱，仅有极少数海湾国家政府开始思考如何加强对外籍劳工的管理，并采取了相应的措施。从政策水平来看，尽管用什么来替代工人保荐体制尚不明确，但是人们对于是否应修改或废除工人保荐体制的争论从未停止过。

尽管雇佣海外劳工的现象在海湾国家很普遍，但是跨区域劳务输出仍然不被海湾国家民众所接受。特别是海湾地区外来劳工带来了一大堆经济、社会和政治问题，这些问题还没有一个综合的、系统性的方法对其进行检验。一些引人注目的研究包括：移民经历的扩散带来的对金融与“社会汇款”（social remittance）的探索，由劳务移民经历塑造的身份与归属感问题，以及像本土与外籍居民的身份与观念的建构，考虑到海湾劳工的大量时间都是在别的国家度过的，那么他们在海湾国家的生活会怎样影响到东道国的社会以及他们自己的生活？外籍劳工和其雇主之间的接触将带来怎样的影响及后果？在移民的过程中，一些官方的、私人的机构——国际公约和劳工制度、政府部门、人力资源机构等会起到怎样的作用？

二、人口结构失衡对海湾国家的影响

2012 年海湾国家（GCC）有超过 1250 万外籍劳工，占海湾国家 4170 万总人口的 30%，沙特阿拉伯、巴林、阿联酋、卡塔尔、科威特和阿曼的外籍人口比例分别是 30%、26%、80%、27%、63% 和 62%。[①] 这些劳工主要来自亚洲，其中印度是最大的劳工输出国，其次

① 中华人民共和国商务部：《外籍人口对海湾安全构成威胁》，http://www.mofcom.gov.cn/aarticle/i/jyjl/k/201209/20120908337749.html。（上网日期：2014 年 7 月 29 日）

是巴基斯坦、埃及、也门及孟加拉国。到 2017 年，海湾地区外籍劳工将达 1800 万人。总体而言，人口结构的失衡对海湾国家经济发展和社会稳定的影响，主要表现在以下几个方面。

首先，增大了海湾国家政治管理的难度。大量外籍劳工的存在使海湾国家在制定国内政策时必须将外国移民纳入考虑范畴。① 海湾国家的外籍劳工大部分人为非阿拉伯裔，他们的世俗观念与政治理念会对海湾国家的社会规则与道德准则产生一定负面影响。海湾国家外籍劳工队伍中有大量的巴勒斯坦人，这使得海湾各国在加强对其管理的过程中必须相当谨慎，以免触碰敏感的阿以问题。

其次，外籍劳工向母国汇出大量的劳务所得，其中大多是美元，这对海湾国家的经济增长和国际收支平衡带来一定的负面影响，同时造成海湾国家美元储备的下滑。2010 年，在海湾地区居住和工作的亚洲八国劳务人员汇往母国的资金高达 1665 亿美元。② 其中，沙特阿拉伯为最大的汇出国，年境外汇出额 170 亿美元，占其总额的 63%；印度为最大的收益国，年收汇额 50 亿美元，占总款额的 19%。③ 2013 年巴基斯坦侨汇收入为 39.27 亿美元，较去年同期的 35.99 亿美元增长 9.14%。其中，来自沙特的侨汇为 11.07 亿美元，同比增长了 15.1%，来自其他国家的侨汇包括阿联酋 7.84 亿美元、美国 6.25 亿美元、英国 6.11 亿美元、海湾国家 4.47 亿美元、欧盟 1.09 亿美元等。④

再次，外籍劳工与东道国居民存在对立情绪，社会矛盾比较尖锐。

---

① 刘军：《当代海湾国家的外来劳工移民及其影响》，《世界民族》，2008 年第 6 期，第 20 页。

② 中华人民共和国商务部：《海湾地区亚洲劳工 2010 年汇款达 1665 亿美元》，http://www.mofcom.gov.cn/aarticle/i/jyjl/k/201103/20110307445655.html。（上网日期：2014 年 7 月 27 日）

③ 中华人民共和国驻巴林王国大使馆经济商务参赞处：《海合会六国的外籍劳工每年向境外汇款达 270 亿美元》，http://bh.mofcom.gov.cn/aarticle/jmxw/200608/20060802865067.html。（上网日期：2014 年 7 月 27 日）

④ 中华人民共和国商务部：《巴基斯坦侨汇收入增长》，http://www.mofcom.gov.cn/article/i/jyjl/j/201310/20131000342434.shtml。（上网日期：2014 年 7 月 27 日）

尽管外籍劳工在海湾国家占据人口数量优势，但是并未享受政治、经济以及社会福利的同等待遇，这极易使得外国移民缺乏归属感和感恩感，心理失衡导致与东道国居民的对立情绪，这在一定诱发性事件的推动下，甚至会演变成社会骚乱与暴力行为，对海湾国家的社会稳定构成威胁。与此同时，由于外籍劳工占据了大量的工作岗位，使得海湾各国的本土居民普遍存在寄生性依赖，失业问题日渐突出。

最后，文化背景差异导致海湾国家文化冲突尖锐。大量外籍劳工对海湾国家的本土文化与传统形成了巨大冲击与影响。一方面，外籍非阿拉伯劳工大多群居生活，固守本民族的生活习惯与文化传统，不利于海湾国家的社会整合，甚至会造成社会族群的“文化孤岛化”；另一方面，具有不同文化与政治理念的外籍劳工，会对海湾国家普通民众产生潜移默化的影响，海湾国家固有的阿拉伯—伊斯兰文化环境难免遭受严重破坏。

三、海湾国家雇佣外籍劳工的时代背景

海湾国家输入外籍劳工的历史并不太长，大致始于20世纪初海湾国家发展石油工业。由于石油开采业需要大量的产业工人，因此，当时的外籍劳工主要从事石油开采工作，工作条件也非常恶劣，引入的外籍劳工数目并不很多。早期的外籍劳工多来自也门、埃及等人口较多且经济不发达的阿拉伯国家，他们想在富裕的海湾国家寻找更好的就业机会。此外，国内动荡也是务工潮产生的原因。如中东战争、也门内战使大批巴勒斯坦人和也门人被迫离开故土外出务工。20世纪70年代之后，随着海湾国家获取了大量的石油美元，特别是第四次中东战争全球油价高涨，海湾国家作为能源出口国迅速跃入富裕国家行列，于是大力兴建基础设施和发展第三产业，由于本土劳动力过于稀少，这迫使海湾各国考虑进一步扩大外籍劳工的招募。来自南亚和东南亚地区的劳工逐渐融入到海湾国家的外籍劳工队伍中。海湾地区逐渐成为与西欧、北美齐名的国际劳务输入市场。

在此需要回答这样一个问题：外籍劳工为何必须定居海湾国家，以及学术界研究外国侨民在海湾国家的定居经历所面临着哪些限制因素？绝大多数的外籍劳工并不享有海湾国家的公民待遇，“非公民”是海湾各国人口的重要组成部分——他们占沙特阿拉伯人口的25%，科威特人口的66%，阿联酋和卡塔尔人口的90%。与其他国家的跨国移民以及侨民不同的是，海湾国家的外籍劳工几乎不可能成为东道国的公民。在最近几年中，学界对海湾国家多变的、动态的人口调查研究已日益深入。从现有情形来看，外籍劳工是那些决策者、人权工作者和学者们研究海湾国家人口形势的主要议题和分析对象。他们将外籍劳工称为“暂时性劳工移民”（temporary labor migrants）或“客工”（guest workers），并且认为海湾国家现有人口规模下的工作优越条件，是外来侨民涌入海湾国家务工的决定性因素。

海湾国家石油美元驱动的经济繁荣发展，由政府政策、社会与政治机构以及公共话语（public discourse）构成了一个庞大的外来移民管理体系，控制着该地区外来务工人员的数量。卡塔尔设置了“kefala”法案，要求外籍劳工必须得到卡塔尔籍监护者的许可，才可以离开卡塔尔，导致外籍劳工的命运几乎等同于“黑砖窑”的窑工。

海湾国家的人口结构失衡问题始于20世纪70年代末。第四次中东战争之前的海湾国家，外籍劳工占当地劳动人口的比例较小，未能成为社会治理的重要议题。进入80年代后，外籍劳工数量猛增，占劳动总人口的比例也随之提高，与外籍劳工有关的社会纠纷越来越多。在庞大的外籍劳工人群中，真正从事劳务的工人人数约为2/3，其余的都是劳工家属，这些人同样面临着住房、教育、医疗、社会保险等问题，给海湾国家社会管理带来极大的压力。

四、海湾国家外籍劳工的权益保护

海湾国家的外籍劳工虽人数众多，但无法获得相应的国民待遇。海湾国家的历史背景、政治文化、宗教氛围都不支持维护外籍劳工的权益。例如阿联酋虽已加入国际劳工组织，但其国内对外籍劳工的剥削现象仍屡见不鲜，劳资双方的法律谈判仍面临着制度性障碍。外籍劳工虽可通过法律途径寻求司法救助，但必须为此支付高昂的诉讼费用。此外，海湾国家的法制化进程仍较为落后，立法与司法存在较大的差距，有法不依的现象非常普遍。外籍劳工没有自己的工会，当地法律也没有赋予他们组建工会的权利。

海湾国家的外籍劳工大多来自印度、巴基斯坦、孟加拉国和尼泊尔。这些南亚劳工只能领到微薄的工资，由于受到保荐人制度的限制，他们只能受雇于一个雇主。这些雇主在雇佣大量工人之前，会支付高额的资金给经纪人，经纪人则将这些劳工变为债务人。

薪酬不公、雇主拖欠工资、工作环境差是外籍劳工权益受到侵害的主要表现，此外，住房、医疗、子女教育问题也难以改善，对于女性劳工而言，还会遭遇性侵扰问题。因此，埃及、巴基斯坦、孟加拉、尼泊尔等国禁止本国女性青年前往海湾国家务工。外籍劳工常成为劳务输出国和输入国外交关系紧张的牺牲品，如卡塔尔在1997—1998年驱逐了数百名埃及劳工，理由是埃及政府指责卡塔尔与以色列改善关系。沙特阿拉伯在1999年也因边界问题驱逐了数千名也门劳工。①

由于海湾国家正在努力筹办世界级赛事、博览会等活动，如迪拜将于2020年举办世界博览会，卡塔尔将于2022年举办世界杯，这无疑加剧了海湾国家的劳动力短缺问题。目前，海湾国家已意识到加快外籍劳工管理迫在眉睫，否则将引发诸多严重的社会问题。如2007年初沙特劳工部出台新举措解决雇主拖欠外籍劳工工资，其中包括：（1）任何连续两个月迟发雇员薪水的公司或机构，将禁止其一年之内招收其他雇员；（2）如果雇主连续三个月迟发雇员薪水，雇员可到劳动主管部门请求立即更换担保人（而非现行法律规定的需等一年后才能更

① 陈杰：《海湾外籍劳务现状及其发展趋势》，《阿拉伯世界研究》，2007年第5期，第27页。

换担保人)；(3) 雇主必须付清雇员的薪水，否则违约雇主不能录用新雇员。①

第二节 外籍劳工对海湾国家人口安全的影响

中东一家刊物曾经这样写道：如果说是真主赐予海湾国家丰富的石油和天然气资源，那么，将这种资源转化为财富则在很大程度上靠外籍劳工。外籍劳工是造福海湾国家的“另一个真主”，即“人间真主”。② 在外籍劳工支撑起海湾国家经济发展的同时，也为海湾国家的人口安全带来了诸多的负面影响。

一、外籍劳工对海湾国家经济社会带来的负面影响

这些负面影响包括：造成海湾六国人口结构失衡；阻碍海湾国家培养本土人才，提高隐性失业率；增大社会不稳定因素；阿拉伯—伊斯兰文化传统受到冲击。总体而言，外籍劳工对海湾国家人口安全的影响主要表现在以下几个方面。

首先，外籍劳工挤占劳务市场，造成本地人高失业率。外籍劳工是海湾国家就业市场的主体，这造成东道国原住民就业困难。根据沙特政府统计部门发布的报告，2012 年沙特国民失业率为 12.2%，480 万劳动力中有 58.8 万没有工作。③ 沙特国民劳动人口以年轻人为主，年龄在 20 岁到 39 岁之间，62.9% 为男性。沙特外籍从业者约 1000 万，

① 陈杰：《海湾外籍劳务现状及其发展趋势》，《阿拉伯世界研究》，2007 年第 5 期，第 28—29 页。

② 新华网：《海湾国家靠外籍劳工养活》，http://news.xinhuanet.com/world/2010-08/24/c_12480370.htm。(上网日期：2014 年 7 月 27 日)

③ 中华人民共和国驻沙特阿拉伯王国大使馆：《沙特公布失业率为 12.2%》，http://sa.mofcom.gov.cn/article/jmxw/201301/20130100013530.shtml。(上网日期：2014 年 7 月 27 日)

占沙特总劳动人口的94.3%。[①] 因此，有学者认为，造成沙特人失业的首要原因是“外籍劳工供过于求”。

此外，海湾国民长期以来形成了不良的就业心态，依赖性和寄生性很强，竞争意识日趋薄弱。由于海湾国家的公民习惯在政府机构求职，宁可失业也不愿意进入竞争激烈、工作强度大的私营行业。并且海合会国家的政府机构都尽可能多地雇佣本国公民，录用条件相对较低，工作稳定且工作时间较短。[②] 海湾国家公共机构雇佣了大约180万人，其中80%为本国国民。2003—2007年，私营机构雇佣总人数平均年上升8%，而公共机构则为2.9%。[③] 因此，政府机构成为吸纳本国劳动力最多的地方。例如，2014年，卡塔尔人口为212万，本国人口只有31万人，在私营行业的就业率只有2%。由于卡塔尔人均国内生产总值在世界上排名第三，各项福利很好，当地人仍选择公共行业就业。[④] 巴林和阿曼两国在海合会国家中石油收入相对较少，巴林失业率在2005年飙升到15%之后，政府采取了帮助本国人就业的措施，2012年失业率已经下降到4%。[⑤] 这一择业怪圈给海湾国家带来了巨额财政负担，造成政府机构庞大、人浮于事、办事效率低等问题。此外，外籍劳工比例过高还导致海湾国家宏观经济的脆弱性和对外籍劳工的过度依赖。一旦外籍劳工因某一政治或安全事件大规模撤走，将对东道

---

① 中华人民共和国驻沙特阿拉伯王国大使馆：《沙特公布失业率为12.2%》，http://sa.mofcom.gov.cn/article/jmxw/201301/20130100013530.shtml。（上网日期：2014年7月27日）

② 新华网：《海湾阿拉伯国家失业率高源于私营部门就业不足》，http://news.xinhuanet.com/newscenter/2008-04/21/content_8019104.htm。（上网日期：2014年7月27日）

③ 中华人民共和国商务部：《海湾国家失业率上升》，http://www.mofcom.gov.cn/aarticle/i/jyjl/k/200902/20090206052919.html。（上网日期：2014年7月27日）

④ 中华人民共和国驻约旦大使馆：《海湾国家失业问题源于私营部门就业不足》，http://jo.mofcom.gov.cn/aarticle/jmxw/200804/20080405484018.html。（上网日期：2014年8月7日）

⑤ 中华人民共和国商务部：《巴林失业率达4%》，http://www.mofcom.gov.cn/aarticle/i/jyjl/k/201203/20120308017448.html。（上网日期：2014年7月27日）

国政府带来难以估计的损失。

其次，外籍劳工寄往母国的巨额侨汇削弱了海湾国家的外汇储备。海外劳工向母国汇款的历史非常悠久。由于担忧无法长久居住在东道国，在海合会国家工作的外籍劳工每年将 90% 的收入汇回母国。1975—2006 年末，海湾国家外籍劳工的侨汇累计超过 5200 亿美元，因此，很多研究机构将外籍劳工的侨汇看成是海湾国家外汇储备的流逝。2010 年在海湾地区的亚裔劳工汇往母国的资金高达 1665 亿美元，其中汇往印度的汇款达到 550 亿美元；其次是中国 510 亿美元；菲律宾 213 亿美元；孟加拉国 111 亿美元；巴基斯坦 94 亿美元；越南 72 亿美元；印度尼西亚 71 亿美元；以及泰国 44 亿美元。①

海合会成员国中，沙特是最大的侨汇输出国，年汇出额达 170 亿美元，占海湾侨汇总额的 63%。② 其次为阿联酋，占 15%。印度则是获得海湾国家侨汇最多的国家，年入侨汇额为 50 多亿美元。2012 年，沙特阿拉伯的外籍劳工汇回本国的总金额高达 275 亿美元，沙特零售业的外国投资总额约 1400 亿里亚尔，其中约 80% 是由外国居民掌控。③ 海湾国家正积极制订相关政策，力求促成劳务资金回流。例如阿联酋已率先制定政策，允许外籍劳工购买当地的房地产及有价证券。

再次，外籍劳工引发的暴力案件屡禁不绝。海湾国家的亚裔劳工占有很高比例，他们受教育程度低，缺乏专业知识，一般从事“3D”工作（Dirty，Dangerous，Difficulty），由于海湾国家存在的保荐人制度，使得外籍劳工的权益无法受到保护，而且还常常遭受来自东道国政府

---

① 中华人民共和国商务部：《海湾地区亚洲劳工 2010 年汇款达 1665 亿美元》，http：//www. mofcom. gov. cn/aarticle/i/jyjl/k/201103/20110307445655. html。（上网日期：2014 年 7 月 29 日）

② 中华人民共和国驻沙特阿拉伯王国：《海合会国家石油美元流向分析》，http：//sa. mofcom. gov. cn/aarticle/ztdy/200609/20060903275752. html。（上网日期：2014 年 7 月 29 日）

③ 中华人民共和国商务部：《沙特金融专家担心新一轮沙特化政策导致在沙外国劳工侨汇大量逃逸》，http：//www. mofcom. gov. cn/aarticle/i/jyjl/k/201107/20110707638854. html。（上网日期：2014 年 7 月 28 日）

机构甚至普通民众的歧视，从而埋下社会动荡的诱因。如外籍劳工参与了1953年阿美石油公司大罢工、1979年麦加清真寺骚乱事件、2006年迪拜亚裔劳工讨薪罢工、2013年沙特阿拉伯遣返非法外籍劳工引发的社会骚乱。①

1999年10月，科威特爆发数百名埃及籍非法务工人员参与的大规模骚乱事件，要求改善极为恶劣的生活和工作条件。2005年，科威特、巴林、卡塔尔爆发亚裔劳工讨薪暴力抗议事件。此外，如果劳务输出国驻外使馆对派出劳工的权益问题视而不见，也会导致暴力事件的发生。2005年4月，数百名被雇主拖欠工资的孟加拉劳工哄抢母国驻科威特使馆，原因就是要求使馆介入劳工讨薪未果后迁怒于本国使馆。②

在此需要特别说明的是，非法务工也是海湾国家重要的不稳定因素。海湾国家的外籍劳工中的很多人并没有合法的身份，他们被称为“非正常移民工人”，或是“黑工”，是对通过非法手段和没有官方记载而进入海湾国家务工人员的统称。这一群体毫无权益保护而言，甚至连生存都成问题，他们的长期滞留可能会给东道国造成治安危害或引发种族冲突，这无疑是一颗隐型炸弹。2005年，科威特内务部拒绝接受来自伊拉克、伊朗和叙利亚的劳工，同年，巴林提议外籍劳工在海合会国家的居住年限不得超过5年。③ 外籍非法劳工在该国形成庞大的“黑工市场”，对当地的社会稳定带来巨大隐患。

最后，外籍劳工冲击了东道国阿拉伯—穆斯林传统文化，造成海湾国家公共治理困难。除了来自约旦、伊拉克、埃及等阿拉伯国家的劳工与海湾国家国民同属一个宗教、语言、文化体系外，其他亚籍劳工因文化差异过大而很难融入海湾国家，自成一个个独立的文化小群

---

① 环球网：《沙特清理外籍非法劳工引发大规模社会骚乱》，http://world.huanqiu.com/exclusive/2013-11/4553315.html。（上网日期：2014年7月28日）

② 陈杰：《海湾外籍劳务现状及其发展趋势》，《阿拉伯世界研究》，2007年第5期，第38页。

③ 新华网：《海合会将考虑限制外籍劳工居留年限》，http://news.xinhuanet.com/world/2004-12/20/content_2357886.htm。（上网日期：2014年7月28日）

体，在很大程度上改变了所在国的社会文化结构。

大批移民的涌入也带来了形形色色的外来文化，对海湾六国的本土文化与传统形成了猛烈冲击。特别是从事家政服务的外国妇女（多数来自东南亚国家），当她们进入海湾六国从事保姆工作时，潜移默化中对海湾六国新一代产生了巨大的影响。例如在阿联酋约有斯里兰卡籍保姆12万多，菲律宾籍保姆近6万，她们都以吃苦耐劳而著称。在沙特工作的现有120万印尼人中，七成是女佣。[①] 在阿联酋的外籍保姆月薪在700迪拉姆（1美元约合3.7迪拉姆）左右，尽管不算太高，但她们将大部分工资汇往母国。目前在海湾国家，本土文化在外来文化冲击下逐渐被淡化已是不争的事实。在卡塔尔和巴林，人们常常看到丈夫穿着白袍、妻子蒙着面纱走在前面，亚洲面孔的保姆或推着婴儿车，或领着孩子，亦步亦趋地走着。外籍保姆对海湾国家的语言、行为方式到价值观念等均有一定的影响。例如，有些沙特人发现其子女所讲的阿拉伯语中带有浓重的埃及口音，有些孩子的斯里兰卡语水平甚至超过了阿拉伯语。

每年有10万印尼女佣合法进入沙特，另有2.4万名印尼女佣则通过非法渠道到沙特务工。一方面对保姆等职业的外来劳工需求近年持续增加，另一方面雇主与外国保姆之间因纠纷导致的恶性事件频频见诸报端，如果处理不当，可能会引发外交纠纷。例如在沙特帮佣的印尼女子鲁雅蒂·宾蒂·萨布比，在多次向女主人请求回国探亲却屡遭拒绝后，一气之下杀死女主人，2011年6月18日，被沙特法院判决当众用剑将其斩首。[②] 该事件引起印尼民众愤慨，印尼政府于6月20日召回驻沙特大使，印尼外交部召见沙特驻印尼大使，当面递交抗议信，称在没有通知印尼政府的情况下处死印尼女佣，严重违反国际准则和

① 新民网：《海湾富国："保姆风波"难摆平》，http：//news. xinmin. cn/rollnews/2011/07/01/11275256. html。（上网日期：2014年7月28日）

② 新华网：《海湾国家"保姆风波"何时休?》，http：//news. xinhuanet. com/world/2011－07/02/c_ 121613094. htm。（上网日期：2014年7月29日）

程序。在海湾国家，发生在保姆与雇主之间的一些恶性事件和后续纠纷需要相关国家的元首介入，才能圆满解决；例如沙特国王阿卜杜拉近期答应印尼政府请求，赦免316名在沙特涉嫌犯罪的印尼劳工。此外，印尼女佣达萨姆在2009年因反抗男雇主性侵而失手将其杀死，按照沙特法规，达萨姆将被斩首。与鲁雅蒂事件不同，沙特政府就达萨姆事件通知印尼政府，印尼政府着手施救，向受害人家属支付200万里亚尔，使达萨姆免于一死。①

鲁雅蒂和达萨姆的故事并非个案，而是有一定的必然性。海湾国家的亚籍女佣大多来自贫困偏远的农村，文化程度普遍较低，远离家人到了陌生国度，遇到困难孤立无助，容易做出过激举动。其实，一些富有的海湾人教育程度和素质同样不高。这两类人在一起，容易产生纠纷，主人虐待女佣或女佣杀主人之类事件因而频发。

此外，由于历史和地理的原因，海湾国家很多的中小学教职员工也来自东南亚，其社会与文化属性显然不可能承担起为海湾国家下一代传播阿拉伯—伊斯兰价值观的重任。长此以往，海湾人心目中的阿拉伯—伊斯兰归属感必将模糊乃至消失，这一点已引起海湾国家教育界的广泛担忧，他们甚至认为外籍劳工引发的文化威胁要远远超过西方文化。巴林劳工和社会事务大臣马吉德甚至认为：外籍劳工的存在，让海湾国家的未来一代面临着文化断裂之痛。②

二、海湾国家对外籍劳工的排斥

海湾国家的本土居民对于外籍劳工的不断涌入有不同的看法。有的认为他们抢了自己的饭碗，有的认为他们是造成社会动荡的祸首，有的认为他们威胁到海湾文化的延续。随着部分海湾国家民族主义思

① 新华网：《海湾国家“保姆风波”何时休?》，http：//news. xinhuanet. com/world/2011 -07/02/c_ 121613094. htm。(上网日期：2014年7月29日)

② Andrzej Kapiszewski, *Arab versus Asian migrant workers in the GCC countries*, United Nations Secretariat, 15 - 17 May 2006, p. 4.

潮的兴起，在本土居民和外籍劳工之间由此滋生出对立情绪，这一情绪经过媒体的放大演变成排外倾向。例如20世纪90年代以来巴林失业率一直高居15%—25%之间，而这期间又有大量外籍劳工涌入海湾国家，引发了巴林人对外籍劳工的仇视，排外浪潮开始在海湾地区蔓延，巴林人与外籍劳工的对立使该国社会更加动荡。为了应对日益严重的社会危机，海湾各国政府纷纷出台旨在保护本国公民就业安全的政策体系。具体包括以下几个方面。

第一，鼓励本国人就业。海湾国家明确某些行业仅对本土劳动力开放，限令私营部门必须雇用一定数量的当地人，以维持海湾国家本土劳动力和外籍劳工之间的比例平衡。例如沙特阿拉伯大力施行就业“沙特化”政策，为此专门设立人力资源开发基金会，为本国青年劳动力提供技能培训，力求做到凡是由外籍劳工任职的工作随时可以被沙特阿拉伯人接替。阿曼为保证本国人就业，出台了对私营部门培训阿曼本土劳工进行补贴的计划。总体来说，本土化或海湾化政策在工作稳定、待遇较好的海湾国家政府部门和国有企业实施得较为顺利，而在工作时间较长、待遇较低且竞争较激烈的私营企业，效果则不甚明显。

第二，整顿外籍劳工市场。如科威特从20世纪80年代初开始驱逐非法移民，仅1986年一次就驱逐了2.7万违反入境法和劳工法的外国移民；同年，阿联酋驱逐了6200名非法外国劳工。[①] 2013年4月，沙特阿拉伯颁布外籍人员务工新规定：外籍劳工只能在沙特为担保人打工，而且他们的配偶不得谋职，在过去的3个月里，沙特阿拉伯已经驱逐了20多万名境外非法务工人员。

第三，提高本国用人单位雇佣外籍劳工的成本。对雇佣外籍劳工的用人单位征税，提高外籍劳工入境签证费、申请工作许可证和居留证的费用。如科威特政府出台措施，要求私营雇主为其外籍劳工和家眷支付诸如医药、教育等费用，以此削弱外籍劳工的价格比较优势。

---

① 王京烈：《论海湾六国移民与人口结构安全》，《西亚非洲》，1990年第20期，第12页。

第四，减少外籍劳工工作签证发放量。限制不熟练工人和低技能工人入境，鼓励引入熟练工人和专门人才；控制劳工家眷入境；严厉打击倒卖工作签证等违反行为。2004 年 9 月，沙特各地劳动部门发给外籍劳工的签证数量与2003 年同期相比平均下降了 51%，仅为 31695 人。[①] 各大城市下降幅度分别为吉达 80%、麦加 73%、利雅得 34%。下降幅度比较大的行业有从事文案工作的人员为 99%、销售工作人员为 92%、生产工作人员为 60%。至于科技行业下降幅度较小，仅为 24%。[②]

第五，严格相关管理制度。一是提高沙特保荐人的年龄，如 2007 年 6 月沙特阿拉伯劳工部对现行劳工保荐制度做出修改，将外籍劳工的沙特籍保荐人的年龄由 18 岁提高到 21 岁。此举是为了填补沙现行劳工雇用制度的漏洞，杜绝签证投机者进行非法签证交易，减少非法务工现象。二是限定外籍劳工居留年限。2004 年 9 月，海合会国家劳工部长在巴林召开会议，规定外籍劳工在成员国居留的最长期限不超过 6 年（紧缺专业劳工除外）。实际上，海湾雇主更希望留用已获得一定经验的劳工，而不愿招募新劳工，以避免投入更多成本。

上述措施并没有达到海湾国家通过制度壁垒减少外籍劳工入境的预期目标，在推行过程中有的不仅遭到本土就业者的反对，还遭到雇主的反对，甚至遭到部分经济学家的质疑。以本土化为例，在长期就业过程中，海湾国家本土劳动力乐于寻找环境舒适、待遇高的工作，而自身求职素质却在逐步下降；而雇主们则为了追求利润最大化而继续雇佣廉价的外籍劳工，并不严格执行政府规定。再如，科威特 1997 年曾计划每年在政府各部用本国职员替换 10% 的外籍职员，但在实施过程中发现能胜任工作的本国居民非常缺乏。2004 年，科威特经济学家对提高本国政府职员工资待遇这一做法进行抨击，认为这不但增大了政府的财政负担，还使得越来越多的科威特人渴望到政府

---

① 新浪网：《沙特大幅减少外籍劳工工作签证批准量》，http：//finance. sina. com. cn/roll/20041106/14391136887. shtml。（上网日期：2014 年 8 月 12 日）

② 同上。

部门工作，导致人浮于事，政府部门管理水平、服务水平及国际竞争力日趋下降。

三、海湾国家外籍劳工市场的发展趋势

随着经济全球化和区域经济一体化进程的加深，各国将不断降低商品、资本、劳工流通的壁垒，通过优化资源配置来实现区域共同繁荣。未来海湾国家用工趋势基本向以下三个方向发展：

一是输入外籍劳工是长期政策，而引入高素质人才是必然趋势。一方面，国际社会对化石能源的消费有增无减，这使得海湾国家能够继续获得能源收入，从而有能力改善本国的基础设施建设，这为普通劳动力提供了就业机会；另一方面，大力发展金融、旅游、信息、会展等在内的第三产业是海湾国家实现经济多元化发展道路的必然选择，而本土中高级管理人才和服务性岗位专门人才都严重缺乏，这决定了海湾国家对外国高素质人才求贤若渴。

二是对高技能人才需求旺盛，对劳动密集型产业的用人规模在逐渐下降。[①] 过去外籍劳工常集中在加工制造业、建筑业，劳工的素质普遍较低。随着海湾国家人口老龄化趋势的发展，其对医疗、保健和社区服务的用人需求将不断扩大，各类医护人员和社区服务人员短缺问题非常严重。因此，稳定劳动密集型人才引进数量、加大力度引入服务业技能人才将是海湾各国人才招募政策的新变化。

三是外籍劳工价格趋于多元化。海湾国家外籍劳工多为非技术工人，同质现象严重。加之海湾各国不断提高普通工种的招聘门槛，劳务输出国中介为抢夺市场份额，不断降低劳动力价格，从而形成激烈的低价恶性竞争。但随着海湾国家劳务需求多元化，劳务价格也将趋于多元化。劳动密集型工作的价格将会走低，而技术型、管理型工作的价格将会不断走高，高层管理工作的价格会处于最高端，从而形成

---

① 张叶烽：《当代国际劳务合作走势》，《施工企业管理》，2005年第6期，第52页。

金字塔格局。[1]

第三节　案例分析：卡塔尔管理外籍劳工的实践

卡塔尔的经济发展需要外籍劳工的支持，而且这些劳工在卡塔尔的收入也远高于在母国务工所得，这本是互利共赢的典范。然而，在接收和派遣国里，从南亚和东南亚来的劳工经常被赞助商和招聘人员欺骗和利用，那些赞助商和招聘人员对外籍劳工进行身体和精神的虐待、给予他们微薄的报酬、提供恶劣的工作、生活环境，并且限制他们的人身自由，不允许他们自由出入或更换工作。劳工输出国的人才招聘机构以及海湾国家当下施行的劳工法并不支持外籍劳工的权益保护，这也使得了虐待外来劳工的现象越来越严重。改革保荐制度是卡特尔等海湾国家政治体制改革的重要内容。与此同时，因大量本国公民在卡塔尔工作，所以劳工输出国与卡塔尔应制定双边协约，以推动人才招聘机制的改革。

一、卡塔尔治理外籍劳工的时代背景

自20世纪30年代起，卡塔尔就十分依赖外籍劳工来应对本国劳动力不足的困境。1973年卡塔尔的石油业迅猛发展使得卡塔尔从石油出口中积累了大量收入[2]。因此，海湾国家可以花重金用于公共设施、能源设施、市政部门、社会服务、医疗卫生和教育等基础设施的建设。然而，即使海湾国家有大量资金投入到各大项目中，却极度缺乏高素质人才和普通的体力劳动者。[3] 如今，卡塔尔大约87%的劳动力都是外

---

① 陈杰：《海湾外籍劳务现状及其发展趋势》，《阿拉伯世界研究》，2007年第5期，第32页。

② Winckler, Onn. “The Immigration Policy of the Gulf Cooperation Council Countries (GCC) States.” *Middle Eastern Studies* 33. March 3, 1997, pp. 480 – 493.

③ 同上。

籍劳工。

在石油时代初期，大多数海外劳工都来自卡塔尔周边的阿拉伯国家。随着1948年第一次中东战争的爆发，以及以色列对巴勒斯坦的侵占，富裕安全的卡塔尔和其他海湾国家就成为了巴勒斯坦人的“打工天堂”。20世纪50年代，对于海湾国家来说，宗教、文化和语言的相似使得阿拉伯籍的劳工比从其他地区来的移民更具有吸引力。

进入21世纪后，卡塔尔等海湾国家已不再偏爱来自阿拉伯国家的劳工。[①] 海湾国家的领导人明确表示他们惧怕那些非海湾国家的阿拉伯人所带来的激进的社会和政治理念，例如非宗教主义、世俗化、极端民族主义、极端原教旨主义等意识形态。并且，由阿拉伯人领导的外籍劳工罢工运动严重威胁了卡塔尔的国内稳定。海湾国家的这种担心导致了阿拉伯劳工的受雇率不断下降。

与此同时，来自亚洲的劳工数量不断上升。对于雇主来说雇用亚洲劳工的花费低廉，而且亚裔劳工普遍被认为是工作高效、顺从、任劳任怨、并且易于解雇。[②] 亚裔劳工也愿意到海湾国家务工，并且一般不会拖家带口。反之，许多阿拉伯劳工则希望让他们的家人都移居到卡塔尔并定居于此。事实上，许多南亚和东南亚的亚洲劳工都想借助卡塔尔这个纯正的穆斯林国家来学习伊斯兰教，因为海湾国家十分重视伊斯兰教的纯洁性并且十分保守。由于海外劳工对母国带来了大量的侨汇和经济收益，使得亚洲劳务输出国政府更加鼓励他们的公民到卡塔尔或其他海湾国家工作。[③]

---

① Rebecca Bundhum, “UAE Investors Urged to Start Developing Farmland in Sudan,” *The National*, July 27, 2011.

② KhatriSridhar K. “Labour Migration, Employment and Poverty Alleviation in South Asia.” *Proceedings of the Regional Seminar jointly organized by South Asia Centre for Policy Studies* (SACEPS) and Friedrich Ebert Stiftung (FES). Hotel Himalay, Kathmandu, Nepal, August 9, 2007.

③ Gardener, Andrew, “Why do theykeepcoming? Labor Migrants in the Gulf.” *Migrant Labor in the Gulf Summary Report*, No. 2, 2011.

如今外来人口在卡塔尔国家人口中占据了极大比重。然而，海湾国家对外来劳工的需求量持续增长导致了许多卡塔尔公民开始感到在劳动市场上遭到了排挤。因此，卡塔尔已经努力使就业市场“国有化”，或者提高本土公民在本国劳工市场中的参与度。①

卡塔尔正在进行一个叫做“卡塔尔化”（Qatarization）的国有化项目以限制外来劳工的数量，这个项目通过对卡塔尔本土劳工的培训、提高劳动技能来获取能力、发放绩效奖金等方式来增加卡塔尔公民在劳动市场的参与度。② 卡塔尔可以通过降低对劳工学历和工作经验的雇佣标准，并提供高薪、就业保障以及灵活的工作时间等方式来提升卡塔尔公民在公共部门的就业率。由于私营企业不规律的工作时间和过于强调员工的工作绩效，卡塔尔的公民需要提高科技水平和专业素养才能达到私营部门所要求的生产水平，所以这个项目在私营部门并没有得到广泛支持。③ 许多来自南亚和东南亚的外籍劳工也愿意到那些卡塔尔本土劳工较少的领域求职，例如建筑业、家政和保洁等劳动密集型行业（见图 3－1）。

尽管国有化项目有效地将海外劳工替代为具有同等任职资格的卡塔尔公民，但卡塔尔仍会继续引进大量的外籍劳工以维持国内的生产需要，大多数外籍劳工依旧来自南亚和东南亚地区。表 3－1 表明了卡塔尔、阿曼和巴林的外来劳工数量的持续增长趋势，其余的海湾国家劳工数量略有减少或保持稳定。

---

① Dito, Muhammad E. “Labor Migration in the GCC Countries: SomeReflections on a Chronic Dilemma.” *Viewpoints: Migration and the Gulf*, 2010.

② Winckler, Onn. “The Immigration Policy of the Gulf Cooperation Council Countries (GCC) States.” *Middle Eastern Studies*, March 3, 1997, pp. 480－493.

③ Ahmed, Attiya. “Migrant DomesticWorkers in Kuwait: The Role of State Institutions.” *Viewpoints: Migration andtheGulf*, 2010. http://www.voltairenet.org/IMG/pdf/Migration_and_the_Gulf.pdf. （上网日期：2014 年 8 月 2 日）

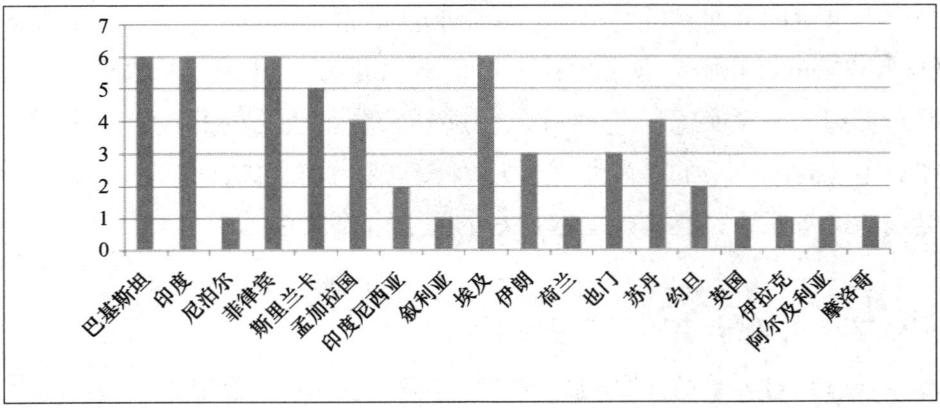

图 3－1　2010 年海湾国家移民的主要来源国

图片来源：The Migration and Remittances Factbook 2011，World Bank. http：//data. worldbank. org/data-catalog/migration-and-remittances。

表 3－1　从 1990 年到 2010 年国际移民数量占海湾六国人口百分比的变化

（单位：%）

	1990 年	1995 年	2000 年	2005 年	2010 年
巴林	35. 1	35. 7	36. 8	38. 2	39. 1
科威特	74. 1	63. 2	67. 3	69. 2	68. 8
阿曼	23. 0	26. 8	26	25. 5	28. 4
沙特阿拉伯	29. 2	25. 3	24. 7	26. 8	27. 8
卡塔尔	79. 1	77. 2	76. 3	80. 5	86. 5
阿联酋	71. 3	70. 6	70. 6	70. 0	70. 0

数据来源：United Nations：International Migration Report 2009：A Global Assessment. http：//www. baidu. com/link？url = ffO_ ILOEIg9eTJZrZYntHMrrtaazAbzx2As5o4mI5nmeLlyl3OsCCkGqh7g0NUZ6ySJuwznqZRjEx42cxKiVcCim1W1nlHXnYbQRxqMNVijRhU － 9DC8U1dmbjTIIPU5E&tn = 93780559 _ hao _ pg&ie = utf－8&bs = The% 20Migration% 20and% 20Remittances% 20Factbook% 202011&f = 8&wd = International% 20Migration% 20Report% 202009% 3AA% 20Global% 20Assessment&inputT = 3607。

美国高度关注卡塔尔国内的劳工保护问题，由于美国和卡塔尔具有友好的两国关系，为卡塔尔提供了推动外来劳工管理制度改革的平台。卡塔尔国王谢赫哈马德·本·哈利法萨尼（Shaikh Hamad bin Khalifa Al-Thani）开始为卡塔尔社会政治自由化做出努力。卡塔尔努力维持与美国的盟友关系，这样可以促进外来劳工改革的开放性。卡塔尔在美国反恐战争中的盟友角色，以及美国和卡塔尔之间通过石油和天然气的经济联系，逐步建立起良好的商业合作关系。

二、外籍劳工的管理困境

卡塔尔对外来劳工的高度依赖为本国的劳工政策带来了一系列的社会治理难题，包括保荐人制度（sponsorship system）、人身和精神虐待、低酬金以及恶劣的生活环境。劳工输出国招聘机制混乱和卡塔尔现行的劳工法都助长了劳工问题的不断恶化。

1. 保荐人制度

保荐人制度（Kafeel or Kafala）是海湾国家雇用的外地人定居和就业的法律依据。① 那些完全依靠保荐人的第三世界国家劳工占据了卡塔尔85%的就业人口。根据卡塔尔的保荐人制度，外来移民只有获得卡塔尔公民或机构保荐，才能拥有入境签证和居留证。当雇员与赞助商签订了合同之后，雇员就会要求雇主承担全部的经济和法律责任，但已经签下合同的劳工只能为保荐他的雇主工作。因此，外籍劳工在卡塔尔的生存能力取决于如何维持劳工与保荐方的合约。

保荐人制度是一个规定了雇主和外来劳工的身份、权力和义务等方面的重要制度。尽管这个制度可以被更新，但是入境签证有效期很短，雇主可以随时终结劳工的签证，卡塔尔政府也不能授予外籍劳工的公民身份。因此，保荐人制度带来了外籍劳工的工作不确定性和不安全感等问题。②

---

① Winckler, Onn. "The Immigration Policy of the Gulf Cooperation Council Countries States." *Middle Eastern Studies* (33), Feb 3, 1997, p. 3.

② Auwal, Muhammad A. "Ending the Exploitation of Migrant Workers in the Gulf." *The Fletcher Forum of World Affairs Journal*, 2010, pp. 87 – 108.

2009年8月1日，巴林出台了称之为“第79项决策”的《劳工市场管理法》（Labor Market Regulatory Law）。[①] 出台新法案的目标就是废除保荐人制度；允许外来劳工自由就业或辞职；改善外籍劳工的工作环境；通过禁止雇主强迫外籍劳工无限期被雇用的方式来提高巴林人的就业能力；打击引进工人却又不给其工作的现象；提高外籍劳工的工资待遇。

依据该法律的规定，任何雇主雇用外籍劳工都需要通过劳工市场监督局（Labor Market Regulation Authority，LMRA）来为外籍劳工申请签证，此前并没有这一规定。这样一来，《劳工市场管理法》成为了劳工们的官方保荐人。在劳工合约结束的前三个月，官方会发邮件提醒劳工，并且劳工有权利在一个合约到期后自主更换工作。这个法律适用于卡塔尔公共部门和私营企业，但本国工人除外。[②]

2. 对劳工的虐待问题

虐待外籍劳工的行为主要包括：不给劳工工资或拖欠工资、性骚扰、单方面更改合同、身体折磨、过度工作劳累等，主要涉及到来自印度、巴基斯坦、印度尼西亚和菲律宾的劳工。这些国家驻卡塔尔的大使们为从虐待中逃脱出来的本国公民提供了避难所和人道主义救济。2007年，印度、尼泊尔和斯里兰卡的大使馆收到了一封1.5万多名劳工联名签署的投诉信，信中举报了一系列被雇主虐待的事件。[③] 然而，由于害怕失去工作以及本身属于非法务工人员，使得许多受虐工人并没有向法院提起诉讼，而是选择了沉默。

3. 招聘欺诈信息

在许多南亚和东南亚的移民想在海湾国家寻找工作时，海湾国家

---

① Sajjad, Valiya S. “How Government Sponsorship Works in Bahrain.” *Arab Times*. http://www.arabtimesonline.com/NewsDetails/tabid/96/smid/414/ArticleID/160050/reftab/96/Default.aspx.（上网日期：2014年8月11日）

② “Scrapping Sponsorship will ‘Reduce the Risks’”, *Gulf Daily News*. May 15, 2009.

③ Department of State. *Country Reports on Human Rights Practices*. April 8, 2011. http://www.state.gov/j/drl/rls/hrrpt/2010/nea/154471.htm.（上网日期：2014年8月11日）

的劳工招聘机构充当了劳工输出国的经纪商和中间人。劳工经纪商收取了劳工大笔费用，以防这些劳工跳槽以寻求更好的工作计划。在招聘低技能劳工以应对劳动力不足方面，海湾国家具有共同利益，这些招聘机构也就成为各国利益的代理人。因此，招聘人员常常向那些想要移民的劳工描绘出一个高工资和良好工作条件的愿景，但并未提到他们要想返回家乡将面临能力限制，特别是财力限制。

4. 生活环境恶劣

卡塔尔为外籍劳工提供的生活环境通常十分恶劣。曾经去过移民住所的各国外交官通常都有这样的共同印象：大多数工人的生活状况极为贫困，他们的住处非常拥挤且十分肮脏，并且经常会出现断水、断电和食物短缺等现象。卡塔尔劳工监察部门做的随机调查结果表明：许多劳工营地的住宿条件都在国际劳工最低标准之下，堪称“人间炼狱”。

卡塔尔至今还没有设置一个官方规定的最低工资标准。在大多数情况下，劳工所得到的报酬还不足以为自己和家人提供一个体面的生活环境。卡塔尔的法律规定，一周工作时间不应超过 48 个小时并且应该有至少 24 小时的休息时间；在斋月期间，工人们每周的工作时间不应该超过 36 小时。然而，劳工法却对外籍员工缺乏必要的尊重。大多数外籍劳工一周七天，每天的工作时间都超过 12 个小时。除此之外，他们很少有休假并且没有加班费，而且上诉无门。

5. 新版《劳动法》执法乏力

卡塔尔的能源部、工业部门、卫生部和劳工部承担起实施由政府制定的劳工管理条例的责任。[①] 虽然这些措施加大了卡塔尔政府对外籍劳工的管理强度，但由于这些机构的职员缺乏专业训练且行政水平不高，导致施政效果并不理想。

为适应目前吸引外籍劳工的政策需要，卡塔尔于 2004 年 5 月重新

---

① Department of State. Country Reports on Human Rights Practices. April 8, 2011. http://www.state.gov/j/drl/rls/hrrpt/2010/nea/154471.htm.（上网日期：2014 年 8 月 14 日）

修订了劳动法草案。[①] 经过六个多月的征询意见和进一步完善，该法已经与2005年1月正式颁布实施，新《劳动法》增加了对劳工的权益保护条款，如将试用期限制在六个月之内，每周工作不超过48小时，加班时薪不低于6.25里亚尔、首次允译劳工成立工会外籍，但是工会中卡塔尔籍员工不得少于100人。新《劳动法》在一定的程度上加大了对外籍劳工的保护，对规范卡塔尔劳务市场将起到较好的作用。然而，卡塔尔国内由于对新《劳动法》的执法不严，以及未能在劳工输出国和输入国规定外籍劳工的权利，使得外籍劳工受虐现象比比皆是。[②] 由于卡塔尔当前的法律制度使外籍劳工在遭受虐待时很难受到法律保护，因此可以说，卡塔尔新版《劳动法》仍然偏袒雇主，例如新法赋予雇主新的权力：一是雇主有权要求雇员在解除雇用合同后，一段时间内不得被另一雇主雇用；二是雇主有权要求雇员在解除雇用合同后，不得从事与原雇主竞争的工作，不论其是个人活动还是参与相关项目。[③] 此外，海湾国家的一些官员也有仇视外国人的心理倾向，这就导致了外来劳工的基本人权受到侵犯时，海湾国家却无法落实相关的法律和政策。

美国乔治城大学国际移民研究院的苏珊·马丁（Susan Martin）博士认为：保证外籍劳工人权的最大阻碍是不公平的保荐制度、招聘信息存在欺诈性以及政府的不作为。她指出："保荐制度应该自由化、政府执行力应该更强、招聘公司应信息透明化并对招聘来的劳工负责，这样才能有效减少和消除虐待劳工现象，改善劳工的工作生活环境。"[④]

---

① 中华人民共和国商务部：《卡塔尔新颁布的劳动法简介》，http：//www. mofcom. gov. cn/aarticle/i/jyjl/k/200502/20050200356103. html。（上网日期：2014年8月14日）

② Auwal，Muhammad A. "Ending the Exploitation of Migrant Workers in the Gulf." The Fletcher Forum of World Affairs Journal（2010）：87－108.

③ 中华人民共和国商务部：《卡塔尔新版布的劳动法简介》，http：//www. mofcom. gov. cn/aarticle/i/jyjl/k/200502/20050200356103. html。（上网日期：2014年7月26日）

④ Kharmika Tillery，"Recommendations for Migrant Labor Reform in Qatar：Fulfilling a U. S. Foreign Policy Objective of Greater Respect for Human Rights In Gulf Cooperation Council Countries"，*Sanford Journal of Public Policy*，Spring 2013 Vol. 4，p. 75.

三、卡塔尔改进外籍劳工管理制度的路径选择

卡塔尔改进外籍劳工管理制度有效性取决于以下三条标准是否能被严格遵守：

- 确保所选择的政策能有效维护外来移民的人权，并消除虐待外来移民的现象。
- 确保所选择的政策符合卡塔尔的政治经济和文化，具有可操作性。
- 稳步推进海湾国家的人权保护工作。

落实在操作层面，则大致包括四条纲领性指导方向：保荐制度改革；通过与多数劳工输出国建立双边关系来对招聘制度进行改革；设立一个政府专管部门来加强对外籍劳工的管理，并推行新版《劳动法》的实施；依据以往国有化进程的经验与教训来推动劳工本土化进程。在以下分析中，笔者根据评估标准来权衡以下政策哪个最适合卡塔尔的劳工管理制度改革。

1. 保荐制度改革

改革保荐制度的核心是自由化政策，包括：外籍劳工可以在没有雇主准许的情况下从一个工作转换到另一个工作，并且外籍劳工可以自由出入卡塔尔。如果卡塔尔政府采取了自由化的政策作为提高保荐制度的一种方法，那么卡塔尔可以有效提高外籍劳工的生活条件。然而，虽然巴林也对保荐制度进行了修正，但并没有给予外籍劳工更多的权利，而卡塔尔则有机会借鉴巴林劳工改革的经验和教训，修改本国《劳动法》来获得更多的收入，毕竟卡塔尔的外籍劳工数目远高于巴林。

然而，巴林新出台的《劳工法》正面临着被废除的危险，原因是这个法律并没有真正的作用。观察家认为这部法律仅具象征意义，许多措施只是受到媒体的赞同，但是对外籍劳工并没有实质的影响。有媒体认为，这部法律需要政府对一些新的外籍劳工进行资助，并且在

政府发放的两年有效期的签证上与之前的政策体系并没有明显的不同。外籍劳工要想留在东道国，仍然需要一个公司或私人企业来资助他们。[①]

巴林的《劳工法》原则上使得外籍劳工可以很轻松的从一个赞助商转换到另一个赞助商去工作，可以帮助劳工们摆脱施虐的雇主，或者寻求更好的工作条件和更高的工资。然而，该法律具有颇有争议的法理解释，仍然偏袒雇主。在一起劳工纠纷案中，一名劳工试图离开原有雇主（原赞助商），而原赞助商为了报复，就在劳工有机会转换赞助商之前取消他们的签证以示惩罚。事实上，这个法律被证实在与具有欺诈性的招聘公司进行斗争是无效的。由于缺乏保护外籍劳工的责任感和执法不严，导致此种现象仍然屡次发生。

尽管通过废除无效的法律等方式来对保荐制度进行改革似乎在巴林更为可行，但对于卡塔尔来说，并没有选取这种“先破后立”的方式，而是选择修改现行法律政策来达到预期的目标，或获取一些等价的成果。虽然卡塔尔可能不愿意废除保荐制度，但是通过改变劳工管理体制的某些方面也可以给予外籍劳工更多的自主性。

尽管巴林通过了废除保荐制度的法律，但是也有人反对这个决定。例如，巴林的劳工部部长阿拉维（Majeed Al Alawi）博士曾把保荐制度比作现代的奴隶制度，这个决议遭到了商界的猛烈抨击，并要求阿拉维下台。[②] 其他海湾国家也存在同样的不满。阿联酋的商业精英也强烈反对废除保荐制度，因为他们认为这会影响到私营企业主的利益并且会改变国家的人口结构。

尽管反对声络绎不绝，但是也有人认为必须由某种制度来替代保荐制度。六个海湾国家的领导人已经提议用强制性住所制度（imposing

---

① LexisNexis. “Scrapping Sponsorship will ‘Reduce the Risks’, *Gulf Daily News*, May15, 2009.

② Toumi, Habib. “GCC tostudy alternatives tosponsorship” Gulf News. July 20, 2009. General OneFile. Accessed January 18, 2012.

residence caps on foreigners）来代替本国的保荐制度。

迪拜的警察局长达尼·哈勒凡·塔米姆（Dhani Khalfan Tamim）中将支持废除保荐制度，因为“雇主要对所雇员工的每个细节负责，这个制度使阿联酋国家负担过重，并且必须解决日益复杂的劳工纠纷，因此这个制度应该被废除”。可以说，阿拉维成为了此次海湾地区劳工改革运动的先驱。

虽然废除保荐制度遭到了其他国家的反对，但卡塔尔的决策者仍然希望改变保荐制度。2010 年，卡塔尔首相哈马德·本·贾西姆·本·贾比尔·阿勒萨尼（Minister ShaikhHamad Bin Jasem Bin Jabor Al Thani）同意改变保荐制度。他说：“目前卡塔尔政府正在认真调查保荐制度，并且从卡塔尔最近的发展情况来看，这个问题需要实施一些法律或其他手段来进行解决。”① 即使卡塔尔的官员并不想废除保荐体系，但是他们愿意接受改良这个制度，因为这也代表着社会的进步。

要想对保荐制度进行改革，就应该更加维护人权并提供稳定的政治环境，这也有利于增强卡塔尔与外国的经贸联系。废除卡塔尔的保荐制度可能会提升大多数外籍劳工的社会地位，减小他们的就业风险。废除保荐制度也可能会赋予外籍工人更多的择业自由，在这种情势下，雇主不得不提供给劳工们更好的生活条件和更高的工资以留住劳工。②卡塔尔可以通过建立支持劳工维权的法律来使保荐制度自由化，最终从人权和政治稳定方面来维护本国的政治稳定。

2. 招聘制度改革

通过与主要的劳工输出国建立双边关系，有助于对招聘制度进行改革，同样也有助于有效消除对外籍劳工的虐待问题。一些劳工输出国已经与科威特等海合会国家建立了合作伙伴关系，出台了一系列国内政策来减少欺诈性招聘事件的发生，以及为低技能和不熟练的劳工

---

① Toumi, Habib, “Qatar moves towards scraping controversial sponsorship system.” *Gulf News*. November 10, 2010.

② “Scrapping Sponsorship will ‘Reduce the Risks’”, *Gulf Daily News*. May15, 2009.

进出海湾国家提供便利。

安德鲁·加德纳（Andrew Gardner）博士是塔科马市 Puget Sound 大学教授，是研究卡塔尔非技术性劳动力领域的专家。“许多外籍劳工很少或者几乎不与他们的政府联系，但是劳动力中介机构和经纪商往往是制造劳工问题的罪魁祸首。”卡塔尔与劳工输出国之间的协作关系加强了对招聘人员对低素质劳工进行欺骗的审查力度，成功减少了由于招聘制度不透明和中介商不负责任导致的低效现象。

要求劳工代理人进行登记，并颁发许可证制度是制衡劳工招聘人员剥削劳工的一种有效方式。卡塔尔的官员可以与劳工输出国的大使馆官员合作，来监察外籍劳工的工资待遇及生活条件等问题。通过双边合作可以对外籍劳工的改革产生积极的影响。由于招聘人员通过利用劳工派遣国和接收国之间相关手续的漏洞来对劳工进行盘剥，因此，这些有效的措施有利于减少制度性欺诈现象。该政策的本质就是使改革更有效，如果较少强调卡塔尔的利益，而是更多强调双边合作的话，那么该政策成功的几率会更高。

对卡塔尔来说，通过与多数劳工输出国家建立良好的双边协商关系，有助于推进跨国劳工招聘制度的改革进程。这在政治上之所以可行，是因为卡塔尔社会没有一个人敢于公然反对与劳工输出国建立双边关系。世界银行独立评估小组的咨询师玛丽·布里丁（Mary Breeding）博士认为：这种类型的双边约定在某种程度上已经实施。印度海外事务部（Ministry of Overseas Indian Affairs）已经与卡塔尔相关机构达成了合作，并且鼓励他们在记录存贮和文件编制上更加开放。

马萨诸塞大学阿默斯特分校公共政策学副教授大卫·曼迪科夫（David Mednicoff）博士，是中东政治研究的专家，他阐释了卡塔尔官员为什么会建立双边协定关系的另一个原因。他说：“卡塔尔政府不想将所有的矛头都指向国内，而是认为劳工输出国与接收国都应该调整政策。卡塔尔高度重视外交政策，因为外交关系和国际协约能够使跨国政策实施更为有效。”①

通过建立双边关系来对招聘制度进行改革，有助于维护卡塔尔的利益核心。对卡塔尔和劳工输出国施行问责制，会有效遏制招聘人员对不知情的劳工进行欺诈。施行问责制也会减少在缺乏法律条令背景下虐待劳工的现象。外籍劳工将会有更多的权力来反抗他们所遭受的拒付工资、延付工资、恶劣的工作条件和“脏乱差”的生活环境等现象。如果劳工输出国和卡塔尔都对外籍劳工负责，那么虐待外籍劳工的现象就会越来越少。

3. 设立独立政府机构来加强对外籍劳工的管理

设立一个政府专管部门来加强对外籍劳工的管理，有助于提升解决虐待劳工问题的效果。对卡塔尔外籍劳工事务进行监察的是能源部、工业部、卫生部和劳工部。目前，这些部门缺乏足够的人员以及适当的专业培训；创立单独的部门也可能会面临同样的难题。

在卡塔尔，就对劳工的工作及生活条件的监察工作而言，这是国家行政能力缺失的又一问题。卡塔尔已经建立了一些机构，如国家人权理事会和另一个机构来维护劳工的权力，但是管理力度仍然不足。设立一个独立机构的初衷也许不错，但是如果卡塔尔的官员缺乏专业知识和专业素养来担当监管的职责，那么这个机构基本上是形同虚设。

加德纳（Gardner）博士已经注意到了卡塔尔官员对施行新《劳动法》的态度变化，他坦言道：“这是十年来我首次听到外籍劳工在营地里积极地谈论劳工法庭，或者至少不是全盘否定这些法院的裁决。”劳工法庭的存在以及加大对新《劳动法》实施的力度，表明卡塔尔的官员正试图利用相应的制度来处理针对外籍劳工的虐待问题。从对劳工态度的变化来看，设立专门的政府部门来维护外籍劳工的权利，具有政策上的可行性。

---

① Kharmika Tillery, “Recommendations for Migrant Labor Reform in Qatar: Fulfilling a U. S. Foreign Policy Objective of Greater Respect for Human Rights In Gulf Cooperation Council Countries”, *Sanford Journal of Public Policy*, Spring 2013, Vol. 4, p. 78.

卡塔尔最近设立了一个劳资仲裁机构，当一个外籍劳工和他的雇主在工资或工作条件上存在争议时，这个机构会通过合法的行政体系来支持劳工的权益诉求。设立这个机构的初衷就是当外籍劳工到法庭处理和雇主的纠纷时可以为他们提供帮助。[①] 如果卡塔尔已经建立对外籍劳工的问责机制，那么设立监管外籍劳工机构的可行性是极高的。

建立一个有效的监督机构来处理外籍劳工事务、增强该机构的透明度与可行性，将有助于推动卡塔尔及海外国家的人权事业的发展，并对外籍劳工待遇的监管记录在案。当外籍劳工的权益受损时，必须强制施行新《劳动法》对其提供有效保护。

设立专管部门来维护外籍劳工的权力同样可以提高卡塔尔政治和经济的稳定。监管外籍劳工事务的机构以及推行新《劳动法》有助于通过适当且公平地处理劳资纠纷来维护卡塔尔的国内稳定，从而减少外籍劳工引发卡塔尔社会动荡的可能性。

4. 推动劳工本土化进程

推进劳工本土化进程对改善外籍劳工的人权情况几乎没有影响，因为作为一个文化现象，卡塔尔人并不会抢占国内低端职业及低劳动技能的岗位，而这些岗位一般都雇佣外籍劳工。

对于卡塔尔这个 90% 的人口都来自发展中国家的海湾富国来说，增强劳工本土化力度，或者说是卡塔尔化，有助于让卡塔尔国民对本国的文化认同感到安全。然而，劳工本土化对就业部门的影响并不大。海湾各国已经对本土化问题讨论了数十年，但这对就业市场几乎没有影响。

推进本土化政策的努力也存在失败的风险。考虑到卡塔尔就业市场上仅有 10 万或更少的卡塔尔人，以及近 100 万的外籍工人，推行劳工本土化进程并不能实现让卡塔尔人从事所有行业的愿景。卡塔尔化的难题在于：不管是在国企还是在私营企业都要保证卡塔尔籍工作人

---

① Babar，Zahra. Skype correspondence，February 29，2012.

员的分配问题，以及制约卡塔尔人技能发展、晋升的障碍因素。

在没有非卡塔尔公民的情形下，卡塔尔人往往被安排在高技能的专业性工作岗位。然而，对外籍劳工的虐待问题主要影响着来自南亚和东南亚的低技能或非技术类劳工。因此，试图推进劳工本土化进程将无法消除劳工虐待问题。

在卡塔尔，重建劳工本土化的努力在政策上是可行的。在许多海湾国家，推进劳工本土化进程拥有经久不衰的动力，只是各国采取的政策形式不同。例如，2004 年的海湾国家领导人峰会上，提出在六年里限制所有在海湾国家工作的外籍劳工的倡议。① 2008 年，卡塔尔的劳工和社会事务部大臣苏尔坦·本·哈桑·达比特·杜赛里（Sultan bin Hassan Al-Dhabit Al-Dousari）宣布：所有私营企业和国有企业必须为卡塔尔公民保留 20% 的职位。②

卡塔尔政府希望卡塔尔人可以参与私营企业竞争，并且对批准限额之外的名额采取相关措施以确保本土劳工取胜。2003 年，卡塔尔宣布在兰德公司的帮助下重新调整本土劳工培训计划，通过 12 学年的教育体制，坚定劳工培训工作“从娃娃抓起”，旨在为卡塔尔未来的劳动市场培养高水平的技术工人。③

卡塔尔推进劳工本土化进程将对全球劳工体系产生深远的影响。限制外籍劳工的数量会对卡塔尔政治和经济的稳定性产生消极的影响，如果劳工本土化进程获得成功，会引起本土劳工取代外籍劳工，这极易造成社会动荡，并且随着受雇外籍劳工的不断下降，使得劳工输出国的汇款额不断减少，这不仅影响这些国家的经济，也迫使劳工流向其他国家去寻找工作。

---

① John Waterbury, *The Nile Basin: National Determinants of Collective Action*, New Haven: Yale University Press, 2002.

② William Wallis, “Egypt Queries Legality of Nile Accord”, *Financial Times*, May 15, 2010.

③ Glasser, Susan B. “Qatar’s Educational Reform Triggers Unease Among Muslims”, http://www.guardian.co.uk/education/2003/feb/13/.（上网日期：2014 年 8 月 4 日）

综上所述，卡塔尔改革外籍劳工管理制度的经验主要有三条：一是卡塔尔通过与劳工输出国签订双边协议的方式来调整招聘体系，使当前的招聘体系进一步自由化；二是制定开放的劳工政策，包括允许劳工从一个工作转换到另一个工作，而无需雇主批准，以及允许劳工自由进出卡塔尔；三是通过双边磋商所带来的政策选择、用工自由化、劳工改革都只有在权衡了三个标准之后才可能实现。

第四章

环境政治与海湾国家的能源安全[①]

海湾合作委员会（简称海合会，Gulf Cooperation Council，GCC）的成员国是一些世界上最大的油气生产国。这个地区拥有世界公认的40%的储油量和23.6%的储气量，仅卡塔尔一国就拥有世界第三大天然气储量。海湾国家的经济发展是建立在开采买卖这些资源的基础之上。例如，卡塔尔经济完全依靠石油和天然气出口，这是因为2011年该国的基本能源消费依赖于本国油气资源，并且从能源产业中获得的收益占卡塔尔国内总产值的58%。海合会国家的石油与天然气出口所得收益，占据了其成员国总出口收入的73%、政府收入的63%和国内总产值的41%。在近十年中，石油价格和天然气价格上涨推动了海合会国家经济的迅猛发展。但是经济大繁荣也对海湾地区带来了巨大的环境挑战。海湾合作委员会是世界上最大的污染源聚集地——尽管从人均温室气体排放量来说，一些海湾国家的名次有所下降，但仍位于全球十大人均温室气体排放最多的国家之列，例如卡塔尔排全球第五，科威特排全球第四。除此之外，伴随着人口的迅速

① 本章是教育部区域和国别研究培育基地“北京第二外国语学院阿拉伯研究中心”2015年项目《“走出去”战略视域下中国在阿拉伯国家的形象优化设计研究》（ASC2015YB03）的阶段性成果。

增长和经济飞跃式发展，海合会国家的能源消耗猛增，对国内能源供给带来了巨大压力。

全球气候变化将对海合会国家产生环境、经济、政治、安全等领域的全面影响。伴随着人口激增，气候变化将使现存的关于水资源匮乏、粮食安全等局势变得更加严峻，对人类健康、经济发展和生态环境带来新的挑战。由于石油和天然气在经济发展中的重要地位，这使得海合会国家的减排努力必然影响到本国能源经济的发展。① 因为全球减少温室气体排放的行动必然要求减少对化石燃料的消耗，这将影响海湾地区的经济基础——石油和天然气的开采与出口。

当重点讨论气候变化和减少温室气体排放对海湾国家的挑战时，这也为推动海湾国家经济的多样性带来了机遇，并引领如碳捕获和储存（CCS）技术、提高能源利用率的技术和研究可替代能源等低碳技术的发展。

本章展现了海湾合作委员会国家向低碳经济转型和能源改革的战略考量，分为气候变化、碳捕获和储存、能源利用率、太阳能和其他可替代资源四个主要内容。气候变化一节概述了海湾合作委员会国家面临的气候变化挑战。它讨论了如下问题：为什么一个综合性气候变化政策会带来环境和能源收益，以及作为碳减排进程的领导国，卡塔尔如何设计出一个巩固清洁能源技术的发展策略。其他三节则讨论了关于海湾国家以及全球清洁能源技术发展的主要种类与相关政策，并附有对策建议，以助海合会国家在执行碳减排的同时能够发展新能源及新技术以支持本国经济、环境的可持续发展。

第一节　气候变化对海湾国家的影响

本节研究全球通过减少化石能源消费来实现碳减排的行为对海湾

---

① United Nations Framework Convention on Climate Change, *Climate Change: Impacts, Vulnerabilities and Adaptation in Developing Countries*, 2007, p. 24.

国家的经济影响，以及气候变化政策带来的经济挑战与机遇。关于海合会国家如何制定一个综合性措施来应对气候变化，本节讨论的焦点问题是：海湾国家如何制定合适的气候政策，既能有效实现碳减排，又需在大力发展清洁能源技术的同时将经济利益纳入其中？对于海合会甚至全世界来说，目前，发展清洁能源技术是解决气候变暖的有效途径。

一、气候变化带来的挑战

联合国气候变化政府间专家委员会（Intergovernmental Panel on Climate Change，IPCC）第五份评估报告指出“气候变暖是非常明显的”，并且在21世纪第一个十年的全球碳排放的增长速度已比预期的更快。[①]该报告还指出，全球温室气体的浓度在不断增长，在北半球，1983—2013年之间的30年可能是在过去的1400年里最暖的30年，而最后30年里的气候比1850年之后的任何一年都要暖和。除此之外，这份报告指出，从1951年到2010年，人类活动极有可能造成大半个地球表面的明显升温。该报告继续指出，人类对气候系统的影响是非常清晰的，并已经通过大气和海洋变暖、全球水循环的改变，冰雪覆盖面积的减少、海平面上升和极端气候等现象显现出来。就未来气候变暖而言，联合国气候变化政府间专家委员会的调研报告显示：到21世纪末，地球表面温度将会总共升高1.5摄氏度。这个报告中还指出，在全球暖化的背景下，气候变暖至少持续到2100年。

2013年6月，世界银行发布了一份关于气候科学的报告：《降温：极端气候、区域性影响与应对案例》（Turn Down the Heat：Climate Extremes，Regional Impacts，and the Case for Resilience），强调到21世纪末全球气候将升高4摄氏度，那将是个现实性危险，当前温室气体排放

① Intergovernmental Panel on Climate Change（2013），“Summary for Policymakers,” Working *Group I Contribution to the IPCC Fifth Assessment Report（AR5）Climate Change 2013：The Physical Science Basis.*

量的等级和排放量的预期将比先前预测的数据更高。① 该报告还重新肯定了国际能源署（International Energy Agency）在2012年的气候评估——由于缺少进一步的减排行动，到2100年，全球气温将会有40%的几率升高4摄氏度，而升高5摄氏度的几率为10%。② 在2012年12月联合国气候变化框架公约多哈会议上展示的联合国环境计划署（United Nations Environment Program，UNEP）气体排放报告显示，当前的碳排放趋势和范围与2100年温度升高3.5摄氏度至5摄氏度的路径相一致。③ 根据政府间气候变化专门委员会第五份评估报告，如果全球温度上升到这个程度，将有可能带来包括极端气候，海平面大幅度升高和大量土地沙漠化等负面影响。④ 此外，气温升高的影响还包括在太平洋的高纬度和近赤道地区的年均降水量的增多，中纬度、热带和半干旱地区（如地中海、美国西部、南非、巴西的西北部地区）水资源的减少。有学者预言：战略性自然资源（例如水资源）的骤减将引发相关国家的政局动荡和社会冲突，并推动大规模移民潮的出现。

2010年美国国防部的一份报告总结出气候变化对全球地缘政治带来的可能影响：加剧贫困、环境退化和削弱政府权威，还指出气候变化将会导致食物和水资源稀缺，加快疾病的传播速度，还有可能刺激甚至加剧大量的移民浪潮，或许还会充当引发地区动荡和冲突的催化

---

① World Bank. *Turn Down the Heat: Climate Extremes, Regional Impacts, and the Case for Resilience, 2013*, http://www.worldbank.org/en/topic/climatechange/publication/turn-down-the-heat-climate-extremes-regional-impacts-resilience.（上网日期：2014年7月31日）

② International Energy Agency: World Energy Outlook 2012, http://www.iea.org/publications/freepublications/publication/world-energy-outlook-2012.html.（上网日期：2014年7月31日）

③ United Nations Environment Programme, The Emissions Gap Report 2012, http://orbit.dtu.dk/en/publications/the-emissions-gap-report-2012(b9c7a020-caf5-437d-a589-cf3a6cd91dca)/export.html.（上网日期：2014年7月31日）

④ Joshua Meltzer, Nathan Hultman. *Low-Carbon Energy Transitions In Qatar and The Gulf Cooperation Council Region*, Washington, D.C, U.S.A., Global Economy and Development program at the Brookings Institution. February 2014, p.5.

剂。[1] 气候变化还将造成生物灭绝、破坏海洋生态系统、削弱渔场生产力等严重后果。[2]

（一）气候变化对海湾合作委员会地区的影响

海湾地区的气候变化将会产生环境、经济、政治和安全等方面的影响。如今，阿拉伯半岛的降水和气温呈现出季节性和年度性剧烈变化的特点，随着不断增长的人口，[3] 气候变暖将会使水资源和食物匮乏的安全形势更加严峻，并对人类健康、经济发展和环境承载力带来新的挑战。[4]

例如到2040年，海湾地区年平均气温将会升高1.8摄氏度，到2070年将会升高3.6摄氏度，并伴随着降水量的骤减和沙漠化的加剧。这将进一步限制现有耕地和水资源的使用，并导致旱灾的频繁发生。[5] 这些影响将会随着不断增多的人口，全球人均水资源的匮乏和水资源的高消耗率而影响整个海湾地区。[6]

气候变化将引起海平面的不断上升，这将对海湾地区的海岸线和海洋生物产生重要影响，并且有可能威胁沿岸海水淡化工厂的正常运转。这些海水淡化工厂是海合会国家重要的淡水供给源泉。海湾地区不断升高的海平面将会增大地下水的含盐量，加剧土壤的盐碱化，从而降低土地的利用率，威胁该地区的生物多样性。巴林、科威特、卡

---

① United States Department of Defense. *Quadrennial Defense Review*, 2010.

② IPCC. Summary for Policymakers. *Climate Change 2007: Fourth Assessment Report, Synthesis Report*, 2007.

③ 海合会有世界上人口增长最快的地区，部分原因是大量海外移民的涌入。经济学家智库联盟（Economist Intelligence Unit）的预测显示，到2020年，该地区人口将净增1/3，为5300万人，其中25岁以下的青年人占绝大多数。

④ Elasha. *Mapping of Climate Change Threats and Human Development Impacts in the Arab Region*, 2010.

⑤ Kumetat. *Climate Change in the Persian Gulf-Regional Security, Sustainability Strategies and Research Needs*, 2009.

⑥ Sowers and Weinthal. *Climate Change Adaptation in the Middle East and North Africa: Challenges and Opportunities*, 2010.

塔尔和阿拉伯联合酋长国的低洼沿海地区聚集了这些国家的主要人口和工业设施，这些区域和波斯湾大大小小的人工岛屿一样，都将会成为最易遭受海平面上升威胁的地方。气温的增长和干旱区的扩大将会增大沙尘暴和沙丘移动的频率、进一步加剧水资源供应紧张、加剧环境污染并危及人体健康。

（二）气候变化对卡塔尔的影响

气候变化将会通过增大生物和物质层面的脆弱性来威胁卡塔尔的经济安全。根据卡塔尔 2011 年对《联合国气候变化框架公约》所公布的国家通讯所言，全球气候变化将对卡塔尔带来双重威胁：一方面，像其他发展中国家一样，卡塔尔的生态环境和社会生活对气候变化带来的不利影响具有极低的适应能力；另一方面，由于完全依靠化石能源的出口，卡塔尔的经济福利和繁荣取决于气候变化协商的结果，而全球气候问题协商的最终目标是推动世界能源市场不再依赖于化石燃料。①

根据卡塔尔的年度气候记录，该国年平均气温已经在过去的 40 年中升高了 0.3 摄氏度，② 并预测该国的降雨量将不断减少。③ 其他物理层面上的脆弱性存在于水利农业部门、能源部门、公共健康、沿岸地区和海洋环境。

1. 水利与农业部门

卡塔尔对水资源的需求以每年 12% 的速度增加，主要是因为工业、居民用水、农业灌溉用水的增多。卡塔尔国内水资源以平均每天每人 675 升的速度被消耗。④ 水资源的消耗缺口将通过海水淡化来填补。不断升高的温度与降雨量的零增长相结合，很有可能进一步导致沙漠化和水资源的短缺，从而加大对海水淡化工厂的压力，然而这又提高了

---

① State of Qatar. *Initial National Communication to the United Nations Framework Convention on Climate Change*, 2011.

② Al-Mulla et al. *Some climatologically aspects of the State of Qatar*, 2002.

③ Leanan, *Arab Spring could be reversed by climatic and economic shocks*, http://www.theoildrum.com/node/9865.（上网日期：2014 年 7 月 31 日）

④ Al-Mohannadi. *Water Resources in the State of Qatar, Shortages and Alternatives*, 2008.

能源的消耗量和温室气体的排放量。①

2. 能源部门

作为经济中最重要的一个部门，气温和海平面的升高将会给能源部门带来负面影响。石油、天然气、电力和供水设施要么远离海岸线，要么就在海滨地区。气温和水温的升高将会影响脱盐设备的使用寿命。

3. 公共健康

气候变化将会使卡塔尔遭受气温过高和空气质量恶化的影响，增大中暑和热衰竭的发生几率。沙漠化和大气中悬浮颗粒物浓度的增加将会使儿童、气喘患者和老年人更容易患呼吸道疾病。目前卡塔尔空气中的臭氧和光化学氧化剂的浓度已经非常高，这引起了民众对大众健康的关注，否则整个空气质量将会随着气候变化而不断恶化。

4. 沿海地区

卡塔尔大部分的工业设施都坐落在沿海地区，工业地带分布在沿岸和近海地区，包括石油、天然气工业的上游和下游部门、石化工厂、油气出口的终端和水能发电设施。即使是海平面的微小改变也会对这些设施造成极大的威胁，例如海水倒灌和土壤冲蚀，这会对人口群落和水生资源造成不利影响。根据著名风险评估公司 Maplecroft 对气候变化脆弱性指数的评估，对海平面上升最为脆弱的三个海湾国家是科威特、巴林和卡塔尔。②

5. 海洋环境

因为环绕着卡塔尔的海域比较浅，任何细微的温度增加都将对海洋生物带来深远影响。在卡塔尔最易受影响的海洋生物是红树林、海草和珊瑚。③ 由于阿拉伯湾的海水循环能力有限，海水易受极端温度的

---

① Rao and Al-Mulla. *Possible Impacts of Climatic Change on Water Securities in Qatar*, 2001.

② Maplecroft. *Global Risk Portfolio*, 2014, http://maplecroft.com/themes/cc/.（上网日期：2014 年 7 月 30 日）

③ Sheppard et al. *Marine Ecology of the Arabian Peninsula Patterns and processes in Extreme Tropical Environments*, 2012.

影响。由于海水温度持续偏高，于 1996 年、1998 年、2002 年和 2012 年发生了珊瑚白化事件，这导致浅水滩的活珊瑚以 1% 的速度在减少，伴随着珊瑚的消失，鱼类和大量海洋生物也越来越少，这将对海湾地区整个海洋环境带来深远影响。[①]

二、气候变化与能源

（一）海湾合作委员会的能源结构

在海湾国家地区，从能源部门的电力和热能生产排放出来的温室气体最多。世界上大约 40% 的石油储量和 23.6% 的天然气储量都在海湾地区。从海湾合作委员会出口的油气收入大约占这些国家出口总收入的 73%，政府收入的 63% 和国内生产总值的 41%。

卡塔尔是重要的油气净出口国。截止 2012 年底，它的石油储量世界排名第 13 位。虽然它从 1997 年才开始生产液化天然气（LNG），但卡塔尔现在是世界上最大的 LNG 出口国，并且是天然气输出国论坛（Gas Exporting Countries Forum，GECF）的成员。卡塔尔已探明天然气储量约达 25 万亿立方米，仅次于俄罗斯和伊朗居世界第三位。在石油输出国家组织 12 位成员中，卡塔尔是第十大液化天然气出口国，2011 年该国油气部门的产值占据了国内生产总值的 58%。[②]

油气的经济重要性使海合会国家在经济上易受全球温室气体减排运动的影响，[③] 其能源出口导向型经济将会受到工业国家所采取的温室减排措施的不利影响。特别是随着化石燃料使用效率的不断提高以及电能汽车的发展，这种经济转型将会导致全球对石油天然气的需求量不断减少。例如，如今美国、欧盟和中国采取了更严格的燃油经济性

---

① Riegl, *Effects of the 1996 and 1998 positive Sea Surface Temperature Anomalies on Corals, Coral Diseases and Fish in the Arabian Gulf*, 2002.

② U. S. EIA, *Country Briefs*: *Qatar*, 2014.

③ Raouf. *Climate Change Threats, Opportunities, and the GCC Countries*, 2008.

标准,[1] 并且这些国家通过产品销售预算和发放补贴等政策，以显示它们对发展电力交通工具的支持。[2] 除此之外，如超大蓄电池等“突破性”技术的出现将会进一步减少人们对化石燃料的需求。

此外，国际气候变化协商的成果之一就是：全球减少温室气体排放的目标将会进一步减少对化石燃料的消耗。但是由于卡塔尔大量的天然气储备和相关的产品，以及该国非石油经济多元化战略的成功实施,[3] 预计卡塔尔的石油出口量和收入的减少幅度是海合会国家中最低的。随着各国纷纷采取政策来限制使用煤炭，特别是电煤，因此，煤很有可能被以天然气为代表的低污染能源所替代，如今美国正在施行这种替代过程。天然气的低价与环境保护局（EPA）的条例相结合，使得建立任何新的以煤炭为燃料的电力产生变得不再可能。

这个变化与以天然气为燃料的交通工具相结合，供应了全球 1480 万辆天然气动力汽车，其中美国有 11.4 万辆,[4] 这导致了从 2009 年到 2012 年美国天然气消耗占能源总消费量的 11%,[5] 预计从 2012 年到 2040 年，该比例将增加到 23%。[6] 而且，美国推动全球天然气需求猛增,[7] 与美国国内强大的天然气生产力，以及全球天然气的低价都使得美国天然气的总出口量在 2008 年到 2012 年间上升到 63%。[8] 这个案例表明，全球对天然气需求量的增长将使得卡塔尔和海湾地区其他天然气生产国有可能引领能源消费从煤炭向天然气的转变过程。

---

① Global Fuel Economy Initiative. *Fuel Economy State of the World 2014: The World is Shifting into Gear on Fuel Economy*, 2014.

② IEA. *Global EV Outlook: Understanding the Electric Vehicle Landscape to 2020*, 2013.

③ Ahmed and Al-Maslamani. *Anticipated economic cost and benefits of ratification of the Kyoto Protocol by the State of Qatar*, 2004.

④ U. S. Department of Energy. *Alternative Fuels Data Center: Natural Gas Vehicles*, 2013.

⑤ U. S. EIA. *International Energy Statistics*, 2013.

⑥ U. S. EIA. *Annual Energy Outlook 2014: Early Release Overview*, 2013.

⑦ U. S. EIA. *International Energy Outlook 2013: Natural Gas*, 2013.

⑧ U. S. EIA. *U. S. Natural Gas Exports and Re-Exports by Country*, 2014.

（二）海湾国家的温室气体排放现状

就温室气体排放总量和单位 GDP 的温室气体排放量而言，海合会国家并不是世界上最大的排放国，但是一些海湾国家的人均温室气体排放量仍位居全球前十（见表4－1）。[1]

表4－1　海湾国家温室气体排放一览表（2010）（单位：百万吨）

	GHG 总排放量	全球排名	GDP 单位排放量	全球排名	人均温室气体排放总量	全球排名
沙特	542.1	18	1573.8	26	19.89	21
阿联酋	256.4	33	1323	37	30.37	9
科威特	196.5	39	1294.9	38	65.6	1
卡塔尔	74.7	66	806	76	42.69	5
阿曼	90.4	58	961.8	60	32.26	8
巴林	34.9	95	608.4	104	27.87	12

数据来源：*World Resources Institute*（*2010*）*Climate Analysis Indicators Tool*，http://cait2.wri.org/wri/Country%20GHG%20Emissions?indicator[]=Total%20GHG%20Emissions%20Excluding%20LUCF&indicator[]=Total%20GHG%20Emissions%20Including%20LUCF&year[]=2010&chartType=geo。（上网日期：2014年8月1日）

举例来说，卡塔尔是世界上第五大人均温室气体排放国，将石油和天然气作为本国的基础性消费能源，96.5%的温室气体通过能源部门排放（见表4－2）。几乎近半的与能源有关的气体排放来自以天然气为燃料的发电厂与热电厂。在卡塔尔，由水泥、钢铁、氨、尿素、甲基叔丁基醚和塑料等工业生产部门是温室气体排放的第二大来源。运输部门（公路运输占了88%，民航占了12%）也是石油消费的大户，尽管伴随汽车尾气也是空气污染的重要来源，但在卡塔尔，由交通运输带来的温室气体排放量所占份额是最小的（见表4－3）。由于油气部门不断扩大的生产规模，卡塔尔温室气体排放量也将不断增多。

---

① Levitt. *Carbon Emissions*，*the World in 2010*，2010.

表 4－2　海湾国家各产业部门的温室气体排放量所占总排放量的比例

（单位:%）

	能源	工业加工	农业	垃圾
世界	71. 6	5. 5	13. 7	3. 3
沙特	87. 4	5	2. 7	4. 9
阿联酋	92	4. 8	1. 1	2
科威特	98	1. 3	0. 2	0. 4
阿曼	94. 6	3	1. 3	1
卡塔尔	95. 6	3. 5	0. 2	0. 6
巴林	86. 6	2. 2	不适用	11. 1

数据来源：*World Resources Institute*（*2010*）*Climate Analysis Indicators Tool.* http：//cait2. wri. org/wri/Country% 20GHG% 20Emissions? indicator [ ] = Total% 20GHG% 20Emissions% 20Excluding% 20LUCF&indicator [ ] = Total% 20GHG% 20Emissions% 20Including% 20LUCF&year [ ] = 2010&chartType = geo。（上网日期：2014 年 8 月 1 日）

事实上，在海湾地区，能源部门是温室气体排放的主要来源。而且，用于电力生产的能源消费制造了大部分的温室气体。但是在一些海湾国家，例如阿拉伯联合酋长国，工业生产部门是碳排放的主要来源，而在科威特，几乎所有的温室气体来自于飞逸性排放（fugitive emissions），① 沙特阿拉伯和科威特的基础设施建设如火如荼，其较高的经济增长率和大量的工程项目推动了对电力的需求，在过去的几年中，海合会国家对电力的需求量已经是全球平均值的三倍。由于大部分海湾国家继续施行能源补贴政策，导致了科威特和卡塔尔的用电免费，以及沙特阿拉伯，巴林和阿曼的超低电价，这使得海湾国家的电力消费仍然很高。②

---

① 飞逸性排放，是指液体或气体燃料会在常温下挥发，固体燃料的油性成分也会挥发，又称燃料飞逸性排放，难以避免。

② Qader. *Electricity Consumption and GHG Emissions in GCC Countries*, 2009.

表 4-3 海湾国家能源子行业的温室气体排放量所占比例一览表

（单位：%）

	电力与供暖	制造业与建筑业	交通运输	能源燃烧	飞逸型排放
世界	42.8	18.6	17.8	12.9	7.9
沙特	54.4	18.6	23.9	1.2	1.8
阿联酋	33.3	36.3	14.3	3.7	12.4
科威特	30.4	6.4	6.2	0.3	56.8
阿曼	30.1	10.4	7.3	3.7	48.5
卡塔尔	46.2	24.4	12.6	3.1	13.6
巴林	52.1	29	14	1.2	3.7

数据来源：*World Resources Institute* (*2010*) *Climate Analysis Indicators Tool*. http://cait2.wri.org/wri/Country% 20GHG% 20Emissions? indicator [ ] = Total% 20GHG% 20Emissions% 20Excluding% 20LUCF&indicator [ ] = Total% 20GHG% 20Emissions% 20Including% 20LUCF&year [ ] = 2010&chartType = geo。（上网日期：2014 年 8 月 1 日）

海湾地区持续增强的能源消耗给各国的能源供给带来了持续增长的压力。除此之外，海合会国家是世界上能源强度（Energy intensity）最高的地区，① 并且随着海合会国家对能源密集型海水淡化工厂的依赖程度加深，这种趋势将不会改变。② 从 2000 年到 2020 年，海合会国家的能源高消耗与人口爆炸、经济腾飞并行，后者的增长率分别为 30% 和 56%，这将会在未来的十年里推动对能源需求的增长，③ 国内能源消耗的增加将意味着能源出口量的减少。事实上，一些海合会国家依靠国内天然气来发电，目前电力消费已供不应求，预计其对天然气的需求量将会年均增长 7%—8%。④ 在现有的能源消费模式下，在未来的十年里，沙特阿拉伯将会进口大约 2480 亿升的石油和柴油，按照现行能

① 能源强度是能源利用与经济或物力产出之比。在国家层面，能源强度是国内一次能源使用总量或最终能源使用与国内生产总值之比。在活动层面，还可在分母中运用物理量，如公升燃料/车辆每公里行驶里程。

② Qader. *Electricity Consumption and GHG Emissions in GCC Countries*, 2009.

③ U. S. EIA. *International Energy Statistics*, 2013.

④ 同上。

源价格来算，大约会花费1700亿美元。①

这些在海湾地区的能源消耗模式凸显了这个地区关于减少温室气体排放的挑战与机遇。卡塔尔、阿拉伯联合酋长国、科威特和巴林是世界上人均二氧化碳排放率最高的国家。同时，这些模式表明提高废气回收利用率，建立隔离带和提升能源效率等方法可以对温室气体减排和提高经济利益产生重要影响。②

三、国际社会应对气候变化的努力

（一）全球气候政治的规制安排

在过去的几十年中，国际社会在《联合国气候变化公约》框架之下进行应对气候变化的努力，此外，其他类型的双边或多边机制安排也在同步进行。这些协商促成了一致的政治目标：将未来大气温度的上升幅度控制在只比工业革命前高2℃的范围之内。

2009年在哥本哈根举办的联合国气候变化框架公约会议上，公布了关于未来减排目标的非强制性政治宣言，即《哥本哈根协议》。这份协定的重要意义在于展现出一种新的气候政治生态格局。在自下而上和自愿的基础上，发达国家承诺减排目标，发展中国家则采取恰当的减排行动。对此，超过140个国家表示了支持，超过80个国家提供了本国的减排目标或行动计划。就经济贡献而言，发达国家同意到2012年为发展中国家提供300亿美元的短期资助和一个直到2020年的1000亿的长期资助。在国际社会充分的共同努力下，《京都议定书》的新承诺期为2013年至2020年，并设置了一个全球协议并适用于所有当事国的法律效力，③ 即德班增强行动平台（Durban Platform for Enhanced Ac-

① Baxter. *Riyadh' s Rising Fuel Subsidy Bill*, 2011.

② McKinsey & Company. *Pathways to a Low Carbon Economy: Version 2 of the Global Greenhouse Gas Abatement Curve*, 2009.

③ 这里的法律效力出现在ADP补充文本中，其目标是用国际法管理各国的减排进程。

tion，ADP）。“德班增强行动平台”表面上是由第十七届缔约方会议（Seventeenth session of the Conference of the Parties，COP17）主席、南非国际关系与合作部长马沙巴内（Maite Nkoana-Mashabane）提出的，但实际上这就是欧盟联合了小岛国联盟（Alliance of Small Island States，AOSIS）和最不发达国家联盟（Least developed country，LDCs），共计120个国家联合推出的所谓“欧盟路线图”，旨在将所有国家纳入一个共同的、具有法律效力的减排框架。欧盟计划2013年开始立即启动这个新框架的谈判工作，并在2015年完成谈判，2020年正式生效，最终取代《京都定义书》，该计划违背了“共同但有区别的责任”原则，遭到广大发展中国家的强烈反对。①

但是，迄今为止这些协议仅仅取得了有限的成就——与会国做出减少温室气体排放的承诺。最近联合国环境规划署的分析表明，即使所有国家都做出了碳减排的承诺，2020年的温室气体排放量也很有可能达到80亿—120亿吨。这错失了到2020年，以最低的成本，将大气升温控制在2摄氏度以内的最好机会。② 在未来气温上升不会超过2摄氏度的前提下，政府间气候变化专门委员会的第五份评估报告测算了未来世界二氧化碳排放总量，并以此为基础做出了一份碳收支预算报告。该报告强调如果不冒气温持续变暖的风险，世界上可以消耗的碳量将比留在陆地上的化石燃料少，并且以现有的消耗速度，这个“碳预算”将在未来的30年中消耗殆尽。③

与政府间气候变化专门委员会同时进行的还有其他小组，包括：主要经济体论坛（Major Economies Forum，MEF），20国集团（G20）和清洁能源部长级会议（Clean Energy Ministerial，CEM），主要经济体

① 《地球之殇：德班气候谈判大会纪实》，《三联生活周刊》，http：//www. dooland. com/magazine/article_ 180788. html。（上网日期：2014年8月4日）

② UNEP. *Emissions Gap Report 2013*：*A UNEP Synthesis Report*，2013.

③ IPCC. “Summary for Policymakers，” *Working Group I Contribution to the IPCC Fifth Assessment Report*（*AR5*）*Climate Change 2013*：*The Physical Science Basis*，2013.

论坛是最大的温室气体排放国的集会。[1] 这些国家寻求方法来探讨解决一些旨在减少温室气体排放的核心议题。20国集团由世界上20个最大的经济体组成，[2] 并且在如气候融资和化石燃料补贴的议题讨论中占据领导地位。清洁能源部长级会议是一个分享清洁能源经济转型的实践经验的国际论坛。[3]

尽管国际社会对这些论坛可能会强化政府间气候变化专门委员会协商机制表示担忧，但是一个新观点也浮出水面——这些论坛将推动气候变化议题取得成果。这些论坛保证了各国最大限度地资助温室气体减排行动，并进行坦诚的对话，同时设立相对应的国内计划和管理方法以监督彼此的行动。[4] 例如，20国集团逐步取消对化石燃料的补贴，根据国际货币基金组织的测算，这可以将全球温室气体排放量减少13%，即42亿吨。[5] 主要经济体论坛在清洁能源技术领域发展了全球合作伙伴关系，这导致了由不同国家施行的10个“技术行动计划”被创造出来，预示了通过先进的科技来推动减排行动的可能性，并鼓励行动国推进低碳技术的发展。[6]

其他国际行为体也在讨论气候变化议题，其主要工作并不只包括气候变化。例如，仅在联合国系统里，就有20个机构从事与气候变化有关的工作。气候变化项目的执行通过如联合国环境规划署、全球环

---

① MEF成员包括：澳大利亚、巴西、加拿大、中国、欧盟、法国、德国、印度、印尼、意大利、日本、韩国、墨西哥、俄罗斯、英国和美国。

② G20成员包括：阿根廷、澳大利亚、巴西、加拿大、中国、欧盟、法国、德国、印度、印尼、意大利、日本、墨西哥、俄罗斯、沙特、南非、土耳其、韩国、英国、美国。

③ CEM参与方包括：澳大利亚、巴西、加拿大、中国、丹麦、欧盟、芬兰、法国、德国、印度、印尼、意大利、日本、韩国、墨西哥、挪威、俄罗斯、南非、西班牙、瑞典、阿联酋、英国和美国。

④ Council on Foreign Relations. *The Global Climate Change Regime*, 2013.

⑤ International Monetary Fund. *Energy Subsidy Reform*: *Lessons and Implications*, 2013.

⑥ White House Office of the Press Secretary. *Fact Sheet*: *Clean Energy Technology Announcements*, 2009.

境基金会、联合国开发计划署、世界银行等国际组织得以推广。①

（二）各国应对气候变化的实践

应对全球气候变暖的全球进程，需要将国家级（甚至是次国家级）应对气候变化行动纳入考虑范围之列。这些活动的目标主要由气候变化的环境成本和研发替代化石燃料的低碳产业两部分组成。除此之外，还包括减少温室气体的排放，创造工作机会，开发新产业、增强能源的安全性。

例如，美国采取州级行动，加利福尼亚州引进的排放交易计划（California's emissions trading scheme）和地区性推进减排计划，如西部减排倡议和地区温室气体排放倡议的努力。美国 50 个州中有 29 个州已经采取了可再生能源发电配额制度（renewable portfolio standards，RPS）——影响美国 42% 强的电力销售。举例来说，到 2020 年，加利福尼亚的可再生能源发电配额制度将授权把可再生能源量扩大 33%，到那时，科罗拉多州可再生能源发电配额制度将可再生能源量从 20% 提高到 30%，其财政收入有望增加 43 亿美元。② 另外，2009 年，美国国会建立了高等能源研究计划署（Advanced Research Projects Agency-Energy，ARPA-E），专注于能源转型项目并以最少的投资来换取最大的进步。这些能源转型项目是为了从根本上促进美国的经济繁荣，推动国家能源安全和环境安全。③

中国 2011 年出台了第十二个五年计划，包括了缓解国家能源紧张和将二氧化碳排放集中量控制为 16%—17%。到 2015 年，中国将研发七个地区性的碳交易试点项目，并以此为基础建立国家碳交易系统。“十二五”规划设置了可再生能源目标和能效标准。中国还出台了其他

① Moncel et al. *Building the Climate Change Regime: Survey and Analysis of Approaches*, 2011.

② United States Department of Energy and North Carolina Solar Center. *Database of State Incentives for Renewables & Efficiency*, 2013.

③ Center for Clean Energy Solutions. *Advanced Research Projects Agency-Energy: Innovation Through the U. S. Department of Energy*, 2012.

刺激性政策，例如“金太阳”工程，政府将提供资助补贴，技术支持和对市场的刺激，这有利于发展太阳能工业。[①]

韩国是另一个专注于发展清洁能源的国家。韩国2009年的《低碳绿色增长行动框架》（2009 Framework Act of Low Carbon Green Growth）包括了推动可再生能源开发和鼓励低碳经济发展的税收制度变革。在2012年，韩国政府建立了一个排放交易机制（emissions trading scheme，ETS）并将在2015年施行。此计划承诺到2020年，韩国将会减少相对于2015年碳交易额30%的温室气体排放量，提高能源利用率的政策将完成碳减排的目标。韩国政府在交通和建设部门采取一些政策。例如，颁布能源利用率标准和建立设计指标。早在2009年7月，韩国为汽车生产商设置了新的燃料经济标准，即17千米/升汽油，140克/千米的二氧化碳排放量。在2011年7月，韩国政府将该能耗标准运用到所有建筑面积超过1万平方米的商业楼。[②] 到2015年，将严格限制所有单位面积的能源使用总量。韩国的做法为其他国家出台应对气候变化政策来减少温室气体排放、研发清洁能源产业树立了良好的榜样。

（三）卡塔尔——海湾国家应对气候变化的先锋

卡塔尔正在采取一系列的措施来推进温室气体减排，并使自身在应对气候变化和发展清洁能源技术方面占据领导地位。卡塔尔在2005年签订了京都定议书，并于2011年在联合国气候变化公约框架下同意建立初步的国家信息通报（initial national communication）。[③] 2012年，卡塔尔展示了它在气候减排领域的领导角色，并支持全球应对气候变

---

① “金太阳示范工程”是中国2009年开始实施的支持国内促进光伏发电产业技术进步和规模化发展，培育战略性新兴产业的一项政策。“金太阳”工程是继中国政府在3月出台对光电建筑每瓦补贴20元政策之后的又一重大财政政策，将适时地推动中国光伏发电项目的发展。

② IEA. *Energy Policies of IEA Countries*：*The Republic of Korea 2012 Review*，2012.

③ 大多数发展中国家推动出台了《联合国气候变化框架公约》附件一，即这些国家能获得财政和技术支持，卡塔尔需要在《京都议定书》框架下，从总体上汇报其应对气候变化的减排行动。非附件一成员国的报告往往取决于它们是否从发达国家或附件一成员国获取了资金。

化的行动，如在《联合国气候变化框架公约》之下主持第十八届缔约国大会。

卡塔尔领导着海湾六国应对气候变化的实践。它两次主持了多哈碳能源论坛（Doha Carbon & Energy Forum，DCEF），这是一个由卡塔尔基金会（Qatar Foundation）、卡塔尔石油公司和埃克森美孚公司（Qatar Petroleum and ExxonMobil）资助，海合会各国政、商、学三界代表出席，由卡塔尔和国际气候问题专家所主持的国际会议。这个论坛专注于应对气候变化、可替代能源，能源利用率和碳捕捉与储存等议题，对企业和政府提出政策建议。

卡塔尔更新了发展可再生能源的目标，即到 2024 年，将可再生能源在国家能源总量的所占比例提升到 20%。在《卡塔尔国家愿景 2030》（Qatar National Vision 2030）中，《国家信息通报》中所描述的减排方案在也被再次提出，涵盖以下内容：卡塔尔石油业的共同目标是实现零碳排放：通过世界银行下属的“减少天然气燃烧全球伙伴关系组织”（Global Gas Flaring Reduction Partnership）来确定卡塔尔在世界银行温室气体减排项目中的会员国身份；[①] 建立国家气候变化委员会来管理气候变化问题，该机构是一个规划气候政策的行政实体单位；发展交通运输系统，包括调查电动出租车和以天然气为燃料的公交车，并计划建立一个庞大的交通网；建立一个关于“可再生能源的环境政策”（environmental policies for renewable energy）的国家团队。卡塔尔还对提高能源利用率、实现资源结构最优化和资源利用（optimization and resource utilization）制定了一个全国性计划。在《联合国气候变化框架公约》之下，这将是主动减排温室气体的内在动力。

卡塔尔还采取一系列应对环境挑战的方案。这将增强卡塔尔对环境变化的适应力，包括卡塔尔电水总公司、国家水务管理局的管理制度创新来减少淡水损耗，并鼓励公民自愿回收和循环使用水资源。

---

① World Bank. *Global Gas Flaring Reduction Program*, 2011.

四、卡塔尔发展气候科技的政策取向

正如先前所提到的，就卡塔尔通过发展科学技术来应对气候变化挑战所需的资源和机会而言，发展清洁能源技术成为卡塔尔的关注焦点，这将会使得气候政治走向全球商业化。

卡塔尔在第十八届缔约国大会上，宣布成立气候研究中心，并与德国波茨坦气候影响研究所（Potsdam Institute for Climate Impact Research，PIK）结为合作伙伴，其目的是研究全球气候变化及其对生态、经济和社会系统的影响。这个研究所将致力于通过研究25亿人居住的干旱地区和亚热带地区来弥补气候政治的知识缺漏。这种合作伙伴的第二个关键性努力方向就是建立全球气候变化论坛，从而为有相似想法的国家共同合作、创新应对气候变化的策略体系搭建沟通平台，那些在气候领域具有国际水平和专门技术的非政府间组织及利益攸关方也被包含在内，其他海合会国家也纷纷在气候变化和清洁能源领域行动起来。这些国家创建了大量的研究机构，例如，阿拉伯联合酋长国成立了迪拜碳卓越中心（Dubai Carbon Center of Excellence，DCCE）和马斯达尔理工学院（Masdar Institute of Science and Technology，MIST）。它们专注于可替代能源和环境工程。沙特阿拉伯建有可再生能源和碳经济研究中心。

除此之外，在2007年，海湾国家向一个旨在研究清洁能源技术来处理全球变暖问题的新基金会注资75亿美元，其中卡塔尔出资15亿美元，并设计出技术性的解决方案来应对气候变化，尤其是碳捕捉和碳储存。[①]

卡塔尔应对气候变化的行动是坚定目标的结合体。其中最重要的两大目标是发展可再生能源和零排放，这将占卡塔尔气体排放总量的12%。[②] 卡塔尔计划到2020年，使得清洁能源装机量达到1800兆瓦，

① Raouf. *Climate Change Threats, Opportunities, and the GCC Countries*, 2008.

② Qatar General Secretariat for Development Planning. *Qatar' s Commitment to Sustainable Development: Meeting the Challenges of Climate Change*, 2012.

2024年，使可再生能源占到能源消耗总量的20%。[①] 其他行动将会在未来定型，如缓解电力消耗的能源紧张情况，建立起强制性、可持续发展的建筑标准，以及改善交通运输等方案，并在国家气候委员会之下创建管理条例。综合考虑，这些行动为一个全面的气候变化政策绘制了蓝图。以下内容包括卡塔尔将会采取何种行动来使自己在温室气体减排行动中占据领导地位，并如何推动清洁能源技术的发展。

（一）构建合理的政策框架

对于卡塔尔来说，在一个日渐强势的国家气候委员会指导下之下，采取一个更全面的应对气候变化的政策将会有利于履行减排义务，并同时认真咨询来自政府、工业界和学术界的相关受益者。其他国家采取应对气候变化政策的实践经验表明，需要全面理解这些减排行动的原因。随着时间的推移，才能确保获取可持续发展的动力以及国民的支持。随着气候变化的影响不断加深，以及迄今为止全球气候治理的努力一再失败，因此，这一点显得尤其重要。未来将迫切需要构建气候政策体系，并采取花销更大的减排行动。[②]

一个综合性气候变化政策框架应该包括减排和适应行动（adaptation action），以及一个致力于气候变化论坛的策略。通过这种方式可以加强和支持卡塔尔国内应对气候变化的政策框架。

对卡塔尔而言，建立单个的政府机构或者是高效的跨部门合作过程，需要依靠一个公认的行政实体以担负起国内减排工作的责任，因此，这将是卡塔尔一次重要的政府机构革新，并确保所有应对气候变化行动对经济部门的影响将会被充分考虑。通过为决策者提供广泛的、有关经济影响的信息和机会，以确保气候变化问题的决策过程能更理性客观。

一些国家和地区已经建立起了有关气候变化的政府部门，包括比利时、丹麦、欧盟、希腊、新西兰、纽埃（Niuē）、罗马尼亚、巴基斯

---

① Gulf Times. *Al-Attiyah: 20% Energy from Renewables*, 2014.

② UNEP. *Emissions Gap Report 2013: A UNEP Synthesis Report*, 2013.

坦和英国。所以建立这些有关气候变化的政府部门，是因为应对气候变化政策对宏观经济的影响要求通过政府部门进行合作与资金投入。举例来说，美国在2008年创立了能源与气候变化部门，接管了商务部、法规改革委员会等一些和能源有关的其他部门的职能，此外，还包括环境部、食物与农村事务部涉及的气候问题。与此相类似的是，在2010年，欧洲委员会建立起了气候行动总署（Directorate-General for Climate Action），从环境变化的责任转移到环境总署中来。它被授权领导国际上有关气候变化的商谈，发展并执行规章制度来帮助欧盟应对气候变化带来的影响，并达成2020年的减排目标，最终将建立碳排放交易管理体系（EU-ETS）。[①]

（二）设置合适的预算

卡塔尔已在整个经济领域设置了一套可再生能源的目标，那么下一步将会确定最适合卡塔尔的地区性可再生能源方案。例如中国和印度制定了可再生能源目标之后，卡塔尔通过探讨能效目标和碳强度目标来扩大在国际碳政治中的影响。举例来说，一个经济领域内的能效提升目标将会巩固为改进能源利用率和推进节能技术发展所进行的资金投入与努力。

所有的这些行动都应该为减少卡塔尔地区温室气体的排放而设计出最佳方案。然而这需要把其他国家的经济发展状况也考虑在内。由于国际社会对卡塔尔减排行动寄予期望，并且这些期望将会随着时间的推移发生改变，卡塔尔需要思考如何使减排政策能够刺激能源领域的发展，尤其是能够带来经济效益，除此之外还要考虑执行气候减排政策所付出的成本。由于能源利用率的提高，卡塔尔国内的能源消耗将会有所减少，这将有助于碳减排。

卡塔尔所面临的挑战是其环境可持续发展目标与能源部门的契合问题，毕竟能源部门将会伴随着清洁能源技术一起发展。对于卡塔尔

---

① European Commission. *Climate Action*, 2013.

和海合会国家来说，气候变化问题在很大程度上可以说是能源问题。并且，正如上述所讨论的那样，要实现温室气体减排和将升温幅度限于工业革命之前的目标，必定需要减少化石燃料的消耗。考虑到海湾各国的经济收入主要来源于化石能源的开采和出口，这为卡塔尔和海合会国家的经济可持续发展带来不小的挑战。但是，如果从卡塔尔的天然气资源考虑，该国可在用天然气替代高碳燃料（煤或石油）的过程中扮演领导角色，这将通过对比天然气与电煤排放的温室气体等方法来确立。在本文中，卡塔尔的零排放目标有助于探讨煤炭资源向清洁资源转变的可能性，有助于推动绿色科技的发展，并将此理念传播到其他天然气出口国。

尽管同等质量天然气所产生的温室气体大约为煤炭的一半，[①] 但要取得全球温度比工业革命之前的温度高两摄氏度的目标仍然困难重重，这将要求在一段时间内用可再生资源代替天然气作为发电燃料。[②] 卡塔尔现在通过致力于发展碳捕捉与碳存贮技术来响应两摄氏度的长远目标。这将会涉及到在碳约束的世界中，化石能源和可再生能源技术的发展。

（三）资助应对气候变化的行动和清洁能源技术的发展

作为应对气候变化行动的一部分，卡塔尔将成立一个基金会来资助减缓和适应项目（mitigation and adaptation projects）。首先，主动支持国内应对气候变化行动，如发展可再生能源项目和绿色科技。卡塔尔可以按照巴西的模式建立国家气候变化基金。巴西建立了巴西气候基金会，通过对石油产品征税来获取收入并将其资本化。这个模式将会在海湾地区扮演重要的示范角色。就这一点而言，任何气候类型的基金会都有可能被扩展到海合会国家之中。通过建立本国的气候基金会，卡塔尔可以吸引国际资金对卡塔尔国内清洁能源技术的发展进行投资，

---

① *United States Environmental Protection Agency*, 2013, http://www.epa.gov/.（上网日期：2014年7月24日）

② OECD. *Environmental Outlook to 2050*: *Chapter 3*: *Climate Change*, 2011.

同时也可以通过向石油和天然气部门征税来获得收入。

进一步讲，建立这样一个基金会将会与国际气候减排资助的努力联系在一起。目前，国际应对气候变化的资助通过混合型的基金会来引导。这些综合性的基金会包括全球环境基金（Global Environment Facility，GEF），气候投资基金（Climate Investment Funds，CIFs）和适应气候变化基金（Adaptation Funds，AFS），同时也通过双边沟通渠道。通过在设立气候投资基金会，或为了国内项目接受气候投资委员会的资助，卡塔尔努力确保其在GIF信托基金委员会（Trust Fund Committee，TFC）中的成员国身份。信托基金委员会是个实体机构，负责监督基金会的运作，并提供方向性的策略以支持和监管项目的执行过程。尽管该机构因国际社会支持碳捕捉和碳储存而受限，但气候投资基金会下属的清洁能源技术基金会（Clean Technology Fund，CTF）与卡塔尔息息相关，因其致力于示范和转让低碳技术，因此从长远来看，将对卡塔尔节省减排成本具有重要意义。[①] 积极参与这些国际气候资助措施，将会在很大程度上巩固卡塔尔在低碳能源技术发展领域的领导雄心。

（四）为推动气候科技外交培育良好的国内外环境

卡塔尔和海合会国家有较强的科研能力，这将会被用于应对气候变化。发展应对气候变化的技术，可以在地区层面和国际层面上为卡塔尔创造低碳技术领域的新市场。

1. 创造有利的国内环境

推动应对气候变化技术的内生动力，将会是卡塔尔应对气候变化的主要政策。从这个层面上来说，应对气候变化的政策，应会适当鼓励低碳技术的开发与应用。[②] 例如，从可再生能源、碳捕捉与碳存储、提高资源利用率的视角来看，设立明确的目标对投资者来说将预示着一个发展应对气候变化科技的绝好机遇。政策的正确性是另一个影响

---

① IEA. *A Policy Strategy for Carbon Capture and Storage*, 2012.

② OECD. *Promoting Technological Innovation to Address Climate Change*, 2011.

气候投资的关键因素。在这方面，澳大利亚由于对碳定价机制久未确定，使其成为一个反例。“因为他们在短期内，尤其对将来碳价格和任何可替代能源技术政策的不确定性，使得相关领域的商业决策和投资一再被推迟”，并且“澳大利亚政府必须长期提供关于明确碳价格的规制来刺激商业活动，从而以最有效的方式来减少碳排放，并支持低碳经济的顺利转型”。[①] 2011 年对美国企业调查显示，由于存在低碳领域投资的风险，商界对政府低碳政策的支持度并不高。[②] 因此，卡塔尔应考虑明确政策导向的方法，例如将国内气候政策锁定在《联合国气候变化框架公约》之下，到2020 年，通过利用政策性优势履行减排和清洁能源技术方面的承诺。

2. 发展双边合作

与波茨坦气候变化研究所（Potsdam Institute for Climate Impact Research）的提议相类似，卡塔尔应在清洁能源技术方面进一步发展双边合作，同时还要加强与外国政府部门和研究机构保持紧密联系。例如中美的清洁能源合作关系就是气候政治双边合作的典范。这种关系包含了美国能源部和中国科学院关于提升石油采收率（enhanced oil recovery，EOR）、生物质气化（biomass gasification）和合成气（syngas）而进行的清洁能源技术项目。[③]

中美清洁能源研究中心（CERC）有助于两国在某些议题上进行清洁能源合作研究与开发，例如建立提高能源利用率的机制，研究清洁煤（包括碳捕捉与碳储存技术）和清洁交通工具。

当美国等西方国家为卡塔尔提供清洁技术的研发能力，卡塔尔所做出的经济贡献将有助于巩固这些伙伴关系。举例来说，2007 年，海

① Ernst & Young. *Ensuring Australia's Economic Sustainability: Government Agenda*, 2013.

② C2ES. *A Survey of Company Perspectives on Low-Carbon Business Innovations*, 2011.

③ White House Office of the Press Secretary. *U. S. -China Clean Energy Announcements*, 2009.

湾国家在石油输出国组织上为一个新的基金会注入7.5亿美元用于履行减排承诺，这也是为建立清洁的环境而作做出的承诺，为应对国际性气候变化和在政府间进行清洁能源研究树立了榜样。

海合会国家不断扩大国际合作水平，例如欧盟—海湾合作委员会清洁能源网络（EU-GCC Clean Energy Network）——在可再生能源领域、资源利用率、清洁天然气和碳捕捉与碳储存领域为清洁能源政策和技术的国际合作提供了新的途径。

3. 国际参与

卡塔尔将在国际层面上参与气候问题的讨论，以确保有关国际政策最大可能地分享应对气候变化的知识和技术，例如，通过国际性的研究与分享协议，支持技术导向的国际协议也非常有必要，这也是对例如碳排放协议等国际努力的重要补充。[①]

第二节　碳捕捉与碳储存技术

这一节将研讨以下问题：碳捕捉与碳储存技术在海合会国家所扮演的角色；海合会国家如何获得在国际气候政治中的话语权；碳捕捉与碳储存技术的双边和地区性合作面临何种障碍；如何评析海湾国家关于碳捕捉与碳储存技术所采取的行动。

一、碳捕捉与碳储存技术在碳减排中的地位

在可预测的未来，化石燃料仍是全球主要的消费能源。[②] 碳捕捉与碳储存技术的目的是为了在减少二氧化碳排放的同时，确保化石燃料的可持续供给，从而减少使用化石燃料所带来的气候影响。由于化石燃料的供应量超过全球基本能源的85%，碳排放总量依然很大，因此，

---

① OECD. *Promoting Technological Innovation to Address Climate Change*, 2011.

② IEA. *World Energy Outlook 2012*, 2012.

要实现将全球温度变化稳定或接近2摄氏度的目标，则需要运用碳捕捉与碳储存技术来减少温室气体的排放。①

在未来的一个世纪里，运用碳捕捉与碳储存技术将有助于减少排放。与此同时，国家仍然允许大量使用化石燃料，如煤炭与天然气来发电。在工业部门看来，碳捕捉与碳储存技术的意义十分重大，尤其是这些技术成功地被运用到以碳密集型（carbon-intensive）产品中，这些产品包括天然气液化（gas-to-liquids，GTL）和液化天然气（Liquefied Natural Gas，LNG）。将碳捕捉与碳储存技术与扩大的油气勘探范围相结合，将有助于发挥碳捕捉与碳储存技术的经济效用。

根据2012年国际教育协会能源技术前景（IEA' s Energy Technology Perspectives 2012）来看，到2015年，碳捕捉和碳储存技术的发展，将会减少全球1/6的碳排放量。若按现行的商业模式来看，从2015年到2050年间，全球的平均温度将上升6摄氏度，但若全面推广碳减排技术，则将逐渐减少全球14%的碳排放量。② 尽管海湾国家已经做出承诺，但是碳捕捉和碳储存技术的发展仍面临着技术、经济和管理上的挑战。

由于能源部门产生了96.5%的二氧化碳，卡塔尔成为世界上人均气体排放量最多的国家之一，该国几乎一半的温室气体排放量都来自于以天然气为燃料的电力和热能的生产，在卡塔尔，工业化进程是温室气体排放的第二大来源。卡塔尔拥有世界上第三大天然气储量，该国石油储量居世界第13位。2011年，卡塔尔GDP的58%来自于油气部门。③ 卡塔尔的能源需求完全依赖于石油和天然气，由于油气部门不断扩大生产规模和产量，卡塔尔的温室气体排放量将

① Herzog. *Scaling up Carbon Dioxide Capture and Storage*, 2010.

② IEA. *Technology Roadmap*: *Carbon Capture and Storage*, 2013.

③ 国际石油网：《卡塔尔上财年油气出口收入达到2607亿里亚尔》，http：//oil.in-en.com/html/oil－09530953501085937.html。（上网日期：2014年8月14日）

会持续增加。[①]

海合会国家拥有世界上30%的石油储量和23%的天然气储量，[②]这些国家的经济与能源的开采紧密相连。在可预见的未来，其国内能源消费将持续增长。进入21世纪以来，海和会国家的能源消耗年均增幅为7.4%，到2020年，增幅将会在现有水平上翻一番。[③]

从技术层面上讲，碳捕捉和碳储存技术有节能的效果，不仅有助于海合会国家能源经济的顺利进行，同时还能减轻由不断增加的碳排放量所带来的负面影响。因此在卡塔尔发展商业性的碳捕捉和碳储存技术，具有较高的可行性，同时，使得卡塔尔在研究通用型气候科技方面占据先机。

在经济和环境因素的推动下，卡塔尔鼓励碳捕捉和碳储存技术的商业化发展。这表现在三方面的应用：天然力生产；石油和天然气的勘探；其他先进的、排放量较小的工业进程，包括天然气合成油项目和液化天然气工艺。

海湾合作委员会在碳捕捉和碳储存技术方面独具优势。[④] 事实上，通过施行一系列海湾合作委员会项目，碳捕捉和碳储存技术为提高原油采收率提供了思路，并为之展现出极具吸引力的商机。对于海湾国家来说，将碳捕捉和碳储存技术与提高原油采收率的技术相结合，可以大幅减少石油生产的成本。[⑤] 碳氢化合物的替代品将会扩大国内的能源储备，帮助政府减少进口液化天然气以及石油工业发展的成本。阿拉伯联合酋长国将碳捕捉和碳储存技术和提高原油采收率的技术相结合，可以将天然气用来供应国内需求，还将增强能源安全性。但是，海合会国家缺少针对温室气体减排的综合性环境条例，这将会限制碳

① U. S. EIA. *Country Analysis Briefs*：*Qatar*，2013.

② BP. *Statistical Review of World Energy 2013*，2013.

③ Kinninmont. *The GCC in 2020*：*Resources for the Future*，2010.

④ Ebinger et al. *Options for Low Carbon Development in Countries of the Gulf Cooperation Council*，2011.

⑤ Harris. *Gulf Cooperation Council Strategic Workshop*，2013.

捕捉和碳储存技术的发展。①

二、发展碳捕捉和碳储存技术的障碍

碳捕捉和碳储存技术还没有在能源部门进行大规模的商业运行，而能源部门是二氧化碳的排放大户，这也为碳捕捉提供了可能性。然而，发展一个商业规模的碳捕捉和碳储存技术项目并非易事，面临着一系列技术、政策、法律上的障碍。

（一）技术障碍

从技术层面上来说，一个完整的碳捕捉和碳储存系统，包括对二氧化碳的分离、压缩、运输（通常经由管道），并封存在地下仓库、进行长期的监控。在特定情况下，从化石燃料中萃取出来的二氧化碳，可以被回灌到现存的油气井中来提高产量。许多类似的过程将会由油气部门进行商业操作。

具体来说，技术障碍主要存在于二氧化碳的分离和捕捉过程。碳捕捉需要在碳生产过程中分离出二氧化碳，并对其进行压缩以便于运输，然而这一过程并非易事。例如，在以煤炭为燃料的电力生产中，二氧化碳的分离过程显得比较落后，并且要求重新设计运输方式。② 而且，碳分离过程同样会耗费能源，提升了在碳捕捉和碳储存技术的负面效应。

（二）运输障碍

二氧化碳的运输是在碳捕捉和碳储存过程中最具技术性的成熟步骤，一般选择从岸边和远离岸边的管道进行运输。此外，还有最新的二氧化碳水运方式，当然这在技术方面的要求会更高。

目前，管道连接问题是碳运输的主要障碍。如果将来打算在海湾地区发展碳捕捉和碳储存技术，则需要连接各国天然气运输的基础设施，加强各国管道的连通性。例如，卡塔尔已经建立起具有重大意义

---

① Theeyattuparampil et al. *Carbon capture and storage*: *State of play*, *challenges and opportunities for the GCC countries*, 2013.

② IEA. *Technology Roadmap*: *Carbon Capture and Storage*, 2013.

的液化天然气出口站；出口到阿拉伯联合酋长国的天然气管道经由 Dolphin 管道；[①] 并且计划将日供气量从 20 亿立方米增至 32 亿立方米。[②] 海合会国家计划扩大现有管道网，2013 年 1 月，卡塔尔宣布在未来的五年中投资 1.8 亿美元来建立新的天然气管道及相关基础设施，并新建 21000 千米的输气管道。[③] 由于管道具有共通性，在这种情况下，二氧化碳的运输能力也将大为提高，有助于在海合会国家发展碳捕捉和碳储存技术。

（三）储存

二氧化碳的储存面临着技术上、法律上、政策上的挑战，其中之一是如何确定碳储存地。对于碳捕捉和碳储存技术的调度来说，目前全世界为确认碳储存地的努力是远远不够的，各国政府在勘探碳存储地方面也缺乏主动性。因此，在海湾地区建设一个碳存储地地图，是极为重要的一步。

此外在二氧化碳的储存还面临技术掣肘，[④] 例如人们并不知道二氧化碳在不同储存环境下将会表现出怎样的反应。现存有关油气开采的法律和条例可以被用来探讨有关二氧化碳的储存问题。这里需要说明的是，长期负债问题、二氧化碳泄漏问题和对当地环境的负面影响问题仍然没有得到解决。[⑤]

许多经济合作与发展组织（OECD member countries）的成员国已经采取行动来观测和调整各自的法律框架，发展碳捕捉和碳储存技术。这些国家制定全面的法规（例如加拿大的亚伯达和西澳大利亚州）或者是特定项目的框架性制度。

---

① The Dolphin 天然气工程是阿联酋、阿曼、卡塔尔的跨境天然气运输项目，也是海合会国家内部第一条跨境能源合作项目。

② Kombargi et al. *Gas Shortage in the GCC: How to Bridge the Gap*, 2010.

③ TradeArabia. *GCC Plans $18bn Spend on Pipeline Expansion*, 2013.

④ IEA. *Technology Roadmap: Carbon Capture and Storage*, 2013.

⑤ IPCC. *Special Report on Carbon Dioxide Capture and Storage: Summary for Policy-makers*, 2005.

以下是三个关于制定规则所面临的关键挑战：第一，在几乎所有的司法权领域，在方法层面将会研究封闭式的管理，并且责任管理问题还没有被解决；第二，石油及其采收率之间的关系和在相关条例管理之下的地理储存，仍是一个需要被解决的问题；第三，公众可以参与管理条例的制定过程，但是私人碳存储项目却被拒之门外。①

最后，关于对二氧化碳储存技术的社会接受度问题仍需要进一步深入探讨。像荷兰等一些欧盟国家的经验表明：在靠近居民聚居区的地方存储二氧化碳可能会遭遇潜在的社会阻力。如果二氧化碳可以储存在远离城区或人口较少的地方，对于卡塔尔和海湾国家来说就具有较高的可行性了。

（四）资助

碳储存和碳捕捉技术的研发经费不断增长。从 2007 年到 2012 年，全球大规模碳捕捉与碳储存技术的示例项目的累积支出已近 102 亿美元。其中 77 亿美元来自私营部门，42 亿美元来自政府补贴（主要来自于美国和加拿大）。在 2006 年到 2011 年期间，在与碳捕捉和碳储存技术有关的专利运用上，来自政府和工业企业的研发资金年均增长率为 46%。碳捕捉和碳储存技术还获得来自公共基金的 121 亿美元资助。②然而，尽管有此巨幅的增长，但是筹措资金的渠道仍然十分狭窄，这需要利用媒体来宣传碳捕捉和碳储存技术的最新示例项目，并为此募集额外的财政支持。海湾国家政府已经在讨论相关的资助问题，就正如近年来迅速增加的政府环保资助所暗示的那样。③ 欧盟已经通过为碳捕捉和碳储存技术项目提供津贴的决议，从而将碳捕捉和碳储存技术与其他排放交易项目联系在一起。

---

① IEA. *Technology Roadmap: Carbon Capture and Storage*, 2013.

② IEA. *Tracking Clean Energy Progress 2013: IEA Input to the Clean Energy Ministerial*, 2013.

③ Global CCS Institute. *Large-Scale Integrated CCS Projects*, 2013.

将碳减排技术与电力生产部门的标准相联系，是碳捕捉和碳储存技术重要的商业化途径，使一些意义重大的电力指标建立在无碳排放或者是符合特定排放标准的基础上。这样做的好处之一是技术具有中立性，允许市场来选择采取何种技术，并且为碳捕捉和碳储存技术的发展建立一个更稳定的投资环境。

例如在美国，环境保护局（Environmental Protection Agency）正在为2015年仍存在的发电厂制定碳污染标准，[①] 并且已经宣布了一个新议案，要求从新发电厂开始，限制温室气体的排放，为发电厂设置了碳污染标准。美国环保局将在《清洁空气法案》（Clean Air Act）下建立起新资源使用标准（New Source Performance Standards，NSPS），来减少从以煤炭和天然气为燃料的发电厂中排放出的二氧化碳量。[②] 为燃烧天然气和煤炭的发电厂建立一个排放限制——新式燃煤发电机每兆瓦小时（MWh）的发电量只能产生1100磅的二氧化碳，而新式燃气发动机每兆瓦小时的发电量只能产生1000磅或1100磅（取决于规模）的二氧化碳。以煤炭为燃料的发电厂将会发现，如果不采用碳捕捉和碳储存技术来储存发电所产生的大约40%的二氧化碳，则很难达到碳排放标准，将会面临巨额的罚款。[③]

但是，由于无法产生任何经济回报，碳捕捉和碳储存技术的花费不得不与其他温室减排技术联系起来——其费用大约为每吨二氧化碳62—112美元，这与为可再生能源技术（包括风能、地热和水电技术）所划定的每吨二氧化碳为10—16美元的议案一样。[④] 然而，碳捕捉与碳存储技术的成本将会随着目标性更明显的项目的出台而逐渐下降，在接下来的几十年中，随着各国开始采取碳税或其他有关碳价的政策，

---

① U. S. EPA. *Carbon Pollution Standards for the Power Sector*, 2013.

② C2ES. *EPA Regulation of Greenhouse Gas Emissions From New Power Plants*, 2013.

③ McCarthy. *EPA Standards for Greenhouse Gas Emissions from Power Plants: Many Questions, Some Answers*, 2013.

④ Abellera and Short. *The Costs of CCS and Other Low Carbon Technologies; and GCCSI*, 2011.

碳捕捉和碳储存技术的经济境遇将会得以改善。在海湾各国油气生产不断增长的同时，碳减排与碳存储技术的经济潜力也将逐渐发挥出来，相关的电子、通信与自动控制技术也会增加碳捕捉和碳储存技术的经济溢出效应，但其运行成本与减排专项工程、地理区位、碳减排与碳存储目标的地缘特征、国家施行该项技术的靶区、以及所需二氧化碳的总量有关。

与第二次石油勘探所需的支出相比，碳减排与碳存储的成本呈现出逐渐下降的趋势，而分摊碳减排营运成本的方式则为降低碳捕捉与碳减排技术的资金成本带来了机遇。①

三、掌握碳捕捉和碳储存技术的主动权

（一）致力于碳捕捉与碳储存技术的国际组织

在国际层面上，有许多致力于扩大碳捕捉和碳储存技术知识面和增强其适用能力的国际论坛或国际组织，其中包括：

• 全球二氧化碳捕集利用与封存峰会（Global Carbon Capture Utilization and Storage Summit，GCCUSS），以碳捕集利用与封存技术研发和部署为主题，旨在降低二氧化碳排放，突出全球合作伙伴的使命感，以应对共同面临的气候挑战。

• 碳收集领导人论坛（Carbon Sequestration Leadership Forum，CSLF），该国际组织旨在发展有关降低碳捕捉、碳运输和降低长期碳储存成本的技术，并在国际范围内推广使用这些技术，在全球范围内为推进碳捕捉和碳储存技术的发展而建立一个最有效的政策与制度框架。该论坛是一个部长级的国际组织，成员包括澳大利亚、巴西、加拿大、中国、哥伦比亚、丹麦、法国、德国、希腊、印度、意大利、日本、韩国、墨西哥、荷兰、新西兰、挪威、波兰、俄罗斯、沙特、南非、

---

① Godec. *Global Technology Roadmap for CCS in Industry*：*Sectoral Assessment CO2 Enhanced Oil Recovery*，2011.

阿联酋、英国、美国等24个国家和欧盟。①

• 全球碳捕捉与封存组织（Global CCS Institute，GCCSI），是一个独立的非盈利组织。在全球范围内通过分享碳减排知识、提出有事实依据的政策建议、为碳捕捉与碳储存技术的发展、协作和广泛适用创造更好的条件。全球碳捕捉与封存组织拥有来自40多个国家的370名成员，这些成员包括国家政府、非政府环境组织、调查团体和大学。该组织在中国、美国、澳大利亚、法国、日本设置了办公室，其成员国排放了全球80%的二氧化碳。

此外还有一些国际层面的倡议将碳捕捉与碳储存技术纳入到国际讨论之中。这些国际倡议包括《联合国气候变化框架公约》（United Nations Framework Convention on Climate Change）关于气候变化的国际协商，推进碳捕捉与碳储存技术所需的评估与发展规制，包括清洁发展机制（Clean Development Mechanisms，CDM）中的碳捕捉与碳储存技术。此外，八国集团（G8）已经成为一个讨论碳捕捉与碳储存技术议题的重要论坛。举例来说，在2010年6月，八国集团的马斯科卡宣言（Muskoka Declaration）强调了碳捕捉与碳储存技术在推动低碳经济转型中的重要作用，同时也确保在2010年建成20个大规模碳捕捉与碳储存技术示范项目，到2020年与发展中国家合作划定碳捕捉与碳储存技术的适用范围。除此之外，清洁能源部长级会议（Clean Energy Ministerial，CEM）建立起了碳捕获使用与存储（Carbon Capture Use and Storage，CCUS）组织，集中应对金融风险，支持碳捕捉与碳储存技术在发展中国家工业领域的适用。卡塔尔是《联合国气候变化框架公约》的缔约国，但并未参与八国集团的讨论或是清洁能源部长级会议。

（二）碳捕捉与碳储存技术国际合作实践

随着碳捕捉与碳储存技术示例项目的运行，一些国家已经获得了

---

① 中华人民共和国科学与技术部：《碳收集领导人论坛第四届部长级会议将于今年九月在京召开》，http：//www. most. gov. cn/kjbgz/201107/t20110722_ 88458. htm。（上网日期：2014年8月13日）

成功，这为卡塔尔和海合会国家全面掌握碳捕捉与碳存储技术提供了宝贵的借鉴经验。

1. 美国

在操作和发展的不同阶段，美国有23个大型碳捕捉与碳储存技术项目，位居世界第一。美国已经成为了与碳捕捉与碳储存技术有关的研究、发展和示范领域的领导者（RD&D）。在美国已知的大型碳捕捉与碳减排项目中最著名的一个就是肯珀县（Kemper County）整体煤气化联合循环机组（integrated gasification combined cycle，IGCC）项目。[①] 该项目于2014年正式运行，每年将会捕捉到35亿吨的二氧化碳（大约占发电厂碳排放量的65%）。另一个重要的项目是将于2015年运行的德克萨斯州的清洁能源项目，即400兆瓦整体煤气化联合循环机组项目，每年将会捕获火力发电厂排放的20亿—30亿吨二氧化碳。[②]

2. 中国

作为世界上最大的煤炭生产国和消费国，中国正系统化发展碳捕捉和碳储存技术，这将建立在强大的调研基础之上，并伴随着大规模的示范工程。碳捕捉和碳储存技术受到中国“十二五”发展规划的支持。在新的五年计划来临之际，中国对碳捕捉技术的支持率日益增长。中国已经确立了在热电站、煤炭工业、建筑部门开展碳捕捉试验项目，并制定完整的碳捕获、碳利用与碳封存示例项目的目标。这些被捕获的二氧化碳将会被用来勘察石油储量。如今，中国有12个处于不同发展阶段的碳捕捉和碳储存技术试点工程。[③]

3. 挪威

挪威是除了海湾国家之外人均油气生产最多的国家。挪威已经将

---

① 煤气化是一个热化学过程。以煤或煤焦为原料，以氧气（空气、富氧或纯氧）、水蒸气或氢气等作气化剂，在高温条件下通过化学反应将煤或煤焦中的可燃部分转化为气体燃料的过程。

② GCCSI. CCS in the United States，2013.

③ GCCSI. CCS in China，2013.

碳捕捉与碳储存技术视为其能源政策的“三支柱”之一，并建立了碳平衡经济（carbon-neutral economy）。同时宣布所有新的以天然气为主要燃料的发电厂将被要求使用碳捕捉与碳储存技术。挪威是四个大规模碳捕捉与碳储存技术项目的所在地，在挪威西部沿海的蒙斯塔（Mongstad）炼油厂建设一座全套规模的二氧化碳捕捉厂，这将成为世界上最大的碳捕捉项目之一，在2020年可进行全面的二氧化碳收集工作。①

4. 澳大利亚

澳大利亚是新兴的能源出口国。该国积极推进碳捕捉和碳储存技术的快速发展与国际协商。澳大利亚拥有全球碳捕捉和碳排放技术研究所，并运行着大量的碳捕捉和碳储存商业项目、示范项目和研究项目。其中作为澳大利亚西部最大的高庚液化天然气开发项目，每年可储存340万—410万吨的二氧化碳。②

各国政府的发展战略推动了碳捕捉和碳储存技术的发展和商业化。国际合作可以增强投资者对该技术的信心，使碳捕捉具有工业可行性，推进碳减排知识与技术的转移。在海湾国家中，沙特阿拉伯和科威特联合建立碳捕捉和碳储存技术的研究基金会。③

其他国际合作还包括欧盟和中国在应对气候变化议题上的合作。欧盟帮助中国利用碳捕捉与碳存储技术来实现火力发电厂的近零排放[near-zero emissions coal（NZEC）plants]。美国和加拿大为维本市（Weyburn-Midale）的二氧化碳监控和存储项目建立联合基金会，资金总额约为52亿美元，该项目将萨斯彻温省一座废弃油田的煤炭气化厂产生的二氧化碳进行物理填埋，为那些枯竭的石油井台起到良好的示范作用。此外，中美为发展碳捕捉与碳储存技术建立研究小组达成协议，以此作为中美清洁能源研究中心（U. S. -China Clean Energy Re-

---

① GCCSI. CCS in China，2013.

② GCCSI. CCS in Australia，2013.

③ Mouawad（2007）Political crack opens at rare OPEC meeting.

search Center，CERC）的一部分。①

四、卡塔尔进行碳捕捉与碳储存实践

在过去的几年中，卡塔尔开发了一系列碳捕捉与碳储存项目：

在2012年9月，壳牌石油、卡塔尔石油、伦敦皇家学院和卡塔尔科技公园（Qatar Science & Technology Park）之间达成了建立价值700亿美元的卡塔尔碳酸盐和碳储存研究中心（QCCSRC）的协议，形成为期十年的研究伙伴关系。这个中心有助于加强卡塔尔在碳捕捉和碳储存技术、清洁能源领域的能力，其研究团队包括40多个学术团体。

• 2012年10月，卡塔尔大学的气体处理中心展示了碳捕获和碳管理路线图，这是卡塔尔发展气候科技的里程碑事件。②

• 2012年3月，卡塔尔燃料添加剂公司（Qatar Fuel Additives Company，QAFAC）计划到2014年秋天，与三菱重工合作在届时的甲醇生产装置中安装大规模二氧化碳回收设备。

除此之外，卡塔尔制定了长达200条的规章制度来确保这些碳捕捉与碳存储工作的顺利进行。这些法律的目的之一就是“通过不同的方式来减少碳污染的影响，防止建筑业、工业、农业和经济活动对环境的破坏”。卡塔尔为减少温室气体排放作出的努力，以及碳捕捉和碳排放的技术研发都会受到这条法律的保护。

对于碳捕捉和碳储存技术的发展，卡塔尔做出的努力并非一帆风顺，而且大多是项目导向型。但卡塔尔一直在努力丰富碳捕捉和碳储存技术的专业知识，其目的在于使得卡塔尔成为海湾地区的领导者，并且推动其他海合会国家设置应对国内气候变化的政策目标。

---

① U. S. DOE. “Fact Sheet：Carbon Capture Use And Storage Action Group；Council on Foreign Relations”，*The Global Climate Change Regimem*，2013.

② Benamor and Aroussi. *Towards a Technology Roadmap for Carbon Capture and Management for Qatar*，2013.

（一）政策框架：卡塔尔的国家级碳捕捉和碳储存项目

国家级碳捕捉和碳储存技术包括以下几个因素：

• 在卡塔尔寻找碳捕捉和碳储存技术的安放点。气体处理中心研究已经采取了重要的行动，但是障碍仍然存在。

• 为发展碳捕捉和碳储存技术设置规范。卡塔尔已经为石油采收过程的碳捕捉与碳储存设置了规章制度。然而，核心障碍是长期的二氧化碳储存问题，以及由于碳泄露而造成的责任问题。解决问题的方法包括对碳捕捉和碳储存技术安放点进行透彻客观的环境评估；为工业企业应用碳捕捉与碳储存技术进行风险评估；为合理碳储存和监管设置最好的示范项目和指导方针。

• 建立一个全球性碳捕捉和碳储存项目的总结报告。例如：社会成本、碳捕捉和碳存储技术面临的挑战等，为卡塔尔发展碳捕捉和碳排放技术提供政策建议，同时还确定对卡塔尔和海合会国家的特别范例。

（二）借鉴国外经验

卡塔尔所纠结的问题在于：是否能发展一个工业规模的碳捕捉和碳储存示范项目，是否能长期负担高额成本，如何推进区碳减排合作。

卡塔尔除了积极发展运用碳捕捉和碳储存技术的能力之外，还应积极研发特殊的碳捕捉和碳储存技术，这些技术应建立在卡塔尔国内实践经验之上。天然气开采与石油气回收都适用二氧化碳的捕捉与储存。发达国家对碳捕捉与碳存储技术的使用早已走上商业化营运的道路。

应该事先获得专业知识并从国际案例中总结经验教训。从这个层面上来说，例如《联合国气候变化框架公约》在讨论清洁发展机制中，就涉及到了碳捕捉和碳储存技术，卡塔尔应采取有前瞻性的积极路径。还在“碳储存领导人论坛”（Carbon Sequestration Leadership Forum）、“全球碳捕捉和碳储存研究所”（Global CCS Institute）等综合性的论坛中，来确保与推动在碳捕捉和碳储存领域的全球性政策发展。这将会达到在全球范围内发展碳捕捉和碳储存技术的目的，这将与海湾国家碳捕捉和碳储存技术的努力息息相关。此种方法包括通过发展双边和地区的合作伙伴关系来分享经验。例如，卡塔尔可以考虑自身在全球碳捕捉和碳储存技术研究所的成员资格，以便于商业规模的碳捕捉和碳存储项目的调度。

（三）资助碳捕捉和碳储存技术的研发

支持碳捕捉和碳储存技术需要花费大量的金钱，这不仅意味着卡塔尔需要得到国际社会的支持，同时还会考虑该技术在全球层面的可行性。如上文所述，推动碳捕捉和碳储存技术商业化的前提是，需要确保碳供应充足，即不断消耗化石燃料。从这个角度来看，碳价是问题的关键。[①] 在这种情况下，卡塔尔还应考虑自己如何支持海湾国家和全球性的碳价格，这包括海合会国家在碳价博弈中所扮演的角色，同时也意味着提高碳捕捉和碳存储技术的经济适用性。

一些国家和地区有设定碳价和碳交易的经验，如欧盟，所以卡塔尔可以在与其合作的过程中来设定碳价。为了在中国的一些城市建立航空碳减排交易系统提供专业知识和帮助，欧盟正在与中国合作，并达成一个价值 2.5 亿欧元的资助协议。[②] 中国的七个航空碳减排贸易规划将会覆盖中国能源使用的 1/5，并在 2015 年投入运行。[③] 此外，一个旨在 2020 年推行中国全国范围内的航空碳减排的规划已经被设计完成。二氧化碳的交易价格有望从 2020 年的每吨 10 美元升至 2030 年的每吨 30 美元。[④]

碳价将会增加碳密集型能源的价格，但是同时也会为卡塔尔和海合会国家带来挑战。由于卡塔尔是世界上最大的天然气出口国，碳价会明确使用天然气对大气环境的好处，从而加快煤炭经济的转

---

① C2ES. *Carbon Capture and Storage: Quick Facts*, 2013.

② Keating. *EU and China Team Up on Emissions Trading*, 2012.

③ Jotza and de Boer. *China' s Short March to Energy Pricing*, 2013.

④ Garside. *IEA Sees Global Carbon Pricing Spreading with China Scheme*, 2013.

型，为卡塔尔带来经济效益。也就是说，虽然在近几年里，碳价不会太高，对全球能源需求量的影响也较小，但碳价将会引起油气价格的升高。①

除此之外，即使没有一个明确的碳价，由于一些国家制定了应对气候变化的国内政策，使得碳价处在不确定的阴影中。美国环境保护署制定二氧化碳排放费的规章制度就是一个例子。② 因此，不管明确的碳价是否会对海合会国家有利，都应冷静分析碳价带来的后果。从这个层面上来说，一个经济领域的碳价将会是最有效减少温室气体排放的方式。因为通过使边际减排成本和碳价相持平，可以有效降低碳减排成本。③ 此外，碳价还有效推动了碳捕捉和碳存储技术、提高能源利用率等清洁能源技术的发展。

第三节　海湾国家的能效计划

本节在对海湾地区能源供应紧张情况进行全面了解的基础上，讨论了卡塔尔和海合会国家对提高能源利用率的现实需要。高效能源方案的好处包括：可以获得不同类别的技术，在国际层面上吸取他国提高能源效率的经验、获取高效利用能源技术的资助。本节剖析了卡塔尔和海合会国家现有的节能方案，并总结了为提高该地区能源利用率的政策建议。

一、海湾合作委员会地区的能源紧张情况

（一）全球背景下海合会国家的能源消费结构

海湾国家是世界上能源最紧张的地区。海合会国家希望在未来的

① Bowen. *Fiscal Policy to Mitigate Climate Change*: *A Guide for Policymakers*, 2012.

② McCarthy. *EPA Standards for Greenhouse Gas Emissions from Power Plants*: *Many Questions*, *Some Answers*, 2013.

③ Metcalf. *A Proposal for a U. S. Carbon Tax Swap*, 2007.

几十年中实现人口数量、国内生产总值和能源使用的平稳增长。随着经济发展，许多海合会国家会出现国内能源消费量的显著增长，造成了能源出口量的下降。不断提高的生活水平、不断增加的能源密集型海水淡化工程都使得海合会国家面临日益复杂的能源挑战。出于经济和国内政治的原因，海合会成员国的能源价格低于国际标准，这将会减弱投资高效能源基础设施建设的经济收益。例如，卡塔尔国民免费用电，沙特阿拉伯的居民月均用量为2000千瓦，而民用电每度仅为1.3美分，工业用电为每度3.2美分。[①] 巴林拥有相对较多的油气资源，向每月用电量少于2000千瓦的住宅用户以每度0.8美分的价格收费。[②] 相比之下，美国居民用电价格平均为每度12美分，欧盟为每度25美分，中国为每度9美分，巴西为每度28美分，南非为每度8美分。

能源与电力价格较低造成了海湾国家大幅增加能源需求量，并且鼓励对长期低效运行的基础设施进行重复投资。在许多情况下，对低效运输、建筑和工业设施的投资导致了连锁效应，使得缓解能源紧张和提高能源利用率的努力步履维艰。卡塔尔、阿联酋、科威特和巴林是世界人均二氧化碳排放量最高的国家。[③] 卡塔尔的经济是由每人每年排放大约42吨的二氧化碳促成的，这是世界平均水平（4.6吨）的近十倍。

（二）改变能源消费格局

然而，包括海合会国家在内的世界上许多国家，都投资研发可替代能源、提高能源利用率，以及开采页岩气等非传统资源。天然气消费量的增加为提高能源利用率带来了新的契机，以高效的天然气锅炉替换燃煤锅炉，民居供暖、制冷和热水系统也可以直接使用天然气，

---

① Saudi Electricity Company，2008.

② *Kingdom of Bahrain Electricity & Water Authority*，2011.

③ 中国天气网：《海湾国家：爱黑油更爱“绿屋”》，http：//www.weather.com.cn/khd/tqxw/11/1739785.shtml。（上网日期：2014年8月14日）

这些对能源循环利用具有重大的意义。

二、能源增效措施的收益

（一）技术

新技术、非传统资源、不断增强的能源与环境政策、新的运输方式将很有可能使能源市场中的竞争更加激烈。提高能源利用率有助于减少能源进口，同时最大化燃料出口，增强国际能源的稳定供应，同时有助于减轻工业品成本以及消费者所承担的能源消费支出。除此之外，能源增效措施有助于减少40%的全球温室气体排放，这可以实现每吨二氧化碳排放成本低于80美元的目标。①

（二）投资

在许多情况下，为了提高能源利用率，在建筑业、工业和交通运输业上的投资都能带来经济效益，其他此类投资都有短期回报（见表4－4）。十年期的年回报率从30%逐步增加到100%以上。因为在资本存量的生命周期里，燃料费用的节省往往大于其他类型的成本增效措施，所以即使是长期的投资也是有利可图的。例如，技术咨询公司麦肯锡（McKinsey）预计从2008年到2020年，每年投资1700亿美元将会提高全球能源需求的增长，这些投资将得到平均17%的内部收益率。每一项投资还将产生至少平均10%的内部收益率。② 当新的工厂或建筑被设计、建造时，能源增效措施将最为物超所值。③ 然而，能源增效措施仍然面临诸多障碍，这些障碍使得分散在各地的收益难以聚拢起来，难以具体量化，扭曲市场价格（包括由于津贴引起的价格变形）及其他不良后果情况。

---

① Bouton et al.，eds. *Energy Efficiency*：*A Compelling Global Resource*，2010.

② Farrell and Remes. *How the World Should Invest in Energy Efficiency*，2008..

③ *OECD Green Growth Studies*，2010.

表4－4　在发展中国家的119个研究项目的内部收益率　（单位：%）

部门	收益年限	3年内部收益率	4年内部收益率	5年内部收益率	10年内部收益率
汽车/汽配	1.93	26	37	43	51
水泥/制陶	2.19	18	29	36	45
化工	2.90	2	14	21	32
装备制造	2.10	20	32	38	47
食品/饮料	1.10	74	83	87	91
钢铁	1.50	45	55	60	66
造纸	0.90	96	105	108	111

数据来源：Alcorta，Ludovico，*Return on Investment from Industrial Energy Efficiency*：*Evidence from Developing Countries*，2012，Fondazione Eni Enrico Mattei Report，p. 3。

收益年限是指投资开始获得收益的年限；因此，节省成本是纯收益。评价投资的方法是人均回报率，主要展示在内部收益率一栏，对能效技术的投资通常会有丰厚回报。

在最近能源增效技术的发展中，像发光二极管和高效的发电机技术增大了投资的利润空间，同时抬升了原本较低的能源价格。一旦投资回报面临掣肘，政府可以采取措施来扫清障碍。当然，整体而言，技术解决方案的最低要求是必须为社会和国家减少开支。海合会每一个成员国有着独特的社会、政治和文化，如此一来，每个国家的解决方案都不一样。但这些方案如果与国家政策相结合，就会变得更有效。

三、困境与应对：能源增效实践的国际经验

对提高能源效率的投资将会变得非常有利可图，因为这些投资将会通过减少能源成本而为企业或私人省钱。然而，由于很多能源增效措施还未能完全克服外部障碍。因此，很多能源增效项目一直处于低收益状态，在此梳理这些障碍及其应对策略。

（一）能源补贴造成的市场价格扭曲

能源补贴扭曲了私人投资者的损益计算，因此一个最大的障碍就

是投资效率问题。海湾国家发放能源补贴的初衷大多出于好心，如保护消费者、帮助低收入者使用能源、削弱国际能源价格波动带来的不利影响、控制通货膨胀、给民众分享资源福利和扶助国内能源产业等。然而，最近的国际讨论议题逐渐聚焦在能源补贴的成本问题上。许多国际组织，如国际货币基金组织（IMF）、世界银行（WB）、联合国开发计划署（UNDP）调查了一些社会津贴的发放情况，发现这加剧了财政失衡，压缩了本应优先考虑的公共教育和医疗卫生开支，扭曲了市场能源价格信号和资源分配。① 通过人为推进资本密集型产业，不仅阻碍了在可再生能源和提高能源效能领域的投资，还增大了能源消耗，造成环境污染，造成社会财富越来越多地集中在高收入家庭，社会贫富差距进一步拉大，公平与正义荡然无存。发放能源补贴的直接后果是鼓励人们继续低效消耗能源，造成额外的温室气体排放。世界货币基金组织估计若取消年近超过5000亿美元的能源补贴政策，将在以往的水平下减少13%的全球温室气体排放，到2050年将减排42亿吨二氧化碳。②

鉴于能源补贴带来的各种负面影响，如今国际社会正做出巨大努力，力求在国家层面上减少能源补贴。③ 在2009年匹兹堡20国峰会上建立责任机制来逐步停止对低效能源的补贴，同时G20领导人也在圣彼得堡峰会上，对化石燃料补贴的同行评议达成了一致意见。沙特阿拉伯的经济规划部长穆罕默·德贾瑟尔（Mohammed al-Jasser）在利雅得的欧洲货币会议上发表声明："这些补贴不断扭曲沙特的经济，也正是沙特政府急于解决的问题。"④ 2013年6月30日，拉脱维亚内阁部长通过一个大幅减少天然气发电厂补贴的修正案。⑤ 土耳其、亚美尼亚、

① IMF. *Energy Subsidies in the Middle East and North Africa*: *Lessons for Reform*, 2013.

② IMF. *Energy Subsidy Reform*: *Lessons and Implications*, 2013.

③ Vagliasindi. *Implementing Energy Subsidy Reforms*: *Evidence from Developing Countries*. 2012.

④ Peel. *Subsidies 'distort' Saudi Arabia Economy Says Economy Minister*, 2013.

⑤ The Baltic Times. *Energy Subsidies to Be Cut*, 2013.

菲律宾、巴西、智利、秘鲁、伊朗、南非、肯尼亚和乌干达等国家都将试图对能源补贴政策进行改革。

中东和北非（MENA）地区占据了全球税前能源补贴的 50%。2011 年，能源补贴占到该地区 GDP 的 8.5% 以上，以及政府收入的 22%。在 2010 年科威特、卡塔尔、沙特阿拉伯和阿拉伯联合酋长国的政府支出中，能源补贴分别占据 15.10%、15.39%、31.99% 和 28.11%。[①] 这四个国家有着世界上最高的人均能源补贴：阿拉伯联合酋长国为每年人均 4172 美元；科威特为每年人均 3129 美元；卡塔尔为每年人均 2622 美元；沙特阿拉伯为每年人均 2291 美元。[②] 在亚洲新兴市场国家发放的能源补贴占全球的 20%，它们共占地区 GDP 的近 1% 和政府收入的 4%。[③]

（二）能源增效的非市场性障碍

即使在没有能源补贴的市场环境下，还有一些能提高能源效率的机遇尚待发现。尽管提高能效在削减能源需求和减少温室气体排放上扮演着重要的角色，但有时候还是会出现能源效率缺口（energy-efficiency gap），也就是人们所称的“能源悖论”。在较低的生命周期成本下，节能技术的扩散速度比人们预想的要慢，其经济成本优势难以完全显示出来。有时这些差异的出现是由于节能信息传播不畅、制度障碍、技术融资乏力等原因，各国政府采取了了专项预算、强制性标准、示范项目、税费减免等应对措施。以下就是各国采取的一些应对策略。

1. 自愿信息化倡议

该政策的实施需要提供节能信息并鼓励消费者减少碳排放，包括觉醒运动（awareness campaigns）、节能标识（labeling）与节能培训项目。节能标识倡议包括对低碳产品进行自愿贴标，以增强消费者的环

---

① Espinoza. *Government Spending, Subsidies and Economic Efficiency in the GCC*, 2013.

② McLure. *Reforming Subsidies for Fossil Fuel Consumption: Killing Several Birds with One Stone*, 2013.

③ IMF. *Energy Subsidy Reform——Lessons and Implications*, 2013.

保知识，增大市场需求。例如，美国的能源之星（Energy Star program）计划就标识了高能效的产品和建筑物，这些都是为了减少能源消耗，提高能源的安全性和减少污染，同时建立示范工程。

2. 最低能效标准（Minimum energy performance standards）

推广自愿标识的目标就是建立一个最低能效标准。此标准针对家用电器、设备器材、交通工具和其他技术。西方国家几十年的经验证明：建立最低能效标注不仅可行，而且成本相对较低，随着碳减排技术的发展，终究会重新回顾并提高该能效标准。因此，它会随着时间推移而实现巨大收益，如今，这些最低能效标准在发展中国家被广泛使用。例如，在2000年，加纳的电器能效标识和标准程序（Electrical Appliance Labeling and Standards Program，GEALSP）与加纳能源基金会（一个半官方社会组织）合作，在撒哈拉以南非洲地区设立第一个最低能效标准。加纳第一个实施了室内空调最低能效标识——这是在撒哈拉以南非洲的第一个最低能效标准。这是因为加纳是撒哈拉以南非洲用电量最多的国家和新兴的空调市场。未来30年，预计加纳的室内空调最低能效标准每年能节约640亿美元，并减少了280万吨二氧化碳的排放。2005年，加纳为紧凑型荧光灯建立了最低能效标准，并为空调和照明设立了能效标识。①

3. 建筑物能源效益守则（Building energy codes）

建筑物能源效益守则是建筑设计及其合规施工的法定要求，为新建筑物和改变现有建筑物而执行的能源效益守则成效显著。② 这能够缓解长期使用能源的经济压力，并减少潜在的建筑物碳排放。例如，中国的天津已经建立了居民住宅建筑物能源效率守则，并要求使用节能建筑技术。自从1997年该守则施行以来，在5—11年的回报期已经实

---

① CLASP. *Standards and Labels Success Story*: *Ghana*, 2013.

② 香港机电工程署：《建筑物能源效益条例》，http：//www.beeo.emsd.gov.hk/tc/mibec_beeo.html。（上网日期：2014年8月11日）

现了100%回报率的承诺。①

4. 指定用户规定（Regulations for designated consumers）

指定用户规定是政府为了使大量的能源消费者采取措施来理解、监管和计划自己的能源使用而采取的措施。指定用户规定的强制性工作还包括：能源审计、能源消耗报告、任命能源经理和建立节能计划等。2001年的印度能源大会法案（Energy Conservation Act of 2001）进行了能源审计和消费报告，并为9个经济部门——电力、化肥、钢铁、水泥、纸浆和造纸、铝、氯碱、纺织品，以及铁路任命了能源经理。②

5. 对公共部门的规定（Regulations in the public sector）

政府可以对公共部门建立信用机制，提高人们的能效意识，同时建立制度让人们理解和管理能效项目。一系列可行的、短期的、收益好的规定会节约政府资源，这对双方都有好处。例如，乌拉圭强制公共部门逐步淘汰白炽灯；与此同时，墨西哥也要求建立政府能源计划和能效报告。

（三）对节能减排的资助

高额的预付资本、信息费用和发展规模是吸引能效投资的主要障碍。许多国家采取了金融和财政的方案来克服这些障碍。这些方案包括提供专项补贴、能源管理合同（energy performance contracting）、国债或市政公债、商业贷款、对住宅的退税计划、商业性能效管理、节能义务、节能债券、税收优惠或抵押贷款利率、账单融资项目、随付随省机制（pay as you save）、担保基金、绿色银行和气候基金。具体政策如下所示。

1. 地方或公共事务能效计划（Local-or utility-scale efficiency programs）

在美国52个州和51个地方政府的能源效率项目正在实施当中，同

---

① Energy Sector Management Assistance Program. *Good Practices in City Energy Efficiency: Tianjin, China - Enforcement of Residential Building Energy Efficiency Codes*, 2011.

② World Energy Council. *Energy Efficiency: A Recipe for Success*, 2010.

时还有 103 个为家庭和企业服务领域提供资助的项目。[①]

2. 国家层面的资助

中国在第 12 个五年计划中（2011—2015 年），在关键的能源效率和减排项目中投资了 3865.8 亿美元。[②] 每年节能超过 5000 吨煤当量（吨标煤约 1500 万千瓦时）的节能项目都会得到政府奖励。[③] 除此之外，中国能源效率项目的银行贷款能得到利率优惠。而且，中国政府推进的“绿色信用”（green credit）项目引领着银行为能源服务公司（energy service companies）创造新金融产品，如从节能项目中得到远期收益。[④]

3. 对节能科研的资助

在巴西，要求公共事业部门将其收入的 0.5% 用于节能项目的研发。自从 2008 年，他们在此类公共事务上总共投资了 3.784 亿美元，包括增强节能意识的活动。巴西国家开发银行（Banco Nacional de Desenvolvimento Econômico e Social）将能源效率信用额度（energy efficiency credit line）设为年利率 14%，在 2011 年大约 1650 万美元被用于节能科研投资。

4. 税收优惠

在南非，所得税法案允许绿地项目（Greenfield）获得高达 55% 额外的折旧津贴，目前已经超过 1942 万美元，其中之一是建立能效等级标准。这为能源效率缴税者减少了税费负担，并更多关注可再生能源。除此之外，还有包括一般资产折旧津贴在内的其他税收补贴，这不仅

---

① Palmer et al. *Borrowing to Save Energy: An Assessment of Energy-Efficiency Financing Programs*, 2012.

② The Central People’s Government of the People’s Republic of China. *State Council on the Issuance of Energy Conservation*, 2012.

③ International Partnership for Energy Efficiency Cooperation. *Energy Efficiency Report: Brazil*, 2012.

④ National Development and Reform Commission of the People’s Republic of China. *National Development and Reform Commission to Intensify its Efforts to Ensure the Realization of 2013 Emission Reduction Targets Task Notification*, 2013.

仅适用于能源服务公司，还将适用于所有符合节能要求的企业。除此之外，南非政府将于2014年对直接排放二氧化碳每吨征收11.65美元。直到2020年，每年将增加10%，从而为节能项目带来物质刺激。[①]

5. 多边援助提供低成本融资

在2013年早期，美洲开发银行（Inter-American Development Bank）同意建立能效融资机制，为在拉丁美洲和加勒比地区投资节能以及可再生能源项目（self-supply renewable energy projects）的企业提供经济援助。[②] 在2013年3月，金砖五国（巴西、俄罗斯、印度、中国和南非）的发展银行——巴西国家开发银行（BNDES）、俄罗斯银行发展和外国经济事务部、印度进出口银行、中国国家开发银行、南部非洲开发银行一致同意资助与可持续性和低碳经济相关的项目，包括在可再生能源和节能领域的投资。

四、海湾国家能效政策的施行

许多海合会国家已经认可了节能减排的重要作用，在这方面进行了持续的投资，但在能效预算和标准方面仍存有缺陷。值得注意的是，海合会国家已经开始调查和执行专注于提高能效的政策。

卡塔尔的《2030年愿景》（Vision 2030）和《卡塔尔国家发展战略2011—2016》（Qatar National Development Strategy 2011 - 2016）旨在通过提高节能意识、节能标准化和季节性停工，来减少由于电力过度消耗带来的能源紧张。该政策旨在到2016年时能减少7%的电力产生。[③] 2011年12月，卡塔尔强制实现绿色建筑能效标准以及《建筑指南》。成立于2009年的卡塔尔绿色建筑委员会（Green Building Council），致

---

① Industrial Development Corporation. *Developing a Vibrant ESCO Market-Prospects for South Africa' s Energy Efficiency Future*, 2012.

② IDB. *IDB Approves $50 Million Energy Efficiency Finance Facility*, 2013.

③ Qatar General Secretariat for Development Planning. *Qatar National Development Strategy 2011 - 2016: Towards Qatar National Vision 2030*, 2011.

力于传播绿色生活理念以及绿色建筑的相关讯息。

在工业领域，埃克森美孚公司与卡塔尔石油公司合作，从而对该地区液化天然气动力火车和阿勒卡利杰（Al Khaleej）天然气发电厂进行全面调研，这样有助于监管行政执法，把握对高排放企业进行节能改造的机会。埃克森美孚公司与卡塔尔石油公司还合作研发 Q-Max 型和 Q-Flex 型超大型液化天然气船、① 液化天然气设施和远程气体检测。坐落在卡塔尔科技公园的雪佛龙公司可持续能源效率中心（Center for Sustainable Energy Efficiency，CSEE），成立于2011 年3 月，旨在支持卡塔尔的可持续发展战略，其游客中心包括节能照明和光电技术的培训和示范。卡塔尔也试图在2008—2016 年间推广节能，以求减少一半的碳排放量。自从 2009 年以来，在卡塔尔拉斯拉法（Ras Laffan）价值10 亿美元的港口蒸发气体回收项目（Jetty Boil-Off Gas Recovery Project)，已经从2009 年起，减少了液化天气站内65%的空燃天然气。除此之外，德克萨斯州农工大学（Texas A&M University）在卡塔尔发起“可持续利用能源和水资源”（Energy and Water Utilization Initiative）倡议，努力改进海水淡化技术和增强公众可持续使用能源的意识。

1. 沙特阿拉伯

2010 年，沙特阿拉伯政府建立沙特能效中心（Saudi Energy Efficiency Center，SEEC）实施审计、贷款管理、调控、教育等措施来减少能源的使用。如今沙特正在研发强制性节能计划，并设置节能目标。沙特阿拉伯的水与电力部建立了节能事业处来制定一个全面的节能计划。此计划专注于增强能源使用者和普通民众的节能意识。同时与沙特电力公司一起合作开展节能和贷款管理计划。这个部门使全国的电

---

① 常规 LNG 船的舱容一般在 12 万立方米上下，船长不超过 300 米，而 Q-Flex 型LNG 船的设计承载能力是21.733 万立方米，船长则达到315 米，世界上大约2/3 的液化天然气终端站可以供这种类型的 LNG 船使用；Q-Max 型 LNG 船的承载能力比 Q-Flex 型还要大，达到26.6 万立方米，船长345 米，世界上约一半的液化天然气终端站可以接收这类船型，它是目前世界上最大的 LNG 船。

力使用日趋合理化，并利用限制电力培养消费者的节电意识，沙特阿拉伯的工业部门也在坚持节能标准。2011 年沙特阿美石油公司的能源管理项目（Aramco's energy management program）节约的能源约占该公司年能耗量的 3.5%，合每天 1 万桶油当量。沙特经济和计划部部长穆罕默德·阿拉·贾瑟尔（Mohammed Al-Jasser）提出了重新审视电力津贴的呼吁。

2. 阿拉伯联合酋长国

2011 年，阿联酋《国家能源效率和保护计划》制定了强制性能效管理办法，通过大量宣传活动和能源标识系统来提高住宅区的节能效果。阿联酋继续投资节能项目，如在阿尔其赛斯（Al Qusais）的迪拜屠宰场、艾尔凯兹公墓、阿拉法赫迪市场等的太阳能热水系统等。此外，阿联酋石油部长苏海勒·本·默罕默德·艾尔·马兹鲁伊（Suhail bin Mohammed Al Mazroue）已经呼吁建立更严格的建筑物能效准则，强制性的家用电器能效标识，实行更高的交通工具能效标准，对水资源和海水淡化投资的战略性管理，迪拜预计到 2030 年将减少 30% 的能源需求。

3. 科威特

在科威特能源和效率大会上，由水电部门和科威特国家石油公司支持，科威特开始制定国家能效战略路线图。

4. 阿曼、巴林和卡塔尔

这些国家的节能措施还处于初始阶段，目前没有显著的成就。

海合会各国拥有大量的多边和地区性研究机构。这些机构致力于支持和推进节能减排等相关研究。其中值得注意的是海湾合作委员会国家互连权威（GCC Interconnection Authority，GCCIA）。这是由海湾合作委员六个成员国一致同意建立的联合股份公司，旨在通过控制海合会六国与其他地区的电力交易，成为节能市场的领导者。

五、政策建议及决策路径

尽管由于市场扭曲或是其他非经济性障碍导致节能政策的社会与

经济效应还未充分体现出来，但是节能减排已成为社会共识。全球节能实践累积了大量的经验教训，并有可能被运用到卡塔尔和海合会国家节能减排的努力之中。在此将通过政策领域为这些经验选择提供整体建议，并讨论一些有效的技术选择。

（一）节能政策路径的总体规划

节能的政策路径体现在三个方面：

1. 信息和交流措施

专注于为消费者和私人部门提供透明信息，促其进行更合理的决策。无论是政府还是公私合作组织实施该项目，都包括能源标识计划、公共意识、信息化运动。

2. 建章立制

鼓励设置节能标准。这些规定能以最低成本淘汰低效技术，从而提高现代化科技水平，节约商业营运资本。同时，随着节能技术的不断改进，可进一步增强其说服力，节能领域的建章立制包括：设置最低的节能标准、家用电器能效标识、为新建筑物和现存基础设施而设置的绿色建筑守则。

3. 发挥市场的条件作用

为了稳定宏观经济和社会发展，需要辅助实施一些政策以更好地纠正被扭曲的价格信号。一是使价格合理化。价格包括能源价格和消费者、工厂购买能源的花费，这个目标与全面减少全球化石燃料补贴的步骤相一致。二是将市场外部性因素纳入能源消费的成本评估体系。例如，通过征收碳税、进行总量管制、设置碳排放交易类型，使得市场价格合理化。

在此，应考虑将上述政策措施用于海合会国家节能方案的可行性，并非所有的政策选择在所有的国家都能够实施。但是考虑到海湾地区的特殊情况，有一些地方还需进一步加强。①

---

① Ebinger et al. *Options for Low Carbon Development in Countries of the Gulf Cooperation Council*, 2011.

（二）效率措施

1. 低耗能建筑

海合会国家正在快速建造住宅和商业区，这些建筑是能源消费大户，尤其是在烹饪领域。在科威特、沙特阿拉伯和巴林的住宅用电量超过了全国电力消费的50%；在阿拉伯联合酋长国则超过了40%，这为提高建筑物节能提供了巨大机遇。例如可通过以下措施进行节能：

（1）为新建筑物建立建筑节能守则或标准。

（2）改进建筑的节能设施。

（3）建立低耗能改进措施。保守型措施包括：自然通风、蒸发冷却、保温、太阳能控制。积极措施包括：机械通风等。

（4）设计新的低耗能城镇和工业群。

绿色建筑的主要内容包括：对高效节能的建筑材料建立评分系统和认定评估程序，例如美国建设低能节能建筑的一个必经阶段就是鼓励私营部门对最佳的实践方案做出理性抉择，该阶段多采取英国的建筑研究所环境评估法（BREEAM）。在海合会国家，由卡塔尔最大的房地产开发商之一——Barwa Real Estate Group 和卡塔尔戴尔研究所创建的卡塔尔可持续性评估系统（Qatar Sustainability Assessment System，QSAS）为针对建筑物节能项目提供了制度模板。卡塔尔可持续性评估系统为评定建筑物的可持续性和节能性而积极吸取国际经验，制定了一个建筑业认证体系，以及建筑业专业人员的培训计划，2011 年，一些卡塔尔可持续性评估系统的标准被纳入到卡塔尔的国内法规中。此外，阿联酋通过了为建筑业强制性设置能效目标的“阿联酋绿色建筑条例的珍珠评级系统”（Estidama Pearl Rating System），这是一个仿照美国 LEED（Leadership in Energy and Environmental Design）的绿色建筑评估五级系统模型。从 2010 年 9 月起，所有阿布扎比酋长国的建筑项目都必须满足最低评级（“1 - pearl”）要求，所有的政府建筑都必须满足第二等级要求（“2 - pearl”）。此类项目标准可以被所有的海合会成员国纳入本国相关绿色建筑管理法规体系当中。

2. 家用电器和工业设备

提高家用电器、制造业装备和其他技术设备的能效，可以由颁布强制性最低能效标准和企业自愿标注“节能达标”产品等方式来实现。当消费者希望得到能耗情况文件和其他竞争产品的节能方式时，评级和标识项目可以提供相关信息。为此，海合会国家组织了许多相关活动。这些活动为制定建筑物和家用电器的更高节能标准打下基础。例如，沙特阿拉伯标准组织（Saudi Arabian Standards Organization，SASO）负责为沙特阿拉伯国内家用电器能效标识项目进行标准设定，同时强制性要求家电制造企业执行家用电器节能标准。阿联酋标准计量局（Emirates Authority for Standardization and Metrology）为空调的使用建立了能效评估系统，根据划定的星级来评定节能水平，五星为最节能，一星为最耗能。那些连最低标准都没达到的空调将被禁止在阿联酋销售。2013 年，该能效评估系统被扩大到冰箱、制冷器、洗衣机行业。可以说，海合会国家推动能效评级系统将会是全面提高地区能源效率的重要一步。

3. 将能源效率作为节能研发项目的一部分

海湾合作委员会的许多国家有一个既定的目标，就是通过建立教育中心和知识产业来使本国经济不再依赖油气和石化产品，从而实现经济多元化。卡塔尔自然技术公园，阿联酋 Masdar“零碳城”和许多地区大学的技术部门等现存海湾合作委员会能效研究机构，使适应海湾地区特色的系统性节能技术研究成为可能，这些研究内容包括催化剂、润滑剂、太阳能电池板、储氢、低碳建筑物的优化设计等。海合会国家有可能为区域内节能技术的发展提供基础，并起到示范作用，这也为卡塔尔建立公私研发伙伴关系带来机遇，例如雪佛龙和卡塔尔科技中心公园已合作创建可持续能效中心。此中心致力于研究光伏、制冷和太阳能技术，这些技术能够适应中东地区的气候环境，是卡塔尔进一步发展公私合作研发节能技术伙伴关系的起点，同时也为其他海湾国家提供了借鉴模式。

4. 能源价格改革

通过一系列更广泛的市场能源价格和减少能源补贴政策，将逐步提高海湾国家的能源利用率。同时，长期对碳排放征税，将为节能减排技术提供了额外的财力支持。众所周知，能源价格改革必然会带来政治挑战，为了防止激进改革带来的消极影响，因此采取暂时不完全实施市场定价的折中方式较为可行。这些措施包括：

（1）分阶段增加终端用户的能源价格。

（2）对能源价格的上涨进行征税以支持能效改革。

（3）对不同消费群体进行区别定价。

（4）建立对弱势经济产业的补偿机制。

考虑到海合会国家能源和水资源使用之间的内在关系，任何电力价格改革政策都必须把水资源供应和对海水淡化工厂的依赖性信任纳入决策过程。在进行任何大规模的能源改革之前，海合会国家都在调研改变能源价格结构所造成的后果，包括逐步取消能源补贴带来的影响和其他以市场为基础的政策调整。

5. 能源产业的公私伙伴合作关系

海合会国家的能源部门全球化程度很高。就提高能效所带来的收益而言，在私人企业（跨国公司）、工业部门和政府之间的合作将具有重要意义。海湾地区大部分的能源消耗集中在油气产品的生产过程，以及其他碳密集型工业。即使没有明确的制度要求，能效项目可以在很大程度上节约能源。例如，企业出售节约下来的能源及设备可以推进能源减排领域的多边合作，并执行能效测算和管理。例如海合会国家主要的外国投资商埃克森美孚，已经研发了全球能源管理系统（Global Energy Management System，GEMS），其设置了200个最佳能效方式，用于来自石化和炼化领域生产装置、主要设备和能效系统。总体来说，从2007年至今，海合会国家石化产品生产能效以平均每年2%的速度提升。在2008年，埃克森美孚公布了能源绩效管理指南（Energy Performance Management Guide），旨在使员工掌握更有效的技术和管理技能。尽管大型石油公司针对石化产品部门使用了许多能效指标和操作指南，其中一些效率管理系统、数据采集技术和、分析方法也可被其他部门所采用，例如目前仍处于政府管理的电力生产。

6. 建立政府能效监管机构

海合会国家考虑在现存的政府能源机构之下，组建受政府控制的能效监管权威机构。该机构通过技能培训来管理国内能效项目、推进公私合作伙伴关系以及能力建设，并负责海合会成员国的内部合作。如果一切顺利，能效监管机构所扮演的角色，将包括监管和分析水资源的使用情况——其中又包括对分配和海水淡化系统的检查。海湾地区还有一些专业能效监管组织。例如，沙特阿拉伯的国家能源效率项目（National Energy Efficiency Program，NEEP）正在研究沙特阿拉伯实施节能方案的可能性，并且设定了到2030年缓解能源紧张的工作目标。从全球视角来看，印度建立了能源效率局（Bureau of Energy Efficiency），这可以被当作是一个成功的典范。

7. 实用导向的能效项目

由于公共事业与消费者有着更紧密的联系，因此具有实施能效改革的潜力，这将有利于提高住宅和商业建筑的能源利用率。而且，节能本身就是一个重要的公共事业系统资源，可以减少温室气体排放，为客户节省开支并带来新的工作岗位。海合会国家的公共事业可以通过技术支持来推动节能项目的研发，鼓励更高效节能设备的升级，审计建筑能效是否达标，鼓励减少高峰期的用电负荷。智能电网通过收集电力使用信息、管理需求、电力负载等，来改善公共事业部门的能源使用状况。但是，发挥智能电网优势，需要精细的项目设计和严格的执行力，以及有针对性的资本投资。例如，在美国44个州里，都有大规模的、以消费者为导向的电力节能计划，其2011年的项目预算超过68亿美元。[①]

8. 新能源管理技术

所有海合会国家的能效部门都在努力发展更新、更智能的技术来实现高效利用能源的目标。例如，以创新为基础的信息和通信技术（information and communication technology，ICT），包括ICT基础设施和设备，ICT推动的建筑和施工、交通、能源管理等，这可以极大地节约能源。例如，孟买建立中央交通管理控制中心以监管253个交叉路口的交通控制系统，使得该城的平均交通时间减少了12%、能源使用量减少了85%。[②] 计算机建筑管理系统（computerized building management system，BMS）管理和运营着不同的设备（通常是空调、加热、冷却、通风、照明、维护管理、安全和消防系统等），从而可以节省10%—40%的能源，这相当于一座普通建筑所使用的能量。[③]

信息和通信技术引领着能源基础设施的改革，能源供应和需求处在不断变化之中。例如，2012年全球插电式电动汽车的数量为12万台，到2020年，全球电动汽车销量预计将达到每年380万。[④] 公用事业正在寻找“需求回应技术”来推动消费市场进入低耗能时代，因为太阳能和风能的供应时续时断。除此之外，智能电网和智能网络产生大量的数据，例如一个电力分配公司每天4次、每次15分，收集总量为35 GB的数据。[⑤] 预计到2016年，全球6.027亿人将使用智能电表，[⑥] 城市可以利用成熟的云计算和数据管理技术，使用大量来自公共和私人的实时数据，来进行监控、测量、分析、报告能源生产情况，并能够大规模分配能源。

---

① Institute for Electric Efficiency. *Summary of Ratepayer-Funded Electric Efficiency Impacts, Budgets, and Expenditures*, 2012.

② Aoun. *The Smart City Cornerstone: Urban Efficiency*, 2013.

③ Kramers and Svane. *ICT Applications for Energy Efficiency in Buildings*, 2011.

④ McCue. *Worldwide Electric Vehicle Sales to Reach 3.8 Million Annually by 2020*, 2013.

⑤ Feblowitz. *Unleashing the Power of Big Data and Analytics for the Utility Industry*, 2012.

⑥ Devonshire. *Global Smart Meter Base to Reach 602.7m by 2016*, 2011.

第四节　海湾国家可替代能源的发展

考虑到全球能源需求和国际社会为减少温室气体排放所做出的努力，本节对全球可替代能源的需求做出了评估，概述了海合会国家引进可替代能源技术的实践和成就。

一、海湾国家发展可替代能源的状况

在未来的几十年中，海合会地区将会频繁地进行大规模经济活动。国内经济的高速增长有可能使许多海合会国家成为能源消费大国，同时减少了能源出口。生活水平的提高和增加对能源密集型海水淡化工厂的依赖，使得海湾国家的能源安全形势变得更为复杂。此外，民用天然气保障供应着海湾国家的电力需求，然而此需求已经超过了一些海合会国家的供应能力，并且在接下来的十年中年均提高7%—8%。①

除此之外，不断增加的化石能源消费危害海湾地区和全球的环境。由于现存的工业结构和能源消费模式过于落后，使得卡塔尔、阿拉伯联合酋长国、科威特和巴林在世界上的人均二氧化碳排放量排名最高。同时，世界上许多地区正在投资可替代能源和节能设施，同时也在大规模开发页岩气，国际社会对低碳排放能源产品的需求将有可能使海合会成员国在能源市场上的竞争变得更加激烈。

（一）可替代能源的优势

与传统能源相比，可替代能源具备如下优势：

• 可替代能源比化石能源更清洁，排放的烟尘、二氧化硫较少，这有助于维护公众健康和改善当地的大气环境。

• 例如使用风能和太阳能等一些可替代能源的过程并不需要水资源，因此不会污染水资源或造成水资源稀缺。

---

① The Economist. The GCC in 2020：Resources for the Future，2010.

• 可再生能源能改善气候：通过可再生能源的生命周期，包括制造、安装、操作和维护、拆除和淘汰落后产能，能大幅减少温室气体（GHG）的排放。[①]

• 可再生能源对经济多元化和在生产、安装、维护和其他维度的供应链中做出了贡献。

• 尽管海湾国家拥有丰富的化石资源，可再生能源的来源几乎取之不尽，可以为海湾国家减少化石燃料的消耗，提高油气的出口额，从而使油气的供给量稳步提升。

（二）海合会国家的可替代能源技术

尽管全球都在研发多种可替代能源，但海合会国家具备一些地理和经济上的优势，来为一些可替代能源技术的研发提供机遇。

1. 太阳能

根据每年的光照（根据太阳强度来调整光照小时），海湾地区聚集着世界上最强的太阳能量。该地区的平均全球太阳能辐射（GSR，可通过光电管获得）每天可达到每平方米 6 千瓦时的能量。在每天正常的光照条件下，估计可集中使用的太阳能为每平方米 4.5 千瓦时。这些数据表明：一片覆盖着 20% 能效光伏发电板（PVs）的大约 1000 平方千米土地（大约是海合会地区 0.2% 的土地），每年可能产生 438 太千瓦时的能量（TWh），这是大约整个海湾地区的电力需求。[②] 海合会的最高能量需求集中在 8 月和 9 月的白天，因为这个时候空调的使用量是最多，当然也是该地区太阳能资源最丰富的时候。

2. 风能

海湾地区的风能很丰富，尤其是在海岸和海湾地区。每年超过

---

① 海湾国家的天然气发电站的碳排放量为 469 克/千瓦时，而风能的碳排放量为 12 克/千瓦时，太阳能为 22 克/千瓦时，光伏电板为 46 克/千瓦时。IPCC，Renewable Energy Sources and Climate Change Mitigation，2011。

② Alnaser. *Solar and Wind Energy Potential in GCC Countries and Some Related Projects*, 2009.

1400 小时刮风的国家被认为拥有重要的经济风能。沙特阿拉伯每年有记录的完整风荷载达到 1789 个小时。[①] 沙特阿拉伯气象和环境的数据显示：从 11 月到来年 2 月的 4 个月里，在整个海湾地区存在着巨大的潜在风能，平均风速为 5. 39 米/秒、7. 27 米/秒、7. 35 米/秒、6. 26 米/秒。[②] 然而，要大力发展风能，还需要更多的数据支撑，并制定海上风力资源开发规划。

3. 生物燃料

海湾地区也有潜在的藻类生物燃料。其庞大的非耕种土地，绵长的海岸线和常年高强度太阳能辐射为藻类的生长创造了理想的环境。现有的一些基础设施和人力资源，如炼油厂、电厂、海水淡化厂、污水和废水处理厂为碳捕捉、盐再利用和藻类生物燃料行业用水提供了保障。此外，国际能源机构估计到 2050 年，生物能源将会占据燃料供应的 30%。随着海湾合作委员会建立起世界一流的航空枢纽和旅游胜地，当这一切都完成时，生物能源可以为该地区带来巨大的经济利益并起到减排作用。

并非所有的技术都适用于海湾地区。而且，各国的能源政策和工业设施不同，这也意味着是否发展可再生能源将会因国家而异。然而，海湾地区作为一个整体，所显现出来的一些特征阻碍了可再生能源的更快发展。例如，因化石燃料补贴而造成的能源价格扭曲、可再生能源的公共物品性质所造成的市场失灵、信息不足、交易成本高、国际贸易和投资壁垒等。因为这些问题已经成为了全球性议题，所以其他国家尝试建立多套政策来推进可再生能源，其中的一些经验教训可适用于海湾合作委员会国家。

在此，笔者将专注探讨一些应对特殊障碍的政策。例如，高初始资本需求阻碍了可再生能源的发展，但这也是许多海湾合作委员会国

① Alnaser. *Solar and Wind Energy Potential in GCC Countries and Some Related Projects*, 2009.

② Khonkar. *Complete Survey of Wind Behavior over the Arabian Gulf*, 2009.

家可以通过政府支持或是集募私人资金来进行探讨的领域。此外，海合会国家还面临着一些技术领域的难题，其中包括高温作业和灰尘对光伏作业的影响，以及缺乏对当地风能、生物能源成效的具体调研。以上领域被海湾国家政府和许多新能源研究中心合作管理。

二、海湾国家发展可替代能源的国际合作

（一）国际太阳能和可替代能源合作

如今在电力行业，对可再生能源的重视程度不断提高。从2000年到2012年，全球积累的可再生能源发电装机能力提升了96.5%，并从748吉瓦（Gwh）上升到1470吉瓦。[①] 按照绝对值计算，2012年全球可再生资源生产达到4860太瓦（TWh），约为全球发电量的21.7%，[②] 比中国电力总消耗还多。太阳能光伏装机容量从2007年的10吉瓦到2012年的100吉瓦。此外，年度安装的发电机数量也在迅速增加：截止到2012年，全球风能发电机装机量（在岸和离岸）上升了大约45吉瓦（增长19%），太阳能光伏为30吉瓦（增加42%）。[③] 每年可再生能源的消耗量也大幅度增加：在2012年，消耗的风能发电增长了18%，达到了521太瓦。从2011年太阳能上升了58%，达到93太瓦。[④] 国际能源署估计到2018年，可再生能源将会占据全球能源的25%，而2006年仅占据总能量的2%。无氢可再生能源，如太阳能、风能、地热和生物量将会成倍增长，到2018年达到8%，而2011年仅上升了4%。[⑤] 根据国际可再生能源局（International Renewable Energy

---

① "Renewable Energy Policy Network for the 21st Century", *Global Status Report*, 2013.

② "Market trends and projections low-carbon energy transitions in qatar and the gulf cooperation council region 83 – 2018", *IEA Renewable energy medium-term market report 2013*.

③ "Tracking Clean Energy Progress 2013: IEA Input to the Clean Energy Ministerial", *IEA*, 2013.

④ Joshua Meltzer. *Low-Carbon Energy Transitions In Qatar and the Gulf Cooperation Council Region*, U. S. Brookings Institution, 2014, p. 44.

⑤ "Renewable energy medium-term market report", *IEA*, 2013.

Agency，IRENA）发布的报告，到2030年，通过提高可再生能源的效率，并且提供可再生能源服务技术等方式，可再生能源在全球能源中的份额将会提高到36%。[①]

到2012年底，拥有最强可再生能源实力的国家有中国、美国、德国、西班牙、意大利和印度。值得注意的是，金砖五国占据了全球可再生能源的36%和无氢可再生能源的27%。[②] 可再生能源迅速发展的原因：一是用可再生能源发电的成本和价格下跌；二是由于中国、德国、日本、西班牙和其他国家的鼓励政策。2013年，晶体硅光伏电池的价格从1977年的76.67美元/瓦特跌至2013年的0.74美元/瓦特。[③] 尤其在近两年中，光伏电池的价格已经跌落了60%。在欧盟，一些中小规模的太阳能项目正在没有补贴的情况下被研发。在意大利的南部，净计量和自身消耗正在合并。[④] 太阳能项目提供电力价格为1.20美元/瓦特。印度的太阳能电力价格是1.52美元/瓦特，在进行住宅太阳能补贴之前，澳大利亚的太阳能价格是在1.90美元/瓦特。[⑤]

风能发电的价格也不断下降。2012—2013年，逐步降低的风力发电成本（levelized cost of energy）再创新低。与2008年最高价格相关的是，到2012年，风力涡轮机的价格降低了25%，在中国，价格则降低了35%。根据由美国可再生能源实验室和劳伦斯柏克莱国家实验室联合发起的研究表明，风力发电成本最低为3.3美分/千瓦时，最高为6.5美分/千瓦时。[⑥] 在巴西，2012年12月风力发电成本跌至4.2美分

---

① “Map 2030：A Renewable Energy Roadmap”，*IRENA*，2014.

② “2013 Global Status Report”，*Renewables*，2013.

③ Sunny Uplands. “Alternative Energy Will No Longer Be Alternative”，*The Economist*，2013.

④ 净计量（net metering）是一种有效的资源使用和支出安排，在这个过程中客户自己产生能源以在他们的财政上进行一定程度的补偿。

⑤ Joshua Meltzer. *Low-Carbon Energy Transitions In Qatar and the Gulf Cooperation Council Region*，U. S. Brookings Institution，2014，p. 45.

⑥ Wiser et al. “Recent Developments in the Levelized Cost of Energy“，*U. S. Wind Power Projects*，2012.

/千瓦时，这比前年还低了12%。[①] 这些数字暗示着向岸风与天然气电力相互竞争，尤其在更高价格的能源领域更是如此。在欧洲，向岸风发电的电力价格为17.1美分/千瓦时。美国2018年预期风电价格会达到19.34美分/千瓦时。到2020年，海上风力发电价格将降至11.88美分/千瓦时。[②]

（二）可替代能源的全球投资

2012年全球可替代能源的投资达到2440亿美元，比2011年的2790亿美元低了11%，反映出在一些重要国家政策的不确定性。例如，美国风能产品的返税政策在2012年底到期时曾引发了是否延续该政策的争论，这动摇了投资商对风电领域的信心，而在印度，金融激励措施和重复收税也使得该国的风能投资停滞不前。

全球范围内，各国都制定了相关政策来推动可再生能源的发展。2013年初，71个国家和28个州/省采取了某种形式的上网电价（feed-in tariff，FIT），包括约旦、马来西亚、卢旺达和乌克兰等国在2012年引进适合的上网电价系统。美国、加拿大和印度的22个县和54个州/省采用了可再生能源配额制（renewable portfolio standards，RPS）或可再生能源发电配额。

净计量政策在37个国家得以施行，包括加拿大（在8个省）和美国（在43个州和华盛顿特区）。各国投入大量的财政刺激是为了克服发展可再生能源所面临的经济困境。美国最终修订了风能的返税政策，扩大了享受该待遇的企业资格。2012年，喀麦隆废除了所有可再生能源产品的增值税。[③]

发达国家引导着藻类生物燃料的发展，中国和印度也为科研院所

---

① "Tracking Clean Energy Progress 2013: IEA Input to the Clean Energy Ministerial," *IEA*, 2013.

② Roland Berger Strategy Consultants. *Offshore Wind Toward 2020: On the Pathway to Cost Competitiveness*, 2013.

③ 中国投资：《非洲可再生能源发展潜力巨大》，http://www.chinainvestment.com.cn/www/NewsInfo.asp?NewsId=11500。（上网日期：2014年8月14日）

的藻类生物燃料研发项目积极筹集资金。埃克森美孚和合成基因组学公司（Synthetic Genomics）投入6亿美元用于研发藻类生物燃料。2008年，包括盖茨基金会、洛克菲勒基金会、英国石油公司、雪佛龙公司、美国能源部等对这项技术的商业投资超过了3亿美元。[①]

第五节　海合会国家发展可替代能源的实践

海湾合作委员会的成员国积极致力于调研太阳能合作研发项目。海湾六国共同通过价值1550亿美元的太阳能项目，当此项目在2017年完全竣工时，将会产生超过84吉瓦的电。沙特阿拉伯和阿拉伯联合酋长国是该太阳能项目的主导国。

一、海湾地区发展可替代能源的国别实践

1. 太阳能

随着温度的升高，晶体硅太阳能光伏电池效率将会降低。[②] 海合会国家太阳能生产的效能评估将会成为发展替代能源的焦点议题。虽然温度的升高会降低光伏电池的效率，但也可通过增强太阳辐射来进行补偿。因此，海湾国家普遍拥有充足的阳光，在炎热的晴天，光伏电池板发电的整体效率还是较高的。除此之外，如基于铜铟硒和碲化镉薄膜太阳能电池板的一些技术能够在更高温情况下能保证发电效率，并在100°C以下不会进行降解。[③] 开发和安装这些热灵敏度不高的技术可以提高海合会国家整体的太阳能光伏经济。

---

① Adenle et al. *Global Assessment of Research and Development for Algae Biofuel Production and Its Potential Role for Sustainable Development in Developing Countries*, 2013.

② Palyvos. *On the Temperature Dependence of Photovoltaic Module Electrical Performance: A Review of Efficiency/power Correlations*, 2009.

③ Huld et al. *Mapping the Performance of PV Modules, Effects of Module Type and Data Averaging*, 2010.

关于太阳能的另一个问题是面板上积聚的尘土，尤其是在水匮乏地区更为严重。学者们研究了灰尘对影响光伏板性能的影响，以及各种清洗太阳能的方法，包括用水、表面活性剂清洗，以及使用专门的涂料和自净措施。

2. 风能

海合会国家开发风能的主要障碍是缺少关于风能的数据。2014 年 1 月，国际可再生能源机构（IRENA）和德国航空航天中心（DLR）推出了一项全球太阳能和风能资源的协同图形信息系统，Atlas 公司的太阳能与风能项目将在海湾国家施行。①

3. 液态生物燃料

藻类是极具开发前景的能源原料。藻类几乎可在任何地方生长，即使是在污水或者是盐水中，对水肥要求不高，也不会与粮食作物争夺肥料，它们比陆地作物长得更快。大约每年每英亩藻类可提取 2 万—8 万升石油。只需投入极少的能量，藻类就可以转化成生物柴油、生物乙醇、生物油、生物氢气、生物甲烷。以藻类为燃料的生物柴油可用于汽车、卡车和飞机。②

海湾各国研发可再生能源的实践如下所示：

1. 卡塔尔

到 2030 年，该国预期能源总量的 20% 将来自可再生能源。如今，卡塔尔重点通过研究中心、大学和试点项目来提升国家技术能力并激发市场活力，其工作重点包括以下几个方面：

（1）由私人慈善机构卡塔尔基金会、德国 SolarWorld AG 公司和卡塔尔开发银行承担风险的 200 兆瓦太阳能项目。该项目主要生产多晶硅，制造太阳能光伏板和安装设备。2013 年 5 月，该项目在拉斯拉凡（Ras Laffan）市的多晶硅工厂从卡塔尔最大的伊斯兰银行 Masraf Al Rayan 获得 10 亿美元的资助。该厂最初每年生产 8000 吨多晶硅，其最

---

① IRENA. *Global Atlas for Renewable Energy: Overview of Solar and Wind Maps*, 2014.

② Demirbas. *Biofuels from Algae for Sustainable Development*, 2011.

大产能是可提供生产 6.5 吉瓦太阳能电板的原材料。

（2）200 兆瓦的混合可再生能源项目。这个项目已在 2012 年多哈国际气候大会开幕时成立，一直持续到 2020 年。项目的第一阶段将涉及 5 兆—10 兆瓦的试验工厂，其成本约为 3000 万美元。第二阶段将评估 150 兆—200 兆瓦的生产计划和投资回报率。

（3）位于卡塔尔科技园的一个太阳能测试新设施。雪佛龙（Chevron）和绿色海湾（GreenGulf）、卡塔尔可再生能源公司（Qatar renewable energy company）投资了 1000 万美元来推动太阳能、太阳能空调的发展和提高能源效率。

（4）开发生物燃料的项目。卡塔尔航空公司宣布与空中客车公司、卡塔尔科技园和卡塔尔石油（Qatar Petroleum）合作开发用于航空运输的生物燃料。

2. 沙特阿拉伯

其计划到 2032 年建立起 54 吉瓦的可再生能源发电能力（还有 17.6 吉瓦的核能），其中的 41 吉瓦（占总电力的 30%）将来自太阳能。要完成这项雄心勃勃的目标需要 1090 亿美元的投资。彭博新能源金融（Bloomberg New Energy Finance）估计通过建立太阳能光伏工厂和在国际市场上出售代用机油，沙特的替代性能源计划能获得大约 12% 的内部收益率。① 这里值得关注的项目包括：

（1）沙特阿拉伯国家石油公司在利雅得建立的阿卜杜拉石油研究中心太阳能公园。② 目前它是沙特最大的光伏电站，产能为 5.3 兆瓦，2013 年 6 月开始了二期建设项目。

（2）成立于 2011 年的 500 千瓦太阳能发电厂坐落在费腊桑群岛，是沙特阿拉伯第一个太阳能电厂。

---

① Burgess. *Saudi Arabia Plan $109 Billion Solar Energy Project to Reduce Oil Consumption*, 2012.

② 中国工业新闻网：《尚德为沙特最大太阳能系统供电》，http://www.cinn.cn/zbzz/284885.shtml。（上网日期：2014 年 8 月 13 日）

（3）阿卜杜拉国王太阳能海水淡化项目（the King Abdullah Initiative for Solar Water Desalination）。第一阶段的项目始于2010年，在阿尔卡夫及（Al-Khafji）和阿尔奥那哈（Al-Oyainah）建立了电厂，总共为海水淡化厂提供10兆瓦的太阳能，每天能生产3万立方米饮用水，满足阿尔卡夫及十万居民的饮水需要。

3. 阿拉伯联合酋长国

阿联酋拥有20兆瓦的太阳能发电能力。阿联酋境内36个太阳能装置可生产10兆瓦的电力和热水，以及一个与马斯达尔（Masdar）城电网并网的10兆瓦太阳能发电厂。到2013年底，阿联酋的新建项目产生了140兆瓦的电能，2020年，太阳能发电装机容量为800兆瓦，到2030年为900兆瓦。[①]

（1）城市层面的项目。例如，在2009年，阿布扎比酋长国宣布了到2020年可再生能源发电量占全国发电量7%（1500 MW）的目标。在迪拜，价值32亿美元的穆罕默德·本·拉希德·阿勒马克图姆太阳能公园占地48平方公里，在2030年拥有1吉瓦的光伏发电能力，完成所需太阳能装置的安装。2014年初，该公园建设完成13兆瓦发电能力的光伏工厂。

（2）双边倡议。阿联酋为英国绿色投资银行（U. K. 's Green Investment Bank）的替代能源项目投资60亿迪拉姆（约合16亿美元）。该项目的试点项目是评估马斯达尔（Masdar）城的太阳能供热技术，并安装了一个混合太阳能光热系统。阿布扎比也在国外投资可替代能源，如伦敦阵列（London Array）和西班牙的通用太阳能（Gemasolar）。在生物燃料方面，阿联酋阿提哈德航空公司（Etihad Airlines）与波音公司合作研发生长在阿布扎比的近海红树林是否可以作为生物燃料的原料。

（3）财政激励措施。例如，阿布扎比酋长国以政府支持金融奖励

① Mokri, Proving. *That Solar Power Can Help Meet the UAE' s Energy Needs*, 2012.

计划的形式来鼓励发展太阳能。太阳能屋顶（solar rooftop）计划旨在使阿布扎比的建筑业能受益于光伏技术。这个项目是由马斯达尔（Masda）和阿布扎比电业联合主导，将在20年内在建筑物屋顶上实现500兆瓦的光伏发电能力。

4. 科威特

它也在2012年末宣布其可再生能源目标，旨在到2020年时完成1%，到2030年时完成15%的目标。2013年6月，科威特在沙加亚（Shagaya）建立第一个太阳能发电项目。此项目的第一阶段是到2016年时拥有70兆瓦的电力，其中50兆瓦的能量来自太阳能，10兆瓦的能量来自光能和风能。当这个项目在2030年竣工时，项目的第二和第三阶段将会分别拥有930兆瓦和1000兆瓦的能量。2014年6月19日，科威特政府决定停止补贴国内柴油消费，目前，科威特柴油售价约为每升0.2美元，在过去十年，科威特政府公共支出年增速为20.4%，而收入年增速为16.2%。[①]

5. 巴林

可再生能源的发展处于初始阶段。该国正在建设一个5兆瓦的太阳能和风能发电站（其中3兆瓦来自太阳能和2兆瓦来自于风能）。这个项目由国家石油和天然气管理局（National Oil and Gas Authority）、巴林石油公司（Bahrain Petroleum Company）、巴林水电局（Electricity and Water Authority）和巴林大学（University of Bahrain）合作进行。该项目已于2013年竣工，共用了21000块太阳能硅板，占地3.4万平方米。2012年，由巴林石油公司、国家石油和天然气管理局、里海能源控股有限公司（Caspian Energy Holdings）和美国太阳能逆变器公司（Petra Sola）共同建立了5兆瓦的太阳能光伏项目，共投资2.6亿美元。巴林石油公司在2010年2月开放了撒贝卡公主公园（Princess Sabeeka Park），园内拥有为可再生能源建设的科学实验室。

---

① 中华人民共和国驻吉达总领事馆：《科威特减少柴油补贴》，http：//jedda.mofcom.gov.cn/article/sqfb/201406/20140600632098.shtml。（上网日期：2014年7月26日）

6. 阿曼

阿曼苏丹卡布斯本（Qaboos bin Said）的《2020 年展望》设置了到 2020 年可再生能源将占全国能源产量的 10% 的目标。该国已经建立了一个国家经济部（Ministry of National Economy）下属的委员会来监督和协调这项工作。阿曼的可再生能源项目还包括以下几个方面：

（1）计划在亚当（Adam）和玛娜（Manah）两个城镇间启动两个太阳能项目的招标，每个项目的装机量为 100 兆—200 兆瓦之间。

（2）在 2012 年 1 月中旬，Terra Nex 金融工程公司（Terra Nex Financial Engineering AG）和德国中东优选公司（German Middle East Best Select，MEBS）宣布计划向阿曼的光伏太阳能项目投资 20 亿美元，包括一个 400 兆瓦的太阳能发电厂，以及硅生产、太阳能板和铝框制造。该项目每年生产的太阳能电池板将会生产 120 兆瓦的能量，同时创造出 2000 多个就业机会。

（3）2011 年 7 月，阿曼石油开发公司（Petroleum Development Oman）建立了第一个太阳能热力采油项目。该项目使用 7 兆瓦的太阳能电池阵以 11 吨/小时的速度产生高压蒸汽，用于提取 3.3 万桶石油，并提供 24 小时供暖服务。

（4）在阿曼电力和水采购公司（Oman Power and Water Procurement Company）的 7 年发展愿景中，风能发电是新的亮点。在 2012—2018 年，计划在马西拉（Masirah）和塞迈里（Thumrait）安装两台 3 兆瓦的太阳能发电装机用于海水脱盐，以提供淡水。

二、海合会国家发展低碳经济的未来趋势

在海湾地区推进可再生能源技术发展需要专业知识，保证在合理成本的基础上能够获得有效的技术，通过创造市场和政策环境来吸引投资。未来海湾国家发展低碳经济的政策方向如下：

一是加大对可替代资源进行评估和数据收集力度。许多可再生能源技术的最终收益，严重依赖于风能和太阳能资源的质量，海合会国家通

过遥感卫星的测量数据来推断以上能源的质量。因此，随着太阳能和风能的迅速发展，补充了化石燃料的不足，海合会国家应优先考虑对可再生资源的评估，这将具有重大意义。在2012年，阿联酋能源和气候变化理事会（UAE Directorate of Energy and Climate Change），迪拜最高能源委员会、阿布扎比环保局在马斯达尔学院（Masdar Institute）建立了可再生能源研究中心。除此之外，2012年7月在马斯达尔学院举行的一次研讨会，确定了在可再生能源领域的合作机会。[①] 2013年，马斯达尔学院制定了阿联酋太阳能和风能资源地图。阿联酋太阳能阿特拉斯（The UAE Solar Atlas）项目随后向国际公开。[②] 该项目作为动态数据收集策略的一部分，可以在很大程度上提高这些技术的选址和有效评估。就其本身而论，阿联酋在未来几年中将是可再生能源的引领者。

二是培育可持续能源的市场需求。对可再生能源的最低份额要求需要确保有足够的买家。[③] 在这种情况下，欧洲出现了很多“上网议价”的讨论。但是，这种价格可能不会在很多海湾合作委员会国家奏效，因为海湾国家缺乏网络税收体系。[④] 一个可能的替代方案是制定可再生能源组合标准（Renewable Portfolio Standard，RPS），要求电力零售商购买至少一定比例的可再生能源电力。

三是加大地区特色的技术研究。海湾国家建立了一系列可再生能源研究中心，并在大学设立与能源有关的项目，这可以为建立有效的项目研究提供基础。但还应谨慎选择适合海湾国情的研究领域，因为海湾地区具有比较优势。而且，海合会国家在一些专业技术性领域，

---

① Masdar Institute. *GCC Research Institutions, Policymakers and Utilities Identify Collaboration Areas in Resource Mapping and Renewable Energy*, 2012.

② MasdarInstitutue. *Masdar Institute Receives MESA 2013 'Technology' Award for UAE Solar Atlas*, 2013.

③ 徐刚：《可再生能源强制性市场份额政策研究概况》，《四川水力发电》，2005年12期，第100页。

④ Mezher. *Renewable Energy Policy Challenge in GCC Countries: Lessons Learned from Abu Dhabi*, 2012.

特别是支持示范项目方面发挥了重要作用。正如早前所讨论的那样，藻类生物燃料和防尘技术代表了两大专业化领域，应该可以在海湾国家进行特定适用。

四是取消能源补贴政策。在全球范围内，化石燃料补贴使得大多数海湾国家的基础设施投资仍依赖成本低的能源，从长远来看，能源补贴是不可持续的。尽管一些可替代能源在世界市场价格方面可以与化石燃料相竞争，但是，要想替代受补贴的化石燃料，可再生能源仍然面临着巨大障碍。改革能源定价机制应首先处理两种类型的补贴——对私营部门发展替代能源的经济支持以及超过国内能源需求的能源补贴。支持可再生能源的电力生产商，有助于推动公用事业选择低碳能源。尽管能源价格改革存在潜在的困难，但是构建一个渐进式的改革计划，有助于稳定宏观经济，推进清洁能源的使用。

五是建立公私合营的伙伴关系。可以通过一些途径来建立公私合作伙伴关系，以辅助政府和私营部门的营运。第一，政府通过与工业企业合作，以鼓励某些科技领域的创新。这样政府既可以完成行政目标，私营部门也能获得收益。在理想情况下，这些伙伴关系可以演化为更广泛的创新生态系统，吸引区域外的研究伙伴和全球专业知识。第二，合作伙伴可以给投资者传递准确的信号，使其了解未来十年内，政府的能源政策走向，以及优先发展项目。

六是对可替代能源的发展提供金融支持。在海湾国家，可再生能源项目融资的方式是通过伊斯兰债券（Sukuk）。伊斯兰债券代表的是对特定资产或资产收益权的所有权，对所有权主张权利而非现金流。在伊斯兰金融机构和企业，伊斯兰债券在流动性管理、融资证券化和资产负债表管具有相当大的优势。与一般债券不同，伊斯兰债券持有人无论是在基础资产实现的过程中还是债券到期日都享有对该资产收益的所有权而非债权。对于投资者来说，伊斯兰债券可以解决私营部门发展小规模可再生能源的一大障碍，即前期投资成本高等问题。

毫无疑问，能源选择、社会稳定、生态平衡对一个国家长期的经济发展具有重要影响。尽管资源变化和历史影响是每个国家制定能源政策的重要依据，但这些因素仍然支持任何国家大胆发展可再生能源的努力。放眼全世界，各国都能够通过特定的和具体的措施来构建能源战略，进而能够影响整套的技术。这些技术可以带来经济收益，并且为长期的投资提供可靠的信号。由工业和私营部门所做出的决定能够影响可再生能源公司的长期收益，防止新能源价格大幅波动、避免政策风险。除此之外，消费者做出的能源产品选择，对家庭开支和生活质量方面也会产生很大的影响。此外，当海湾各国明确能源安全、社会福利、国际领导、人类健康和可持续性等目标时，往往可成功设置跨部门的节能政策体系。

卡塔尔和其他海合会国家凭借化石能源实现了经济快速发展，但这些国家如今也在思考未来的能源发展战略。每一个成员国都有各自不同的资源和历史背景，这些都造成其现存的经济结构和能源体系。但是如今，大多数海合会国家都有能力和资本来进行能源发展战略的转型。这些国家已经为这个决策做出了很多考虑：深度评估在减排活动中的受益；对碳捕捉和碳储存技术（CCS）的评估；提高能源效率的可行性；发展可替代能源和光伏技术。卡塔尔和海湾合作委员会国家都将发展新能源看成是一次特殊机遇。但是，尽管出台具体政策很有必要，但是从能源系统进行剖析比泛泛而谈更重要。例如，孤立地研究个别设备的能效或者是海湾合作委员会的节能调查可能是有效的。

历史表明，可持续能源技术的成功，往往需要一个具备必要的基础设施和政策可持续的国家，如巴西的生物乙醇、瑞典的生物能源、丹麦的风能和日本的太阳能光伏发电。如果卡塔尔和其他海湾国家想要追求相似的能源技术发展策略，就必须评价本国在技术创新和生产价值链中的地位。一个全面的能源技术发展策略要求一系列的资本投入，从而建立起资本密集型产业结构，来管理对全球和地区性示例项目的投资。发展替代性能源研究机构能够支持公私合作的相关能源工业。海湾国家能源管理部门应颁布管理条例，并帮助制定具体的国家能源行动计划。海合会国家在技术创新、产业效率、可替代能源的供应、能源市场和效率管理的重建等领域具有巨大潜力。

第五章

中国在海湾国家的风险识别与应对①

中国提出“丝绸之路经济带”的构想，是具有全球视野的战略倡议，有助于搭建中国与亚欧国家经济合作的新平台，而海湾地区是中国“一路一带”战略的重要地缘支撑。中国在海湾地区存在政治、经济、安全、文化等多重利益。在当今全球化进程中，中国在海湾地区的战略利益护持，不仅需要加强与海合会国家的传统友好关系，更需要认真辨识海湾地区的安全风险，为中国企业走进海湾提供安全预警，树立中国的优质形象。在地缘安全矛盾错综复杂的海湾地区，中国应具备忧患意识和预警安全意识，这样才能实现中国利益的最大化。

第一节　中国—海湾国家共建“丝绸之路经济带”

“丝绸之路经济带”的提出是中国安全战略的一次重大调整，实质上是跨越边境的次区域合作，同时也是中国集“向西开放”与“创新型西部开发”为一体的决策综合。鉴于经济新区开发是世界经济格局

① 本章是教育部区域和国别研究培育基地“北京第二外国语学院阿拉伯研究中心”2015年项目《“走出去”战略视域下中国在阿拉伯国家的形象优化设计研究》（ASC2015YB03）的阶段性成果。

变动的核心动力，对大国崛起的支撑作用非常明显。因此，从战略层面审视中亚、南亚与中国西部边境省区的经济对接问题，评估跨境次区域经济合作的优势与成效，是合理规划“丝绸之路经济带”建设步骤的现实依据，同时也有助于构建实事求是的精细化政策体系。

一、中国—海湾国家跨境次区域合作的理论基础

人类本质上具有不断拓展经济行为空间的需求，在其领土空间的经济价值达到阈值以后，则必然推动经济交往空间向外拓展。因此，对经济新区的开发与次区域合作行为相应而生。

（一）经济新区开发规律解析

经济新区的开发，是生产力可持续发展所必然采取的一种空间形式。人类经济发展史的各个阶段，无不包含着对经济新区的开发与拓展。通常而言，经济新区的开发，往往以成熟的经济老区为重心，并逐渐将经济活动拓展到老区的外围。在农耕时代，严酷的自然环境成为制约经济活动扩展的主要因素，但工业科技的飞速发展，为经济新区的开发提供了克服自然因素的条件。如今，经济新区的发展规模不断扩大。

开辟工业原料产地是经济新区开发的核心动力。相对于农业而言，工业生产并不需要大面积的土地，而是采取集约型生产模式，通过运输通道将散布于自然界的矿山与消费市场链接起来。可见，工业化水平越高，就越是需要扩大原料的进口与消费市场，任何一个经济区的发展都源于此种内生动力。尽管经济新区与经济老区在生产水平与产品结构上不尽相同，但从本质上看，它们的生产力部门结构是一致的。概而言之，工业时代的经济新区开发规律主要包括以下五个方面。

一是在经济老区保持工业优势的同时，经济新区的开发以开拓原料产地为主；二是经济新区与经济老区之间存在正关联性，经济新区的现实优势取决于域内的资源是否为经济老区所需、是否具备外运条件，或者能否被本地加工；三是经济新区多偏重于原材料加工，其技

术水平一般低于经济老区，两者是原材料与技术的交换关系；四是经济新区的开发较少受到人口压力的影响，主要需要技术型劳动力；五是经济新区一般位于大面积的陆地自然障区之中，其开发的地方只限于其中的局部非障区，因此经济新区很难成长为像经济老区那样的大规模工业集聚群落。

所谓自然障区，是指水热、地形等自然条件不利于人类大规模开发和定居的地区。[①] 近代工业技术的发展，虽然为障区工农业提供了强有力的技术支持，如新的水利开发、道路铺设等，但远远未能突破水热、地形条件对工业生产布局、人口集聚的限制，使得经济新区的工业开发仍然局限于水热、地形条件较好的局部非障区，经济发展规模有限。因此，在目前全球经济开发实践中，已经不再可能出现大片陆地面积的区域性经济整合进程，而是逐渐转向在小块非自然障区中的次区域开发。这既是由人类经济地理格局的现状所决定，也是地缘经济实践创新的必然趋势，并推动了次区域经济合作理论的发展。

（二）跨境次区域合作

次区域合作的理论来源是地缘区位学（location），区位即场所、位置之意。美国区域经济学家埃德加·马隆·胡佛（Edgar Malone Hoover）指出，区位的特殊性在于：（1）生产要素流通的不完全性；（2）经济活动的不完全可分性；（3）距离成本的重要性。[②] 生产要素中的土地、能源和水资源等是不完全流通的，但资金和劳动力是可以流通的，其流通的过程要受监管制度、利益主体、发展程度等多方面的制约。经济活动的分布表现出有序的集聚态势，并非杂乱无章地任意分配。经济活动的成本受到距离的制约。[③] 正是以上三类要素使每一个区位表现出

---

① 陆卓明：《陆卓明先生经济地理学论文集》，北京大学出版社 2011 年版，第 138 页。

② E. M. Hoover, *Introduction to Regional Economics*, New York: Alfred A. Knopf, Inc., 1984, p. 11.

③ 付晓东：《虚拟经济对区域经济学的冲击》，《地域研究与开发》，2009 年第 1 期，第 8 页。

其不同于其他区位的特殊性。由此可知，边境区由于紧靠边界，其最突出的特征就是受到边界局势的影响，使之表现出独有的区位特性，因此产生独特的区域空间系统和经济结构。由于理论提出的时代背景不同以及对边界认知与重视程度的差异，传统地缘区位理论和新地缘区位学对边境区位的理解也就不同。

以克鲁格曼（Paul Krugman）为代表的新地缘区位理论认为，贸易成本的降低和生产要素的互动，尤其是资本、人力国际移动，能够改变区域的资源要素禀赋状况，使其经济活动的区位条件得到重新建构。① 李维斯（Livas）和福吉塔（Fujita）认为，在开放的行为体中，经济活动呈现出外向型区位特征。在这种形势下，边境区的经济功能地位提升，原有的国内核心城市区位对企业和人口的吸引作用相对下降，从而引发外资、人力、企业向边境转移，使整体区位的经济活力对比格局重新变化，跨境次区域合作得以实现。②

根据新地缘区位理论的市场潜力模型，可以推导出这样的结论：在以往的公众认知中，边境地区产业规模小，人口少，通常属于经济活动相对较少的边缘区，但在新时期的经济背景中，边界战争冲突的可能性降低，边境地区的经济区位功能凸显，即经济发展有将边境区从国内的经济边缘区转化为跨国共同市场中心区的趋势。在此基础上，汉森（Niles Hansen）提出了“中心边境区”（Central Border Region）的理念。他认为，通过有效的地方支持和企业的活跃作用，能够激活跨境次区域合作的市场潜力，各国间跨边界贸易额将增长，能够吸引众多的企业和人力资源到临近国外市场的边境区聚集，在这种情况下，“边境区”最终将发展为“中心区”。③ 维纳布尔斯（A. J. Venables）通

---

① Paul Krugman, *The Spatial Economy: Cities, Regions and International Trade*, Cambridge: MIT Press, 1999, pp. 1－2.

② Fujita, *Economics of Agglomeration, Cities, Industrial Location, and Regional Growth*, Cambridge: Cambridge University Press, 2002, pp. 1－3.

③ Niles Hansen, “Border Regions: A Critique of Spatial Theory and a European Case Study”, *The Annals of Regional Science*, Vol. 11, No. 1, 2007, pp. 3－4.

过研究产业间互动的空间均衡，认为与跨边界的互动联络有关的经济活动存在空间集合的动力，边境区是集聚经济合力的靶区之一。而垂直联系的跨国公司向边境区位转移的可能性更大，大型跨国公司有可能成为跨境次区域合作的主要力量。①

由上述可知，新地缘区位理论高度重视边境地区在世界环境发生改变后，次区域合作的最新动态发展过程。这里的世界环境的变化主要是指国际形势和经济发展的宏观背景，相邻国家经济、社会、人员的紧密联系对边境区位经济功能的激活机制。需要再次强调的是，尽管面临自然障区的约束，但边境的区位比较优势仍十分明显，边境区有可能成为次区域合作的中心区。于是，跨境次区域经济合作便水到渠成。

跨境次区域经济合作是指若干国家接壤地区之间跨国界的经济人②或法人，基于平等互利的原则，通过各种生产要素的流动，在不同国家地理上相邻的边界间展开的协作活动。③ 亚洲的跨境次区域合作又被称为“自然经济领土”或“扩展性城市区域”。1993 年，亚洲开发银行认为“次区域合作包括多个国家精心设计的地理毗邻的跨界经济区”。④ 1994 年，新加坡边界区、马来西亚柔佛州、印尼廖内群岛之间三角地带构建了“跨境次区域合作带”。⑤ 近年来，受经济全球化和地区经济一体化的影响，推动次区域合作成为中国加强与周边国家经济互惠合作的重要指导方向。与传统的区域合作研究相较，中国国家主

---

① A. J. Venables, “Equilibrium Locations of Vertically Linked Industries,” *International Economic Review*, 1996, Vol. 37, No. 2, pp. 341 – 342.

② 孟捷：《经济人假设与马克思主义经济学》，《中国社会科学》，2007 年第 1 期，第 30 页。

③ 李铁立：《边界效应与跨境合作研究》，《东北师范大学学报》，2004 年第 1 期，第 20 页。

④ *ADB Annual Report 1993*, Asian Development Bank. http://www.adb.org/documents/adb-annual-report – 1993.

⑤ 冯邦彦：《边界效应与港深跨境区域合作》，《特区经济》，2007 年第 1 期，第 31 页。

席习近平于2013年9月提出的“丝绸之路经济带”则更关注跨境次区域的合作，[1] 李克强总理在《政府工作报告》中指出的孟中印缅经济走廊、[2] 中巴经济走廊等都是这类跨境次区域合作。因此，跨境次区域合作的实质，是在尊重边界地区自然与人文条件的现实基础上，继承古丝绸之路的开放传统，吸纳新地缘经济学的区位理论，鼓励以点带面、从线到片，汇聚成一揽子合作，争取获得“1+1>2”的整合效应。[3]

二、跨境次区域合作的优势与有效性解析

“丝绸之路经济带”与“跨国经济走廊”是跨境次区域合作的集大成者，本质是使生产要素在次区域范围内达到自由流通，从而推动生产资源的有效配置与生产效率的提升，最终通过国家间的优势互补实现共同发展。可以说，建设“丝绸之路经济带”的前提是中国与中亚、南亚邻国（巴基斯坦）之间的高度互信，通过政府支持、网络联系、过境需求、企业集聚等方式将边境的屏蔽功能转化为中介作用，挖掘边境区位优势，并以此带动跨境经济合作，将边境区由“边缘区”转变为具有发展潜力的“核心区”，增进其空间可达性与辐射力，达到双赢和多赢的目标。

这种基于各国实际国情的合作方式具有以下三大优势：

一是自然、人文领域的地缘优势。跨界区两侧山水相连，具有地缘整体性和延展性。如以河流为界，则多占据河流的上游或下游，以山脊为界，各自为南侧或北侧，基本上具有类似的地貌特征，还有相同的自然圈和人文圈。基于边界展开的次区域合作圈，通常属于相近的自然与人文地理单元，具有经济合作的便利条件，有效降低了跨国

---

① 习近平：《在哈萨克斯坦纳扎尔巴耶夫大学发表重要演讲——弘扬人民友谊，共同建设丝绸之路经济带》，《人民日报》，2013年9月8日。

② 李克强：《政府工作报告》，《人民日报》，2014年3月7日。

③ 崔启明：《白通社发表驻白俄罗斯大使崔启明接受专访实录》，《丝绸之路经济带》，2014年4月15日。

合作的成本。

二是经济互补优势。地缘空间作用理论认为，区域合作的强度随着空间距离的扩展而逐渐衰减。① 因此，我们可以认为，跨境次区域由于在边界的两侧，具有空间上的邻近性，相互合作的强度往往较大，而随着空间范围的延展，其合作的影响力也就越小，所以次区域合作往往比区域合作更易取得成效。此外，地缘经济学认为，边境地区具有梯度延展势能，这是其独特优势。不同国家往往处于不同经济发展梯度，占有不同资源要素，而边界区则作为不同梯度之间的过渡层与联系纽带，使得不同国家间经济上的互补性得以实现，生产要素的跨边界流动成为可能。

三是过境要素流通优势。随着核心城市群的发展，必然要求扩大过境需求，进而带来极富活力的要素流动，将促进城市群与边境区的协同发展。边境地区通常是各国经济联系的重要渠道，各国间的联系往往要借助边境地区的地利优势，因此，在当前各国经济文化联系日益紧密的形势下，经济资源过境需求的增长，也推动了跨境次区域合作的发展。

评估建设“丝绸之路经济带”的成效需要从中国与中亚、南亚邻国的经济合作现状入手。总体来说，中国与中亚、南亚地区的边境地区，自然人文条件较为恶劣，难以成长为大规模的工业城市群，而较为可行的是选择中微观的跨境次区域合作，这要比宏观的区域合作更易带来经济效益。以跨境次区域经济合作推动丝绸之路经济带的发展，其有效性表现在以下四个方面：

首先，合作成本较低。传统区域合作理论强调规范性和机制化，而跨境次区域合作则注重灵活性，不规定统一的制度形式。依据边界两侧政治制度、经济构成和社会文化差异程度来看，次区域合作也可

---

① 闫卫阳：《城市空间作用理论模型的演进与机理》，《地理科学进展》，2009 年第 4 期，第 511 页。

以分为“同质次区域合作”与“异质次区域合作”。[①] 以欧盟、北美自由经贸区为代表的区域合作，要求相关国家让渡一部分的主权，并建立起超国家的管理机构。这意味着参与国在某些领域将囿于超国家机构的管控，这不符合亚洲国家主张经济合作不能干涉内政的传统理念，所以，大规模、高层次、机制化的区域合作尽管初衷良好，但在亚洲获取的成效并不大。跨境次区域合作对参与方的制度硬性要求和超国家机构管理依赖并不强烈，而采取自愿的原则，各国无须实施统一的制度、法律、规范，因此较易被各国接受。另外，跨境次区域经济协作不需要各国变动行政区划和管理制度，从而降低了双边与多边合作门槛，而且一旦某个区域内部的次区域经济合作取得成功，它的经验与收获就会很快外溢到其他地方。

其次，有助于推动边境地区的经济繁荣。跨国区域合作研究关注核心成员国的领导能力，而跨境次区域合作则关注边界省区的经济收益。[②] 通常而言，边境主要发挥着防卫与屏蔽功能，面临较大的安全风险，这使得边境地区往往是一国的经济欠发达区，受制于自然环境、人才、资金和技术的匮乏，仅靠原有资源难以提高其区位竞争力。此外，从可持续发展的角度来看，如新疆、云南、广西等边界省份需要发挥充当开拓国外市场的桥头堡的区位优势，由于自身积累薄弱，只有从境外引进资金与资源，才能激发本地区的经济活力，形成经济集聚。此外，跨境次区域经贸合作不歧视非成员方，具有开放性与包容性，不论是边境区间经济行为体的互通有无，还是邻国企业集团在东道国边境地区的投资与商贸行为，边界的两侧都是开放式的经济活动空间，并且鼓励其他国家参与到合作之中。

再次，具有可持续发展动力。在跨境次区域合作中，以地方政府、企业为主导的功能性一体化效用十分明显。地方政府是推动跨境次区

---

① 吴殿廷：《区域经济学》，科学出版社2003年版，第111页。

② Asian Development Bank, *Greater Mekong Subregion*, *Economic Cooperation Program*, Manila: Philippines Press, 2012, pp. 7 – 8.

域经贸合作的重要力量，能够对次区域合作起到扶持和协调作用。次区域经济合作的内容涉及跨境双方、多方不同部门的合作或生产要素领域的流通，这需要各国政府职能部门的相互协调。当然，“丝绸之路经济带”、跨境经济走廊的建设，最终决定权仍然取决于国家的态度，需要国家提供各种配套项目支持。

最后，具有外溢效应。这主要表现在三个方面：第一，推动生产要素的越境流通。跨境次区域合作促进了边界双方、多方的信息交流、人员互动、生产要素的合理配置，降低了跨越边境的交易费用。当前中国的边境省份日益成为重要的经贸口岸和人员流动要道。第二，激活了边界省区的发展活力，并以点成面，由线到片，带动整个区域发展。① 随着中国与邻国关系的改善，原来处于“动荡之弧”的边境省区反而日益成为促进跨国经贸合作与维护共同安全的枢纽，成为扩大次区域双边与多边经济、人文、社会交流的重要平台。第三，促进国家间战略互信。在跨边界次区域合作中，成员之间的非层级关系使成员心理需求得以满足，提升了成员国参与跨边界交往的积极性，从而对合作目标的实现、合作效率提升发挥重要影响，从而推动中国与周边国家合作水平从互通——建立协作关系——建立战略伙伴关系不断升级，巩固了双方的战略互信基础。

随着中国经济的快速发展，参与全球经济竞争已经由比拼核心城市群，逐渐过渡到探求经济增长带的新阶段，因此，有效利用边境省区的区位优势，成为中国获得比较优势的新导向。

三、“丝绸之路经济带”的可持续动力

“丝绸之路经济带”不是某个区域的利益独享地带，而是跨国界的利益共享地带。旨在将安全互信、地理毗邻、经济互补的优势转化为

① 柳思思：《“一带一路”：跨境次区域合作理论研究的新进路》，《南亚研究》，2014 年第 2 期，第 26 页。

切实合作、共同发展。随着国际安全局势的整体缓和，国家边界由屏蔽效应向中介效应转变，边界的经济功能得以激活。国家为促进跨境共同发展，给予次区域合作以空前的重视；地方政府出于刺激经济发展的考虑，主动推进跨边界的合作，企业的跨界互动也日趋频繁。共建"丝绸之路经济带"必然推动民族国家的边界由"政治封闭线"向"经济接触带"演化，而其可持续动力则来自于国家（中央政府）、地方政府、企业。

第一，跨境次区域合作的主导力来自国家。在国家整体经济规划下，跨境次区域合作将推动边境省区人口职业的变化、发展模式的调整与产业结构的优化，使其经济发展战略从内向（Inward-looking）转为外向（Outward-looking），从封闭转为开放，从进口导向转为出口导向。在当前经济全球化形势下，国家间的和平共处是时代主题，边界对生产要素和贸易互动的阻碍作用日渐减弱，成为不同国家物质、信息交流的中介面，并具有一定的"过滤功能"，即边界对于有利于国家经济、社会发展的产品、资本、信息的流动是开放的，而对于损害其发展大局的流动则是屏蔽的。①

第二，跨境次区域合作的推动力来自地方政府。边境地方政府是跨境次区域合作的首要获益者。边境地区政府借助跨边界合作，可以扩大市场规模，有利于边境区位企业的发展。同时，使其成为内陆企业拓展国外市场的前沿地带。例如在中国与中亚、巴基斯坦的次区域合作中，新疆就在积极发挥这样一个桥头堡的作用。

第三，跨境次区域合作的活力来自企业。能否成功产生企业集聚效应是评估次区域合作成效的重要标准。② 在跨境次区域合作中，一方面跨境合作必须依赖于企业参与才具有活力；另一方面，跨境合作的

① 李铁立、姜怀宇：《边境区位、边境区经济合作的理论与实践》，《人文地理》，2004 年第 6 期，第 3 页。

② 刘蕊萍：《中国参与次区域合作研究》，《西南财经大学学报》，2007 年第 1 期，第 35 页。

建设又能促进企业的发展与规模化成长，两者是相辅相成的关系。企业通过引进与外销、竞争与合作、探讨与学习，进行技术转移与创新活动，企业通过与客户、供应商以及其他社会组织的联系，推动跨境次区域合作的纵深发展，为国家之间建立经济联系奠定了基础。

根据跨境次区域合作理论的规划，“丝绸之路经济带”不同建设阶段所需的推动力量不尽相同。在初始阶段，依靠国家间战略共识的外力推动。由于邻国边境区或是在社会、文化、习俗等方面与中国具有相似性，或在经济发展水平上具有比较优势。因此，基于国家发展战略共识，将为“丝绸之路经济带”的发展奠定一系列制度保障与政策安排。在成熟阶段，依靠地方政府与企业集群的自生性推动力。当“丝绸之路经济带”发展到一定规模之后，信息采集成本和交易成本均可降低，逐渐形成复杂的跨国产业内和产业间集聚群，在边境两侧地方政府的协调下，降低了供求双方的选择费用，逐渐形成丝绸之路经济带沿线地区的自发性动力。

需要指出的是，除了上述动力机制之外，以下三个因素也因纳入到丝绸之路经济带的整体规划中。一是地缘安全环境。稳定的跨国地缘安全环境是拓展国外市场和利用邻国资源的前提。因此，需要关注跨境区的地缘安全环境与世界地缘安全格局的变化态势。二是空间可达性。跨境次区域合作是一国经济新区的拓展，因此要考虑跨境地区与国内经济老区在交通、通讯方面的联系便捷度，并思考国家间合作规制落实在边境地方政府的可达度与执行度。三是市场交易成本优化。一方面要鼓励投身于跨境次区域合作的企业，给予税费适当减免等优待；另一方面要完善边界区的交易制度，激发其经济功能，提升其经济地位，为企业跨境合作提供便利，以达到跨边界优势互补、共同发展。

综上所述，以“丝绸之路经济带”为代表的跨境次区域合作，为中国和海湾国家创建了新的合作平台，推动从“物流走廊”、“能源走廊”、“人文走廊”的综合性发展，推动次区域合作的快速发展。跨国共建丝绸之路经济带，应遵循经济新区的开发规律，寻求独具地方特色的产业发展道路，采取多元化的合作方式，发挥边境地区的中介作用，进而带动其他次区域的参与式发展。因此，整体发展前景是光明的。总而言之，随着亚洲经济整合的步伐进一步加快，古丝绸之路沿途各国被赋予新的历史机遇，建设“丝路经济带”的宏愿，将再次出现在人类文明发展的史册中。

第二节　海湾国家资源民族主义与中国能源安全

近年来，随着国际油价的持续走高，“资源民族主义”现象在世界主要油气生产国、特别是在海湾国家中悄然兴起，成为全球战略性能源投资中的首位风险。海湾国家作为世界主要油气生产国，其资源民族主义的发展会对中国脆弱的国际能源供给安全带来怎样的冲击？是否会引发国际能源安全领域的“蝴蝶效应”？作为世界第二大能源消费国，探寻一条与海湾国家能源合作的共赢道路，是维护中国在海湾地区能源利益的重要前提。

一、海湾国家资源民族主义的内涵

在全球化经济中，自然资源禀赋为资源丰裕型国家提供了优势地位。由于资源分布的任意性，生产和消费中心经常设立在不同的国家，但经济全球化使生产和消费模式的空间联系逐渐被打破——尤其是能源领域。在这种背景下，资源丰裕型国家必须做出如何管理其自然资源的决定。一方面，由于国际贸易和投资对出口导向型资源产业的发展十分必要，国家必须对国际能源和资本市场保持一定的开放度；另一方面，资源丰裕型国家的经济增长通常严重依赖资源开采与出售，因此会通过采取各种经济干预政策来最大化国家资源的开采收益。也就是说，资源丰裕型国家常常面临着是以国家还是以市场为基础的资源配置选择。从国家利益最大化和国际能源卖方市场的现状出发，海湾国家采用的以国家政治权力而非市场需求为主导的资源配置方式——资源民族主义。

资源民族主义是指资源丰裕型国家利用对自然资源的法律管辖权来推动资源营运国有化、并服务于国家政治目标的现象。在国际油价走高的情况下，一些海湾能源输出国政府在对待国内石油资源问题上，选择了排外与利己的民族主义政策。弥漫在海湾产油国的资源民族主义情绪仍然是推动国际油价居高不下的重要原因，而高油价又导致了海湾地区地缘政治的不稳定。例如伊朗等国由于获得了丰厚的石油利润而经济实力增强，从而信心大增，表示会使用石油作为政治武器在一些国际事务中采取对抗的态度，这就极易引发海湾地区的安全风暴。

在以资源掠夺为特点的殖民时代结束后，民族独立的热潮使资源国有化几乎成为发展中国家政府的道义责任。早在第一次全球石油危机时期，资源民族主义就初露锋芒，海湾国家曾通过国内立法和推动国际法的建设对油气资源实行过国有化政策，以法律形式来确保自己的资源主权，其目的是借助于油气资源国有化来建立经济基础。这在大幅削减西方跨国石油公司资源量的同时，推动海湾国家完成了能源产业链的国有化、增加了国家财富，煤炭、天然气、金属这些战略价值较轻的资源同样在资源民族主义的影响下竭力抗拒跨国公司染指，从而深刻改变着世界能源博弈格局。

通常来说，资源价格走高时，资源生产国倾向于增强国有成分；资源价格走低时，资源生产国倾向于吸引外资开发，而在当前全球能源价格持续走高的情况下，资源民族主义已经成为全球化浪潮中的一块顽石，越来越多的国家希望以资源特别是油气资源为基点打牢财政基础，以抵御外部经济风险。

与以往不同的是，新世纪以来，海湾国家的资源民族主义更具保守性。21 世纪海湾国家资源民族主义的内涵是：海湾地区油气资源国政府为了本国生存和发展的需要，通过限制甚至禁止外国资本对本国上游油气产业的投资和修改国内能源管理规制等手段来强制性调整与外国石油公司的利益分配格局，以加强本国对油气资源的控制，在油气资源的归属、市场准入、开发及利润分配等一系列问题上，对外国石油公司及投资者采取了限制甚至国有化政策，以达到对本国油气资源收益最大化的目的。

过去历次国有化浪潮基本上都是通过没收、有偿并购外国石油公司资产的方式，力求彻底打破西方石油公司在产油国的垄断地位。相比之下，此次国有化浪潮绝非简单的重复，大多数产油国并不排斥外国石油公司，而是通过修订法规、政策调整、审查管制来加强政府对石油资源的控制力度；但海湾国家以掌握对资源的控制权为手段，着力打“经济牌”为特定政治目的服务的意图更加明显。

通过上述分析可以看出，当今海湾地区的资源民族主义属于经济民族主义的范畴，是政治上取得独立的海湾国家在追求民族经济现代化过程中将发展理论与民族主义相结合的产物。只不过此次国有化的意识形态基础是“民族主义”，其载体是产油国的“油气资源”，其作用对象主要是“外国石油公司”，因此可以说高油价时代资源民族主义的最终目标是实现初级产品优势。海湾国家对其油气工业采取的国有化政策是资源民族主义的重要内容之一，但并不能完整诠释资源民族主义本身。

二、海湾国家资源民族主义的成因

国际能源贸易日益卖方市场化的特点为海湾国家资源民族主义的成长提供了“沃土”。海湾国家的资源民族主义具有以下几大特点。一是能源输出国往往居于支配地位，使资源市场具有垄断特性；二是海湾国家的能源贸易受政府干预度较高；三是海湾国家资源市场的准入条件极为苛刻。面对经济发展与国际竞争的压力，以及国际经济旧秩序所导致的利益分配失衡等原因时，利用本国能源经济优势来获取国际政治权力是海湾各国心照不宣的事实，并反映在各国的政策层面上。

尽管中东能源格局仍处于深刻变动的时期，但海湾国家对资源民族主义的驾驭早已轻车熟路，达到灵活运用的程度（参见表5-1）。

进入21世纪以来，不断上涨的油价点燃了海湾国家资源民族主义的导火索。随着石油价格的飙升，利润的倍增，油气资源的政治价值被海湾国家重新评估，它们已经不满意于现有的利益分配机制，而是希望手中的能源不仅能带来财富，更要能提升自身在能源安全领域的主导地位。这种从“求富”到“求强”的目标转变，使得海湾国家能源管理制度的稳定性、对外合同条约的圣洁性以及履约率不断降低，外来投资者面临的政治风险不断增大。① 如今一些海湾国家通过税收或特许权使用费的方式，增加或宣布有意增加其政府所得。这表明以资源为武器的的民族主义正在广泛上升成为国家意志。②

表5-1　海湾国家奉行资源民族主义的成因及意图

资源民族主义类型	奉行资源民族主义的海湾国家	关键政策的成因	外国投资者的挑战
国家垄断型（政府控制并拥有战略资源）	沙特阿拉伯、科威特	1. 地缘政治利益和资源外交 2. 大众政治和经济日程 3. 引领国有化趋势	1. 面临被征收和撤销特许（国有化）的威胁 2. 外国公司的从属地位 3. 需要创新投资模式
国家平衡参与型（政府力图控制但允许外资进入）	卡塔尔、巴林、阿联酋	1. 利用资源优势对外构建联盟 2. 从资源中获取更大的经济利益	1. 与投资人权利相联系的一些威胁 2. 重要企业的政府所有权问题

① Reid W. Click and Robert J. Weiner, *Resource Nationalism Meets the Market——Modeling Political Risk and the Value of Petroleum Reserves.* Washington, D. C.: George Washington University, 2007, p. 24.

② 胡珺：《资源民族主义险在哪》，《中国能源报》，2011年8月15日，第10版。

续表

资源民族主义类型	奉行资源民族主义的海湾国家	关键政策的成因	外国投资者的挑战
地缘政治便利型（政府基于地缘政治因素而改变对资产的控制）	伊朗	利用资源工具保障经济和外交目标	1. 面临被征收和撤销特许（国有化）的威胁 2. 地缘政治风险问题
经济参与收益型（政府寻求获得更多的经济利益）	伊拉克、阿曼	1. 国内经济目标 2. 政治议程	1. 利税问题 2. 税率变化问题 3. 盈利的压力

数据来源：无，此表为作者自拟。

能源之所以能成为海湾国家资源民族主义的核心优势，是因为全球化的世界仍属于油气为王的时代。《各国经济权利和义务宪章》规定：每个国家均对其财产和自然资源有完全和永久的主权，包括使用与转让资源的权利……每个国家都有权没收或转让外国人所拥有的财产或将其国有化；在从事上述行为时，实行国有化的国家应参照相关的法律规定与情况，并且应给予原资产所有者适当的补偿，因补偿而引起的争端应以实行国有化的国家的国内法由其国内司法机构裁决；……所有国家均有责任尊重生产国的权利而不应采取经济或政治手段干涉其他国家的决策。① 如此，丰富的油气资源无疑成为油气生产国推动经济发展，实现经济自主的“抓手”，同时也利用政权的力量开始从能源帝国主义国家手中收回一些关系国民经济命脉的“利权”。

从2006年至今，国际能源市场风云突变，油价长期高位运行，海湾国家的资源民族主义势力抬头并有新的变化。与30年前的国有化浪潮不同的是，即使在国家石油公司较小且外国石油公司介入很深的国家，其石油的主权依然在海湾油气国政府手中。在此之前，全球经济

① 辛晓宁：《〈各国经济权利和义务宪章〉国际法律效力之思考》，《决策与信息》，2010年第3期，第68页。

一体化的观念还处于主导地位，只要有利于经济发展，海湾地区石油输出国便会把资源卖给任何国家以换取财政收入。但如今各石油输出国已经开始将爱国主义、民族主义和国家长远利益作为集合进行整体考虑，制定雇员比例等一系列自我保护政策，这一情绪并不因全球金融危机和油价低迷而改变。因此许多跨国石油公司发现它们的商业和财务目标越来越依从于资源国的国有化政治议程，而海湾国家则认为石油市场已经转向对卖方有利。另外，海湾各国共有的意识形态如强调独立自主、第三世界团结一致等也推动了石油资源国有化进程。

例如沙特阿拉伯奉行温和但坚定的资源民族主义政策，是海湾国家奉行资源民族主义政策的中坚力量。沙特阿拉伯的商业化石油勘探始于 20 世纪。1944 年，埃克森—美孚与阿拉伯美国石油公司（CASOC）联合成立了阿拉伯—美孚石油公司（Aramco），该外籍公司主导沙特石油工业中数十年。Aramco 向美国政府缴纳的税额要远高于向沙特阿拉伯所缴纳的矿山使用费，沙特政府对开采石油收到的费用仅为 21 美分/桶，而当时石油每桶售价 2 美元/桶。1950 年，沙特针对 Aramco 开始实施自己的第一个利益分享计划，并提出一项五五分成协议，但遭到 Aramco 的激烈反对，这促使沙特加紧石油国有化的进程。1973 年，沙特只拥有 Aramco 公司 25% 的股份，但一年后便增长到 60%。最终在 1988 年，沙特取得了 Aramco 公司 100% 的股权并使其成为沙特完全控股的国有公司，更名为 Saudi Aramco 石油公司。[①] 沙特阿拉伯在掌控了本国的石油资源后，一直将石油业的上游领域控制在政府手中，严禁对外资开放。但作为石油生产的超级大国，沙特阿拉伯主动限制产能扩张，保持着相当比例的剩余生产能力以防止大量原油充斥国际能源市场局面的出现，从而希望最大化石油的长期价格，而非石油价格的短期飞涨，力图通过产量政策将油价维持在合理水平上。需要指出的是，沙特的石油国有化过程采取的是渐进政策，沙特之所

① Gawdat Bahgat, "The New Geopolitics of Oil: The United States, Saudi Arabia, and Russia", *Orbis*, Volume 47, Issue 3, Summer 2003, p. 457.

以选择此种较为“温和”的国有化策略原因有三：一是沙特和美国的政治关系较为密切；二是沙特石油方面的人才匮乏；三是沙特石油出口量远大于市场需求，沙特必须在自己的国有资产和外国石油公司之间保持平衡。事实证明，这种渐进的国有化方式被认为是更成功的国有化方式，因为没有将外国石油公司转变为自己的敌人。①

虽然和平与发展依然是当今时代主题，但安全风险仍在增大。美国打着反恐的名义入侵伊拉克，试图控制世界能源的心脏地带——中东地区，美国此举原本是确保自身的能源供应安全，但结果却是引起了包括海湾地区油气生产国的戒心，加剧了这些国家资源民族主义倾向。海湾国家为了确保本国对油气资源的绝对控制，不仅为外国石油公司设置重重阻碍，还积极组建新的国家石油公司（National Oil Companies，NOCs）以服从国家发展战略的需要。

何塞·马蒂曾说过：“政治上获得自由但经济上受奴役的人民终究会失去所有的自由，而经济上获得自由的人可以继续赢得政治上的独立。”从海湾能源输出国的立场来看，外国能源公司的目标就是利用资本优势诈取珍贵的国内资源以获取高额利润，如果本国的资源开发是为了满足国外市场的需要，就有了出卖国家战略资源的嫌疑。这里面固然包含了“民族主义”情绪的因素，但不可否认的是，它是全球化时代的副产品。二战瓦解了殖民主义，带来了民族解放的时代，海湾国家虽已实现了主权独立，但在经济上仍处于依附地位，发达国家利用在世界经济链条中的优越地位，以技术专利、技术封锁等作为控制海湾国家经济的手段，极力打压能源等初级矿产资源的价格。因而，当21世纪“高价资源时代”到来时，海湾国家把油价高企视为保护本国利益、获取民族尊严、彰显政治力量的良机。资源民族主义就是在这样的时代背景下形成和发展起来的，海湾国家利用其对资源的政治主权来捍卫其经济主权，而“主权”被定义为拥有单方面废除协议的

① ［美］托伊·法罗拉安妮·杰诺娃著，王大锐王翥译：《国际石油政治》，石油工业出版社2008年版，第49—50页。

（国家的或地区的）能力，它们试图以此来实现民族振兴的未竟事业。[①]只不过海湾国家资源民族主义为21世纪的国有化带来一种新模式：拥有资本和技术知识的外国企业将在能源生产国继续运营、并且盈利，但是它们不再是天然气或是石油的拥有者。

三、海湾国家资源民族主义对中国能源安全的影响

日益流行国有化和不断加剧的资源民族主义，正成为全球能源安全的长期威胁。我国经济的高速发展产生了对能源的巨大需求，在国内能源短缺的背景下，通过海外并购获取能源是中国能源安全体系的重要组成部分，也将是未来相当长的时间内，中国遭受资源民族主义风险的主要领域。海湾国家资源民族主义浪潮对加快“走出去”的中国能源企业带来巨大压力，影响着中国海外能源投资的进一步拓展。具体表现在以下三个方面。

第一，改变并购的条件或终止并购。海外并购在达成初步的意向后，经过媒体曝光和民族主义的发酵影响，会对并购双方产生压力，从而导致并购双方中某一方面修改并购交易条款。中国能源企业始终面临这样一个风险——即它们与海湾国家之间的协议随时有可能被拿出来重新谈判，因为油气输出国政府往往会认为跨国公司过多地从海湾国家的资源中盈利。[②]随着资源价格和民族主义的持续高涨，一些政府改变了游戏规则，而是重新选择了短期机会主义路线，通过推翻原有合同、提高税收分成、限制外资持股比例等方式，损害投资者权益、增加政府收入、导致能源领域的全球并购受到不同程度的打击和制约。

第二，增加并购后的经营风险。资源民族主义对并购后的影响主要体现为以下两种情况：一是国有化的风险。在能源紧缺的形势下，

① Paul Stevens, *Transit Troubles——Pipelines as a Source of Conflict*, London: Chatham House, 2009, p. 2.

② 刁莘：《资源民族主义阴云扩散　中国企业海外并购愈加艰难》，《中国经济导报》，2012年5月12日，第3版。

一些海湾国家都将油气资源作为战略资源加以控制和保护，因此对能源领域实施国有化将变得较为普遍。二是增加经营的成本。东道国政府高税收低回报政策的实施将增加企业运营的经济负担，同时也可以通过其他的政策增加企业所承担的社会责任，减少企业的利润空间。① 例如 2008 年中石油—BP 联合体竞标伊拉克鲁迈拉油田成功，并报出 3.99 美元桶油报酬的场内低价。但是，伊拉克政府却坚持最高桶油报酬只能是 2 美元。尽管中石油—BP 最后屈服，但伊拉克苛刻的报酬条件却显露出了能源输出国与国际石油巨头之间无法调和的矛盾。

第三，降低投资收益。对于中国来说，由于技术、资金和管理方面的限制，在全球化的进程中更多地徘徊在全球价值链的低端，经济收益受到较大限制。在全球能源日益紧缺的宏观背景下，出于自身利益最大化的考虑，海湾国家往往打着民族主义的旗帜，对外国资本设置多重政策壁垒，从而逼迫外国资本对本国的基础设施、环境保护等公共事业方面做出更多的贡献，并在经济收益方面通过税收和各种经济政策降低外国投资者的直接经济收益。

因此，施行资源民族主义的一些海湾国家极力最大化自身利益的措施，必然会影响到“走出去”的中国能源企业。中国能源企业“走出去”后面临着双重压力：一方面是西方国家的大型跨国能源公司的强有力竞争；另一方面是能源出口国的资源民族主义。所以中国企业的“走出去”战略的成败的关键不在于“走出去”本身，而在于“走出去”后的生存状况。我国经济正处在工业化的中级阶段，社会发展正处于城市化不断加快的发展阶段，工业化与城市化都产生了对能源和资源的巨大需求。能源和资源的对外依存度非常高，以石油为例，中国 2012 年的石油对外依存度超到了 55%，超过了美国。到 2015 年，中国石油的对外依存度将可能达到 60%。在这种情况下，除了加大能源和资源的进口之外，中国以资源能源为目的的海外并购将不断增加。

---

① 程达军：《我国企业海外并购的民族主义风险与企业应对策略》，《商业研究》，2013 年第 4 期，第 114 页。

由于资源能源的可再生性差，在加上大部分发展中国家正处于工业化发展阶段，其自身对能源资源的需求也不断在增加，基于能源资源的争夺将日趋激烈，资源民族主义也将成为未来我国跨国资源能源收购中的重要阻碍因素。

四、应对海湾国家资源民族主义的防范路径

油气资源是重要的战略资源，油气商品是主要的政治商品，油气企业是政治化程度较高的企业。油气生产国的资源民族主义的崛起，使油气资源更具政治性。研究海湾国家资源民族主义之所以迫在眉睫，一是为了服务于中国企业“走出去”战略的需要；二是为了探索中国和海湾国家建立新型合作关系。需要指出的是，资源民族主义不同于国际恐怖主义，它是一个民族国家主权范围内的事情，我们对其的态度不是消除“威胁”，而应是化解“风险”。[①] 因此应对海湾国家资源民族主义的负面影响可从以下三点进行思考。

首先，在与海湾国家的能源合作中保持低姿态。从精神层面来看，在民族优越感比较强且整体经济发展水平较高的海湾国家，来自外来民族的能源投资行为被认为是对本民族的一种贬低，因此很容易遭到本民族政府和民众的抵触。中国改革开放取得的巨大成就，以及西方国家以“资源殖民主义”来诋毁中国能源企业的全球化经营，很容易被对中国有偏见或敌意的群体所利用并加以大肆渲染，从而激发海湾国家内部的民族主义情绪，影响并购交易的进行。中国企业在海外并购中应尽量淡化政治和民族色彩，还原并购行为的经济本质，并以国际企业公民的标准来要求自己，减少东道国政府对并购行为进行政治化解读的可能性。

其次，对海湾国家资源民族主义进行风险评估。风险评估和尽职

---

① ［挪威］奥斯汀·滕斯强著，赵俊译：《中国能源安全的对冲战略》，《世界经济与政治》，2008 年第 8 期，第 48—51 页。

调查是海外能源投资过程中的重要战略，为了减少海外并购的民族主义风险，有必要对并购交易的东道国的民族主义的历史、现状、特点等进行深入调研，并对本次并购活动对东道国当地区域的政治影响、经济影响进行科学评估。由于民族主义风险是政治风险的重要构成要素，为了深入了解并购交易的具体影响，还需要委托专业的咨询公司和中国政府在东道国的派出机构对并购交易可能引发的民族主义风险进行专门评估。

最后，树立中国在海湾国家的优质形象。在国际体系和中东地区处于深刻转型的背景下，中国与海湾国家的经贸合作是中国对外能源战略的重要组成部分，近年来中国海外国际形象不佳的状况，促使中国从战略高度重新审视国家形象优化问题。良好的国家形象是确保中国对外战略的实施和国家的海外利益的基础，并为中国与海湾国家经贸合作创造条件。其塑构支点包括以下几个方面：（1）加强“民生”项目援建，赢得当地民众的好感；（2）定位“友善中国”形象，提升中国的亲和力；（3）大力发展文化外交，建立优质文化形象；（4）打造具有中国特色的民族传播品牌。[①] 通过与当地政府和利益相关群体、非政府组织的接触让他们了解中国能源投资对当地经济社会的正面影响，使他们能够对并购活动有积极的心态。中国能源企业还需与当地媒体保持沟通，使双方合作的正面信息能够及时得到发布。

海外能源投资是容易触发民族主义风险的企业经营行为，无论是出于经济利益的考虑，还是基于政治打压的思维，中国企业海外并购中遭受的民族主义风险将长期存在。总之，在相互依存的全球化时代，“零和博弈”模式的能源安全观显然不合适宜，中国政府所倡导的“互利合作，多元发展，协同保障的新能源安全观”为国际能源安全的和谐发展指明了方向。唯有如此，才能最大限度地减轻资源民族主义的负面影响，提高海外并购的绩效和质量。

---

① 肖洋：《声誉与权益：论北非地区中国国家形象优化策略》，《当代世界》，2013年第3期，第67页。

第三节　中国在海湾地区的工程承包风险研究

为了满足国民日益增长的各项需求、推进国民经济多样化，多年来海湾各国政府凭借高额的财政盈余在交通、教育、医疗等基础设施领域大规模投资，使得海湾地区成为全球最具活力的工程市场，目前在建的工程承包项目总额超过9000亿美元，未来还将进一步增长，为中国的国际工程承包企业带来了商机。然而，由于中国与海湾国家在管理规则、准入壁垒、商务文化等方面存有差异，使得中国企业难以快速形成“后发优势”。本文通过对海湾六国工程承包市场的经营环境进行分析，重点研究其中的市场准入壁垒问题，并据此为我国国际工程承包企业到海湾地区经营提出政策性建议。

一、海湾六国工程承包市场概述

荒漠环境与单一的油气资源促成了海湾六国能源出口导向型经济结构。尽管在“油气为王”时代，丰富的资源禀赋带来了高额的财富，但单一石油经济的脆弱性与高风险性也引起了海湾六国的警惕与担忧。受2008年全球金融危机以及国际能源价格下跌的影响，海湾六国积极调整发展战略，大力发展非石油产业经济，将油气收入投入到各种类型的工程建设项目中。目前，全球1/2的建筑工程项目集中于海湾地区。[①]

海湾六国工程项目主要涵盖交通运输、能源电力、建筑业等领域，而整体工程市场的风向标又以阿联酋、沙特阿拉伯和卡塔尔三个能源大国马首是瞻。

阿联酋的工程市场一国独大，约占海湾地区总规模的60%—70%，

① 王铁鹏：《海湾六国建筑市场开发前景》，《技术与市场》，2013年第2期，第133—134页。

2011年项目总规模超过200亿美元。阿联酋的承包工程市场将向三方面拓展。一是能源产业主导的阿布扎比、迪拜和沙迦等核心区投资计划。阿联酋国家石油公司（Emirates National Oil Company L. L. C，简称为ENOC）流动资金比较充足，使其能够在开发新油田、房地产等基础设施建设领域增加投资。例如阿联酋耗资5.71亿美元（约合21亿迪拉姆）开建新的阿布扎比—迪拜主干道，在建的阿布扎比机场中场航站楼综合设施（68亿美元）将于2015年竣工，年吞吐量为2000万人次；[①] 这将带动阿联酋工程承包市场的繁荣。二是城市基建与高端服务业紧密相关。阿联酋的未来定位是阿拉伯世界的高端服务业中心，迪拜正试图成为中东的金融中心和旅游胜地，已经建成或在建许多世界级的项目，如阿联酋“迪拜门”（Dubai Frame）项目将于2013年12月开工建设，建成后每年将吸引来自世界各地的200万游客；[②] 预算资金为150亿美元的米纳扎伊德（Mina Zayed）港口建设工程，2018年竣工后将成为阿联酋最大的商港，带动旅游、购物、会展业的发展。[③] 2013年迪拜SKAI地产投资控股公司宣布将在迪拜朱美拉棕榈岛建造价值10亿美元的酒店，于2016年竣工。[④] 三是大力发展房地产业。房地产的繁荣源于阿联酋人口与经济收入的不断增长，整体引资规模在600亿美元之上。例如将于2015年竣工的阿布扎比首都区将成为该国行政与教

---

① “Abu Dhabi to spend ＄2bn building new roads to Dubai，Mafraq-Ghweifat”，*Arabian-industry*，3 October，2013. http：//arabianindustry. com/construction/news/2013/oct/3/abu-dhabi-to-spend－2bn-building-new-roads-to-dubai-mafraq-ghweifat－4465747/#. Up2QRLUiRm0.（上网日期：2014年8月12日）

② Daniel Shane，“Dubai Frame project to be completed by end－2014”，*Arabianbusiness*，15May 2013. http：//www. arabianbusiness. com/dubai-frame-project-be-completed-by-end－2014－501668. html.（上网日期：2014年8月12日）

③ Abu Dhabi Ports Company，“Mina Zayed，Freeport & New Freeport”，*Marine Tariff 2013*. http：//www. adpc. ae/en/article/ports/mina-zayed. html.（上网日期：2014年8月12日）

④ 中华人民共和国商务部：“迪拜将建10亿美元酒店”，http：//www. mofcom. gov. cn/article/i/jyjl/k/201305/20130500131080. shtml。（上网日期：2014年8月12日）

育中心，城市住房建设资金约为400亿美元，国家机关、外国使馆、高等院校都将集中于此。

沙特阿拉伯经济发展平稳，国内承包工程项目已达4950亿美元。[①]该国工程承包市场大致可分为三个方面：一是房地产项目。2012年沙特阿拉伯房地产市场规模为2667亿美元，成为仅次于石油的第二大行业。国王阿卜杜拉·本·阿卜杜勒—阿齐兹（Abdullah Bin Abdul-Aziz）提出投资660亿美元建造50万套保障住房，[②] 例如投资40亿美元的沙特军营四期项目。[③] 二是新城市建设。沙特阿拉伯投资总署计划到2020年在能源、教育、港口、物流等领域投入5000亿美元，并兴建六座知识技术密集型工业新城，以多元化发展跻身全球工业强国之林。其中包括沙特工业产权局（Saudi Industrial Property Authority）投资920亿美元的阿卜杜拉国王国王经济城（King Abdullah Economic City）、投资400亿美元的苏代尔工业城（Sudair Industrial City）建设项目，以及如麦地那知识经济城和吉赞经济城市等。三是道路建设。沙特政府计划建立高效的城际交通运输体系。例如沙特铁路组织（Saudi Railways Organization）投资100亿美元的从吉达（Jeddah）—吉赞（Jizan）—塔伊夫（Taif）到海米斯穆谢特（Khamis Mushayt）的南部线路（South Railway）项目。[④]

卡塔尔视房地产业为国民经济的基础，主要集中在与旅游、教育、

---

① 中华人民共和国驻沙特大使馆经济商务参赞处：“沙特工程市场在建项目达4950亿美元”，http：//sa. mofcom. gov. cn/article/ddfg/laogong/201311/20131100397936. shtml。（上网日期：2014年8月12日）

② 中华人民共和国商务部：“沙特房地产开发提速”，http：//www. mofcom. gov. cn/aarticle/i/jyjl/k/201212/20121208486525. html。（上网日期：2014年8月12日）

③ Saudi Industrial Property Authority，“Modon shortlists 10 companies for Sudair City”，http：//www. modon. gov. sa/english/mediacenter/news/pages/news _ 93. aspx. （上网日期：2014年8月12日）

④ Saudi Railways Organization，“SRO-Board of Directors discusses the latest developments in expansion projects and new projects of the current year budget”，http：//www. saudirailways. org/portal/page/portal/PRTS/root/Article_ 07. （上网日期：2014年8月12日）

医疗相关的道路、桥梁、机场和大型公共设施建设等方面。卡塔尔政府积极支持房地产开发。卡塔尔政府投资32亿美元建设Al Waab居民区项目，以及占地35平方公里、预期投资在200亿美元以上的鲁萨尔新城（Lusail City）开发项目。① 由于卡塔尔承办了2022年世界杯比赛，该国计划投资1400亿美元建立高效的城市交通系统。② 建成以多哈为中心、辐射其他世界杯赛场的高速公路网和多哈地铁系统，如卡塔尔综合铁路项目（Qatar Integrated Rail Project）将于2020年前联通卡塔尔与巴林的高铁系统。③

科威特政府积极投资建设金融、贸易、旅游、医疗等基础设施。2013年11月26日科威特公共工程部负责规划发展事务的官员表示，科政府正在全力推动150个大型基础设施项目，签订各类建设合同422个，总金额超过282亿美元，以努力实现埃米尔提出的要把科威特建成海湾地区金融与贸易中心的宏伟目标。④ 此外，科威特投资940亿美元兴建丝绸之城（City of Silk），并希望该项目于2030年竣工后能成为全球贸易与旅游胜地。⑤

阿曼是一个欠发达国家，建筑工程发包额增长平稳但总量较少。从发包业务领域来看，能源项目超过50%，房建、机场、公路等项目

---

① Lusail Sets the Tone for Infrastructure Qatar Conference，http：//www. lusail. com/English/Pages/English_ Home. aspx.（上网日期：2014年8月12日）

② Deloitte Touche Tohmatsu Limited，"Insight into the Qatar construction market and opportunities for real estate developers"，http：//www. deloitte. com/assets/Dcom-MiddleEast/Local%20Assets/Documents/Services/FAS/me_ fas_ qatar-construction-market_ 052013. pdf.（上网日期：2014年8月12日）

③ Qatar Railways Company，"Long Distance Passenger and Freight Rail"，http：//www. qr. com. qa/.（上网日期：2014年8月12日）

④ 中华人民共和国驻科威特大使馆经济商务参赞处：《科威特积极推动大项目建设》，http：//kw. mofcom. gov. cn/article/jmxw/201311/20131100404339. shtml。（上网日期：2014年8月12日）

⑤ Eric Goldschein，"Kuwait Is Building A $132 Billion City around A Skyscraper with an 'Arabian Nights' Theme"，Business Insider，Dec. 7，2011. http：//www. businessinsider. com/kuwait-madinat-al-hareer-skyscraper－2011－12.（上网日期：2014年8月12日）

发包总和约为41%。根据阿曼政府的“八五计划”（2011—2015年）规划，将投资100亿美元建设赛莱拉（Salalah）国际机场、亚当（Adam）机场、马斯喀特（Muscat）机场、索哈尔（Sohar）机场。未来十年，阿曼将投资150亿美元用于AL Duqm港口建设。①

巴林的建筑市场充满了活力，在世界银行2013年度全球营商环境报告中，巴林排名第42位。② 巴林政府在民居、路桥等基础建设领域投资巨大。③ 如巴林住房部陆续推出北方城1万套、希德东区4000套、希特拉东区4000套等保障房项目，各类私人开发商也将推出规模不等的住房建设项目。迪亚尔·穆哈拉克房地产开发项目投资约为30亿美元，其中包括名为“龙城”的中国精品商城项目。此外，巴林积极投资道路基础设施以打通与周边邻国的陆上交通网，如连接沙特和巴林的第二座跨海大桥预计于2014年底动工，巴林—沙特铁路工程从达曼开始，沿着法赫德国王大桥抵达麦纳麦，全长30公里，预计总投资45亿美元。④

海湾六国的巨额油气收入向非能源领域投资，不仅逐渐推动后能源时代的经济转型，还推动了全球建筑业的复兴。中国与海湾六国能源关系推动了贸易、投资和工程承包合作的发展，使双方经济合作规模不断扩大。⑤ 然而全球化的铁律之一就是遵循东道国的管理规制成为

---

① Special Economic Zone Authority, “1, 75 Billion for Duqm zone growth”, 23 July, 2013. http://www.duqm.gov.om/Duqm-Zone-Growth.shtml.（上网日期：2014年8月12日）

② 中华人民共和国驻巴林大使馆：《巴林经济简况》，http://bh.mofcom.gov.cn/article/ddgk/zwjingji/201307/20130700213266.shtml。（上网日期：2014年8月12日）

③ 中华人民共和国外交部：《中国承包工程企业代表团成功访问巴林》，http://www.fmprc.gov.cn/mfa_chn/zwbd_602255/t871934.shtml。（上网日期：2014年8月12日）

④ 中华人民共和国商务部：《巴林—沙特铁路桥讨论会在麦纳麦举行》，http://www.mofcom.gov.cn/aarticle/i/jyjl/k/201202/20120207969198.html。（上网日期：2014年8月12日）

⑤ 陈沫：“中国与海湾合作委员会国家经济关系探析”，《西亚非洲》，2011年第8期，第24页。

经济利益可持续获取的前提条件，作为后来者的中国企业能否在海湾地区的建筑市场上站稳脚跟，不仅取决于自身的功底是否扎实，更在于能否适应海湾六国对工程承包市场的制度安排，以逾越市场准入壁垒。

二、海湾六国工程承包市场准入壁垒解析

准入壁垒（Barriers to Entry）是研判某地区市场环境优劣的重要视角之一，亦是企业评估进入该市场必须承担的成本的参考指标。① 尽管海湾六国工程承包市场潜力巨大，但准入壁垒相对较高，主要表现为制度性准入壁垒、结构性准入壁垒与操作性准入壁垒三个方面。

（一）制度性准入壁垒

海湾六国设置的制度性准入壁垒表现为以下几种形式：

1. 当地公司代理制

根据《外国承包商与沙特代理人关系法》规定，外国承包商投标沙特工程项目必须与当地代理人合作，代理费为不超过合同总金额5%，但有的沙特本土代理商收取的代理费高达20%以上，这无疑增大了外国承包公司的营运成本。例如，沙特承包工程市场的政府投资占绝对比重，没有在沙特当地获得注册经营地位与承包商资格的外资企业，必须通过与有相关资质的当地承包商建立合资企业，采取转包或分包、委托当地承包商代理等间接方式参与竞标。

2. 企业资质审查制度

海湾六国坚持对外国承包商的企业信誉、工程业绩、施工技术等资质进行预先审查，预审不合格的企业不得竞标。海湾六国明文限制外国公司的准入范围与业务范围，使之只能承接外国政府投资项目及沙特本国承包商无力完成的高难度项目。如沙特政府禁止外国竞标石

① Harold Demsetz, "Barriers to Entry", *The American Economic Review*, Vol. 72, No. 1, 1982, pp. 47－57.

油勘探、开采、设备生产、陆路运输等领域的项目。

3. 本土保护制度

为了保护国内的相关产业安全，海湾六国要求中标的外国企业必须与本土企业联合承包工程，工程设备及施工材料需在当地购买。如沙特规定外国公司必须保证公司内部至少有25%的沙特公民并支付工资，同等条件下，卡塔尔会优先考虑让本土承包公司中标。此外，根据《卡塔尔投资法》规定，外国企业在卡塔尔建立合作公司时，外国企业所占份额不得超过49%，否则将被强制收费。而《阿联酋商业公司法》规定，外国企业在阿联酋成立合资公司须有一个或多个阿联酋籍合伙人，而且本地人在合资公司的所有权不能低于51%。[①] 沙特政府则更为偏袒国有海运公司，将超过40%的与政府有关的货物交由沙特阿拉伯国家海运公司（National Shipping Company of Saudi Arabia，NSCSA）和阿拉伯联合航运公司（United Arab Shipping Co，UASC）运输。

4. 合资公司注册制度

根据海湾六国的有关规定，只有本土公司才具有参加工程竞标的资格。因此外国公司只能有两种竞标的路径：一是采取总体承包的方式参与竞标，或是采取买标方式，但仅适用于竞标小型项目；二是与本土公司成立合资公司并在当地注册以取得竞标资格。由于海湾六国对合资公司的注册门槛极为严格，注册不成功则只能选择承包部分工程，特别是阿联酋就以注册壁垒高而著称。主要表现为：一是注册手续繁杂。《阿联酋工程项目分类表》将发标工程分为机电、房建、电力、供水、排水、路桥和农业八大类。[②] 企业在申报工程技术人员、公司业绩等资质时，首先要确定自己申报哪一类的工程公司，如公司申

① 中华人民共和国驻阿联酋大使馆经济商务参赞处："阿联酋企业注册指南"，http://ae.mofcom.gov.cn/article/ddfg/tzzhch/200408/20040800265850.shtml。（上网日期：2014年8月12日）

② 新浪网：《建筑商如何掘金阿联酋》http://finance.sina.com.cn/roll/20031114/0800518525.shtml。（上网日期：2014年8月12日）

报排水工程的资质等级，申报的工程技术人员必须是排水领域的工程师，公司业绩也是在水务管理方面。如果承包公司申报《阿联酋工程项目分类表》以外的工程资质等级，则须向有关主管部门另行申请。例如，外国油气企业需向阿联酋国家石油公司进行专项申请。二是竞标企业将被分级登记。阿联酋《商业公司法》规定，已经取得营业执照的承包公司必须在阿联酋计划部资质分级委员会进行分级登记，分为特级、1—5 级共六个等级，并取得相应的资质等级证书，不同等级划定了不同的承包项目范围，企业只能竞标此范围内的项目。营业执照每年都必须审核。

（二）结构性准入壁垒

结构性准入壁垒是贸易保护的主要方式，主要包括技术标准、政府管制、投标差别化等形式。

1. 英美技术标准占据主导地位

海湾六国大多采用英美国家的标准规范，并且聘请国际知名公司监管项目建设的全过程，甚至从施工样图设计到永久材料设备采购都要逐一过问。由于海湾六国工程监理的指标化程度很高，这就要求海外承包企业必须严把技术关与质量关，在竞标之前就明确投标目标，授标成功后的工程管理制度需按东道国的相关监管标准进行调整。

2. 严格的环保标准

海湾六国普遍采用英美工程评估标准，对工程建设过程中的环保要求很高。例如：污水、弃渣处理需向环保部门申请，手续繁琐且需一事一申请。迪拜水电局（Dewa）已经通过了《绿色建筑法规》，阿布扎比城市规划委员会（UPC）以及卡塔尔的地亚尔市也已建立了绿色建筑的长效评级制度。[①] 海湾六国目前共有 1348 项在册绿色建筑项目，并获得联合国绿色建筑委员会的权威认证。

---

① Sami Mahroum, "Demand-led Related Diversification: Green Construction in the GCC as a Prospective Case", *NSEAD Innovation Policy Initiative*, March 15, 2012, p. 14.

3. 对承包商的服务需求增大

海湾六国工程市场一般不采用全包方式。除了承担工程建设责任，承包商还需负责相应的项目运行与融资管理等服务项目。由于海湾六国的很多项目并没有预付款，因此带资承包的方式已逐渐主导了海湾六国工程招标市场，因此是否拥有牢固的资金链，已成为决定承包企业在海湾工程承包市场中获胜的核心因素。

（三）操作性准入壁垒

外资公司被授标成功后，仍然面临着一些操作性的困难。

1. 支付方式繁琐

由于中标的外国企业必须购买当地施工材料与设备，但海湾六国的供货商习惯采用信用证（letter of credit）支付的方式，对于工程采购计划甚至要求使用全额滚动式信用证支付，这将提升项目的流动资金占用率，特别是对于融资能力较弱的企业来说，无疑会增大其履约成本，面临资金链断裂的风险。

2. 中国的设备材料不被接受

根据海湾六国通行的供货名单制，阿拉伯业主经常在项目招标或后续合同谈判阶段明确指定承包商采购西方设备和材料，对于关键设备往往由业主提供甚至指定供货商，特别是在石油、石化及电站设备领域的工程建设过程中禁止购买供货商名单以外的设备和技术。除非事先约定，阿拉伯业主一般不会接受在签约后改用中国产设备和材料。

综上所述，尽管海湾六国工程承包市场广阔，但其中的市场准入壁垒仍然较高。中国企业作为海湾六国工程承包市场博弈的后来者，面临着如何跨越准入壁垒、规避市场风险、形成核心竞争力的严峻考验，需根据自身实际情况精细化构建相关应对策略。

三、中国企业进入海湾六国工程承包市场的 SWOT 分析

SWOT 分析法是一种用于检测企业营运与市场环境的决策辅助工具，能够帮助企业决策者将资源与精力投放在核心议题上。使用 SWOT

模型剖析中国企业进入海湾六国工程承包市场所面临的内在竞争优势与劣势、外在机会与威胁进行，有助于系统把握有利因素，避开不利因素，发现隐患，及时找出解决路径，明确资源投放方向，从而为中国国际工程承包企业设计一套与内部资源、外部环境有机结合的“走进海湾”战略框架。

（一）优势与劣势分析

事物未来的发展方向，取决于其内部优势与劣势的博弈状态。因此，厘清优势（Strength）和劣势（Weakness），是中国企业进入海湾工程承包市场的前提准备。

1. 主要优势（Strength）

（1）劳动力成本优势

与发达国家相比，中国企业的工程技术人员竞争力有限，但在薪资水平上有优势；与发展中国家相比，中国的工程技术人员工资水平较高，但在整体技能方面优势较大。整体而言，中国工程承包企业拥有较高素质的本土技术与管理人才，能以较低的成本整合施工团队优势进行项目攻关，从而降低项目决策与管理失误的风险几率，节约项目执行成本。

（2）业绩优势

中国国际工程承包企业经过多年来的实践，已经建立起一套较完整的跨国经营管理体系，特别是在基础设施工程承包领域积累了大量宝贵经验。Engineering News-Record 评选出的 2013 年度全球最大国际承包商中，中交集团、中国水利水电建设股份有限公司、中国建筑工程总公司等 55 家公司跻身世界 250 强之列，共完成海外工程营业额 671.75 亿美元，平均营业额为 12.21 亿美元，[①] 我国国际工程承包企业整体位次不断前移，部分企业业务增长迅速，如中国交通建设股份有限公司连续六年排名中国企业首位，同时也是中国在海湾六国工程承

① 中华人民共和国商务部：《我国 55 家内地企业入选 2013 年度 ENR 全球最大 250 家国际承包商名录》，http：//www. mofcom. gov. cn/article/hyxx/zhetang/201309/20130900329212. shtml。（上网日期：2014 年 8 月 12 日）

包商的翘楚。

(3) 经验优势

业绩优势源于中国工程承包企业丰富的竞标经验。2010 年，中国公司在阿曼承建的工程项目营业额为 4.67 亿美元。[①] 中国水利水电集团公司、中铁 18 局、长城钻井、中油勘探、华为等企业也在海湾六国取得了良好业绩，单笔合同金额过亿元的项目不胜枚举，中国企业所承建的工程质量一流，得到业主和监理方的一致好评。中资企业在基础设施建设、交通运输等领域拥有丰富项目经验与专业优势，已经具备参与大型项目的竞争能力。

2. 主要劣势（Weakness）

(1) 信息获取渠道少

与国际著名工程公司相比，中国国际工程承包企业的咨询设计能力仍显不足。在 2013 年度全球咨询设计 200 强的排行榜中，中国石化工程建设公司位居 12 名，营业额为 27.36 亿美元，而排名第一的美国艾奕康科技公司营业额则为 72.77 亿美元。[②] 国内工程承包企业对海湾工程市场的信息扑捉能力较弱，信息来源主要依靠国外中介或代理人，自主掌握的工程项目信息渠道单一，对海湾工程市场缺乏系统跟踪与筛选能力。

(2) 复合型人才匮乏

缺乏熟悉海湾六国国情、懂技术、懂外语的国际市场管理人员，是影响中国国际工程承包企业竞争力的重要因素。海湾六国工程行业的商务语言是英语与阿拉伯语，西方公司在语言沟通方面具有先天优势，而中国企业参与海湾六国工程承包的竞争短板就是复合型人才的

---

① 中国对外工程承包商会：《阿曼建筑市场分析》，http://www.chinca.org/cms/html/main/col145/2012-05/30/20120530021925265737743_1.html。（上网日期：2014 年 8 月 12 日）

② Engineering News-Record, "The Top 150 Global Design Firms", http://enr.construction.com/toplists/Top-Global-Design-Firms/001-100.asp.（上网日期：2014 年 8 月 12 日）

缺失。此外，由于海湾六国的政府管理人员大多受到西方教育，对西方商务管理模式具有文化亲缘性，而中国的东方式企业文化决定了其在获取项目信息及跨文化商务沟通方面具有较明显的劣势。

（3）融资能力差

融资能力差是制约我国企业承揽大型国际工程项目的核心因素。主要表现为三个方面：一是融资成本高。中国大型企业的融资成本一般在10%左右，一些中小企业融资成本甚至高达20%—30%。国际通行工程承包贷款利率为1%左右，而中国则为3.8%，较高的融资成本削弱了中国企业在海湾工程承包市场中的可持续竞争力。① 二是融资渠道少。国家发展银行等政策性银行多支持大型国有企业，以及有政府援建等官方背景的工程项目，对中小型国际工程承包企业的支持力度较小。商业银行更是如此。三是国际融资能力弱。中国工程承包公司与国际信贷机构、外国商业银行的业务往来较少，制约了国内企业向国际资本市场融资的能力，这些都成为中国企业降低整体项目融资成本的掣肘。

（4）中国企业知名度低

中国企业作为后来者，在海湾六国的知名度较低，在大项目竞标中缺乏东道国认同。目前，中国工程承包企业尚未普及国际标准，采用的主要技术指标还是国家标准，项目管理的能力、经验和水平不能适应国际工程承包的需要。中国标准与工程建设实践尚未得到海湾六国的认可与接受。从短期来看，“中国建造”与西方工程公司相比差距较大，国际竞争力还较弱，需要凝聚各方合力以提高企业的生存力与承建项目的抗风险能力。②

① Erin Andersen and Hubert Gatignon, “Modes of Foreign Entry: A Transaction Cost Analysis and Propositions”, *Journal of International Business Studies*, 1986, 17 (11): pp. 1－14.

② 金峰：《海湾炼化工程承包市场分析及对策》，《当代石油石化》，2009年第11期，第34页。

（二）机遇与威胁分析

外部环境的机会和威胁，将直接影响事物的发展过程。所以，明确机遇（Opportunity）和威胁（Threat），是中国企业进入海湾六国工程承包市场的战略基础。

1. 机遇（Opportunity）

（1）中国与海湾六国关系良好

一方面美国借“大中东民主改造”之名进行的文化改造，加重了伊斯兰世界在全球化中被边缘化的程度，[①] 海湾六国对美国在中东的单边主义行径心存不满，随着中国整体实力的提升，阿拉伯国家也希望通过加强与中国的经济合作，以减轻对欧美国家的过度依赖，在东西方之间寻求平衡；另一方面，中国政府的国际公关能力也不断增强，优质国际形象逐渐得以良好塑构，中国企业在当地的影响力不断加强，海湾六国逐步认可了中国企业的企业信誉与竞争优势。

（2）海湾六国工程承包市场前景广阔

海湾六国是我国对外劳务输出的传统地区，当地交通运输、石油石化、电力、海水淡化、电子通信等承包工程市场仍留有较多的市场机遇，此外海湾六国具有良好的货币和税收政策环境，例如，六国货币稳定，外汇无管制，可自由兑换和汇出，此外，非关税壁垒较少，除了对外国石油公司、外国银行等征收“公司税”外，政府都不征收其他类型的公司所得税、个人所得税、营业税等各种国内税赋。[②] 沙特新颁布的《外国投资法》规定在沙特阿拉伯不发达地区的外国投资者给予鼓励措施等优惠政策，并享有与沙特公民一样的国民待遇。

（3）国家政策扶持

中国政府提出的共建“丝绸之路经济带”和建设21世纪“海上丝

---

① 马丽蓉：《中阿文明交往面临的挑战及对策思考》，《阿拉伯世界研究》，2011年第2期，第10页。

② 何书海：《海湾国家工程承包市场分析》，《国际市场》，2006年第12期，第45页。

绸之路”战略构想，将打通从太平洋到波罗的海的运输大通道，逐步形成连接东亚、西亚、南亚的交通运输网络，为各国经济发展和人民往来提供便利。① 同时也将进一步将中国的发展成就惠及海湾各国。

2. 威胁（Threat）

（1）地缘安全形势严峻

海湾地区被成为国际安全局势的“暴风眼”，中国国际承包商经常处于纷繁复杂、变化多端的安全环境当中，承担着在国内承包所无法比拟的巨大风险。海湾六国的亲西方外交使其成为伊斯兰极端主义分子攻击的目标。受中东乱局未定、伊核危机、叙利亚内战的影响，海湾六国安全局势复杂多变，存在着市场预期不明确以及社会秩序不稳定等不确定因素，因此要充分考虑中东地缘安全形势变化对海湾六国工程承包市场的负面影响。

（2）地方保护主义

海湾六国工程承包市场竞争激烈，每个工程项目都有数十个企业参与竞标。为扶持本土承包商，海湾六国实行了一系列本土保护政策，提高了国外承包公司的市场进入门槛。例如，阿联酋政府规定外国企业必须是带资承包阿联酋工程，不享受工程预付款等优惠政策。对于外国承包商而言，带资承包无疑迫使其增加固定资产和流动资金投入量，从而延长了资金回收期，特别是承建大型工程项目的筹资压力剧增，迫使很多国外企业被迫退出了竞标。2012 年 11 月 15 日，沙特劳工部出台了促进私营部门劳动力沙特化，鼓励以沙特人替代外国人的政策，即雇佣沙特人少于其雇员总数一半的企业，每月须为每名外籍雇员缴纳 200 沙特里亚尔的费用。②

---

① 习近平：“创新合作模式　共同建设‘丝绸之路经济带’”，中国共产党新闻网 2013 年 9 月 7 日，http：//cpc. people. com. cn/n/2013/0907/c164113 – 22840646. html。（上网日期：2014 年 8 月 12 日）

② 中华人民共和国驻沙特大使馆经济商务参赞处：“沙特就业形势严峻，新政策加大企业成本”，http：//sa. mofcom. gov. cn/article/ddfg/tzzhch/201211/20121108457678. shtml。（上网日期：2014 年 8 月 12 日）

（3）市场竞争激烈

海湾六国工程承包市场的竞争烈度极高，从高端的项目咨询设计，到中端的总承包领域，再到低端的施工分包领域都是如此。一直以来，欧美国家主导着大中东地区的项目咨询设计领域，从前端设计到工程管理无所不包。在工程总承包领域，西方国家工程公司承揽了大部分项目，中国、印度、埃及等国企业占有的市场份额较小，海湾六国本土企业的项目执行力很弱。在分包领域，中国企业的比较优势较为明显，但存在的无序竞争现象不利于进一步开拓海湾市场，并为企业形象产生了负面影响。

（4）经济颓势渐现

2008 年的全球金融危机对海湾六国的工程承包市场影响较大，加剧了在建项目业主支付能力的不确定性，特别 2009 年迪拜金融危机对国际工程承包商信心打击较大。[①] 海湾六国工程承包市场的国际投标数目不断下降，本土失业率不断攀升，发包商拖欠工程款的现象时有发生，中国承包公司随带的国内劳动力难以获取签证，这使得中国企业的比较优势难有用武之地。

基于以上对中国企业进入海湾六国工程承包市场的 SWOT 分析，我们可以得出以下结论：

第一，中国工程企业进入海湾六国市场既是集货物贸易、技术贸易和服务贸易于一身的重要国际经济合作活动，亦是实现民族复兴战略的重要组成内容；第二，海湾六国市场仍将是中国国际工程承包产业的新兴增长点；第三，巩固提高在西亚地区的市场份额是中国国际工程承包企业的基本战略选择；第四，开发海湾六国过程承包市场有助于拓展中国企业的国际知名度，激发中国企业的后发竞争力；第五，发达国家对中国企业的联合打压不会改变。

---

① 李意：《迪拜危机与伊斯兰金融的安全性》，《阿拉伯世界研究》，2010 年第 4 期，第 37 页。

四、中国企业进入海湾六国工程承包市场的战略设计

既然中国企业拓展在海湾六国工程承包市场的市场份额是大势所趋，那么如何规避风险、制定科学合理的市场进入战略，则是解决问题的关键。中国国际工程承包企业进入海湾六国市场面临两大困境，一是地缘安全环境的掣肘；二是发达国家的“先行优势”。因此中国企业的相关战略对策的构建，至少包括两个层面的内容：一是中国政府的对策；二是国有企业的对策，当然还包括这两个层面的良性互动。由于中国国际工程承包企业的“走出去”战略是一项艰巨的系统工程，多项参考指标难以准确定量，这就决定了依据 SWOT 模型所制定出的只能是宏观对策性的战略方针（见表 5－2）。

表 5－2　中国企业进入海湾六国工程承包市场的 SWOT 分析图

	优势（S） S1 劳动力成本优势 S2 业绩优势 S3 经验优势	劣势（W） W1 信息获取渠道少 W2 复合型人才匮乏 W3 融资能力差 W4 中国企业知名度低
机遇（O） O1 中国与海湾六国关系良好 O2 海湾六国工程承包市场广阔 O3 国家政策扶持	延展型（SO）战略 SO1 集中外交资源，积极改善中国企业在海湾六国的投资环境 SO2 适度调整中国企业进入海湾市场的战略部署	扭转型（WO）战略 WO1 增强中国企业的核心竞争力，完善中国企业的品牌策略。 WO2 提高市场调研力度与广度。
威胁（T） T1 地缘安全形势严峻 T2 地方保护主义 T3 市场竞争激烈 T4 经济颓势渐现	防卫性（ST）战略 ST1 实施复合型人才培养战略 ST2 落实本土化经营战略	多元化（WT）战略 WT1 加强银行与企业的联合程度 WT2 加强企业间的合作，组织项目联营体

数据来源：本图为笔者绘制。

（一）中国国际工程承包企业的延展型（SO）战略

SO 战略是依靠内部优势，利用外部机遇的战略。当前可供中国工程承包企业选择的延展型战略包括：

一是集中外交资源，积极改善中国企业在海湾六国的投资环境。一方面要采取政治、经济、外交等方式推动与海湾六国的全方位合作，发挥经济外交的带动作用；另一方面要加大中国使领馆的海外维权力度，提升其商务信息搜集与反馈能力，及时发布该地区工程承包市场的商讯。

二是适度调整中国企业进入海湾市场的战略部署。关注和努力承揽高端、大型公共房建项目；审慎承揽中、低端住房、别墅项目；适当承揽建筑劳务分包项目。支持国际信誉好、财力雄厚、技术过硬的国有大型工程企业参与海湾六国大型项目的总承包竞标，逐渐提升中国企业在项目咨询设计领域的知名度。当然这种后发式战略的调整不仅需要积极参与国际承包市场上游领域竞争的魄力，更需要甄别海湾六国工程市场风险的能力。

（二）中国国际工程承包企业的扭转型（WO）战略

WO 战略是利用外部机遇，克服内部劣势的战略。当前可供中国工程承包企业选择的 WO 战略包括：

一是增强中国企业的核心竞争力，完善中国企业的品牌策略。第一，不断提升原创技术研发能力，增强中国企业对国际工程标准的适应力。第二，大力宣传一批实力强、信誉好的标杆企业，不断提高在海湾六国工程承包市场的知名度。第三，邀请海湾六国高层人士及技术人员来访，建立工程承包技术论坛、座谈会等定期对话机制，并派遣中国对外承包工程商会等 NGO 回访，对中国企业进行品牌宣传。

二是提高海湾六国市场调研力度与广度。在进行海湾六国国际投标业务前，中国企业应进行详细的市场考察，特别是收集当地的建材价格、人工费用、外汇管理、设备租赁、税收、水费、电费等讯息，为投标建立相对准确的商务价格数据库。

（三）中国国际工程承包企业的防卫型（ST）战略

ST战略是维持内部优势，回避外部威胁的战略。当前可供中国工程承包企业选择的ST战略包括：

一是实施复合型人才培养战略。中国在海湾六国工程承包市场的后发型竞争优势，在很大程度上取决于复合型人才战略的施行。具体路径包括：一是鼓励企业建立复合型人才孵化机制，通过培育和吸纳熟悉海湾地区商情的专业型复合人才，使企业形成强有力的国际营销、国际服务和国际管理的综合能力，实现资本和人才要素的良性配置。二是建立激励与约束并重的人力资源管理体制，形成惜才爱才的企业文化，实现人才的优势互补和优胜劣汰；完善人才考核体系，建立公正的海外业绩考核体系。

二是落实本土化经营战略。实施属地化经营策略有利于中国工程承包商寻找新的盈利增长点。借助当地承包商和工程技术人员的力量，中国工程承包商可以较快熟悉当地法规与技术规范，及时了解工程信息，把握市场前沿动态，增强商务决策的合理性。[①] 与当地公司的合作可采取成立合资企业或联合投标，建样板房，提供设备、技术等多种方式，发挥双方优势，争取更多的市场份额，互惠互利、实现双赢，最大程度赢得当地政府和社会各界的合作与支持。

（四）中国国际工程承包企业的多元型（WT）战略

WT战略是弥补内部劣势，回避外部威胁的战略。当前可供中国工程承包企业选择的ST战略包括：

一是加强银行与企业的联合程度，提升中国企业的融资能力。企业与金融机构联合承包，是项目与资本运作的有机结合，有助于规避资金链断裂带来的风险。为了适应海湾六国工程市场的带资承包要求，中国企业需实施银企联合策略以尽快突破融资瓶颈，扩大融资渠道。

---

① 中华人民共和国商务部：《浅议开拓坦桑尼亚工程承包市场》，http：//www. mofcom. gov. cn/aarticle/i/jyjl/k/200212/20021200059827. html。（上网日期：2014年8月14日）

国有投资型银行应支持有较强竞争力的企业，与其形成银企联合体共同开拓海湾六国的工程承包市场，使银行与企业在市场开发、项目监管等方面紧密结合，形成风险共担、利润共享的共同体。

二是加强企业间的合作，组织项目联营体。“项目联营”成功的运作有利于中国企业应对海湾工程承包市场的激烈竞争，分散企业的经营风险，整合各方的管理优势、经验优势、技术优势、资源优势、资金优势，催生 $1+1>2$ 的效果。工程企业在竞标时与国内其他公司形成以项目联营为主导的综合性工程承包集团，不但可以增强中国企业在海湾六国的综合竞争能力，而且也有利于减少我国承包工程企业在海湾六国国际市场上互相压价的恶性竞争局面，提高中标率，降低交易成本。

综上所述，海湾六国的经济发展吸引着世界工程承包业的目光，同时也为中国企业带来了机遇与挑战。然而，针对中国工程企业进入海湾市场的研究在国关学界尚属新兴议题，但中国企业的海外竞争实践急需学界的智力支持，容不得半点迟疑。本文旨在为正在开拓或打算开拓海湾六国市场的中国国际工程承包商提供有价值的参考，而不仅限于现状的描述。在21世纪的第二个十年伊始之际，工程承包企业作为中国品牌战略的引领者终于从书斋走入执政者的布局谋划，海湾六国广阔的市场机遇必将赋予中国企业逐鹿称雄的舞台。

第四节　中国在海湾地区的国家形象优化

作为国际关系中的一种柔性因素和国家软实力的重要组成部分，国家形象潜移默化地影响着国家间的相互认知，深刻地塑造着具有异质文化背景的国家间的关系。随着“走出去”战略的进一步实施，优化中国的海外形象成为维护国家利益的重要议题，并将深刻影响中国崛起的时间、空间与方式。海湾阿拉伯国家作为中国能源外交的核心区域，与中国在政治、经济、文化、安全等领域的联系极为紧密。近年来，双方经贸合作取得了快速进展，然而中东乱局尘埃未定，海湾国家对区域外大国的介入仍然缺乏足够的信任和认同，这已成为中国进一步拓展与海湾国家经贸合作的一大障碍。由于历史因素和政治经济制度的差异，中国塑造在海湾地区的正面国家形象面临着认同问题的挑战。因此，实施国家形象优化策略有助于中国获得海湾国家的信任，为中国走进阿拉伯世界创造一个良好的国际舆论环境，同时也为中国—海湾国家长效经贸合作提供战略新思路。

一、海湾地区中国国家形象的现状

海湾地区是西亚地缘政治的核心区域，不仅在地域上环绕波斯湾形成连片区域，在历史、民族、文化渊源方面相似，属于阿拉伯—伊斯兰文化圈。海湾地区作为世界名副其实的油库，其能源优势使其成为国际政治中一支不可忽视的力量。

国家形象特别是大国形象，对海湾国家间各种政治经济关系具有不可忽视的影响力。在海湾国家的对外交往史中，不仅可以看到地缘政治、国家利益、大国政治共同作用的轨迹，还可以看到利益与力量之外的认同逻辑。随着中国综合实力的稳步增长及其国际影响力的持续增强，中国的大国地位将在世界范围内得到进一步的确认。在这种大国成长的关键时期，中国的发展受到世界舆论普遍而密切的关注，因此进一步优化在国际社会中的中国形象极具战略意义。

国际地位是影响国家形象的核心因素。从大历史的视角来看，中国的国家形象随着国际地位的变化而发生改变，然而，中国国际地位的提升并不一定导致国家形象的正面化。近年来，“中国模式”在赢得国际尊重的同时，“中国威胁论”等各种负面言论也甚嚣尘上，使中国的海外形象饱受伤害，特别是造成中国—海合会经贸合作中的国家形象悖论，并在相当长时期内成为中国和平崛起的一大障碍。中国在海湾地区的国家形象现状可通过两个矛盾性特点来概括。

其一，中国—海湾经济相互依赖并不一定导致中国形象的正面化发展。海湾地区的一些地缘政治因素不利于正面塑造中国国家形象，甚至使经济相互依赖性也为中国国家形象负面化推波助澜。

国家形象具有不对等性，它来源于客观现实，但并不等同于客观现实。国家形象以该国客观现实为基础，又是主观的产物，是客观信息经过主观加工后的产物，不可避免地具有不同程度的主观色彩。[①] 对于海湾阿拉伯国家而言，中国影响力的拓展，将如何影响本国的国家利益实现？中国在海湾的经济存在又该如何解读？对这些问题的主观认识深刻影响着海湾国家对中国国家形象的有意塑造。

海湾国家的经济增长，使其成为最重要的国际贸易市场之一。海湾国家与区域外大国进行了卓有成效的能源合作，表现出强劲的能源经济潜力，特别是近年来与中国的经贸合作不断扩大，经济联系得到空前加强。[②] 在传统外交资源与现实经济利益的双重支撑下，中国在海湾阿拉伯国家的影响力不断扩大，有力地推动着海湾各国经济的发展与社会的繁荣。从理论层面来讲，中国在海湾的国家形象拥有一些正面化发展的助力。但事实上，经济层面上的相互依赖并未直接导致中国国家形象的正面化。自古以来，海湾地区就是东西交通、贸易中转、文化交流、民族迁徙的地缘枢纽，传统上深受到欧洲基督教文明与中东伊斯兰文明的共同影响，对远东的华夏文明知之甚少。如今，中国成为中东地缘政治舞台上不可或缺的重要一员，令一些海湾国家开始担心中国力量的介入会给自身带来负面冲击，使本国在海湾以及阿拉伯世界的影响力和国际地位相对下降，甚至担心中国会推行资源掠夺政策和大国沙文主义，干涉本国独立与主权。

因此，一些海湾国家有意识地抗拒并试图削弱中国在本国的影响，并默认国内一些损害中国形象的行为，从而造成双方经济合作高涨与

① 王珏：《东亚地区中国国家形象解析》，《世界经济与政治论坛》，2007 年第 5 期，第 69 页。

② 钟昌标：《海湾市场的人文地理环境》，《世界地理研究》，1999 年第 1 期，第 22 页。

政治互信低迷的“经热政凉”倒挂现象。究其因，一方面，中国在大中东的影响力提升是无法遏止的趋势，以海湾国家为主体的阿拉伯世界对中国均存在不同程度的依赖，过于疏远中国不符合海湾各国的长远利益；另一方面，海湾各国对华贸易种类过于单一又意味着某种单方面的脆弱性，甚至被视为一种“经济胁迫”，这将削弱海湾国家的国际地位和独立自主能力。这一认知促使一些海湾国家刻意与中国保持距离，人为遏制经贸发展所产生的“溢出效应”，有意塑造扭曲的中国国家形象。因此，中国“走出去”战略在海湾频频受阻，其中的社会心理因素值得进一步深思。

其二，中国在海湾地区的国家形象不仅受到既有大国的主观塑造，还取决于中国自身的发展态势与策略。历史和事实证明，一个国家国际形象的最终定型，是本国和他国多次互动结果。因此，国家形象不仅来自客观事实，更来自多个行为主体的主观塑造，而如何塑造则与不同行为主体的利益考量紧密相关。

欧美发达国家在海湾地区具有重要利益，并根据本国的利益需要影响着中国在当地的国家形象，而中国自身的发展态势和采取的发展策略对国家形象具有决定意义。海湾地区物产资源丰富，是欧洲的传统后院，也是连接印度洋—地中海—大西洋的海上交通枢纽，向来是强国必争之地。个别国家具有强烈的领导海湾意识，视影响力日隆的中国为头号竞争对手，在战略上刻意对中国国家形象进行别有用心的扭曲和负面塑造。与此同时，一些海湾国家在长期的反大国渗透过程中逐渐形成一套充分发挥小国优势的战略思维，其核心是在大国间搞战略平衡，放任一些大国负面化中国形象的行为，借其他大国之力来平衡中国的影响力。这种现实使得中国选择海湾作为能源外交靶区的战略布局面临掣肘，增大了中国在该地区塑造正面国家形象的难度。

根据现实主义理论逻辑，新兴大国崛起意味着世界力量的重新分配，必然导致国际政治格局的重构。既有大国认为“富强的中国不会是一个维护现状的大国，而会是个决心要获取地区霸权的雄心勃勃的国家”，这不是因为中国有“不良动机”，而是国际体系的结构性规则使然。[①] 在这种思维影响下，丑化中国在大中东地区的形象、进而获得打压中国的合法性被认为有利于维护既有大国的特权地位，这也使得“中国新殖民主义”、“中国威胁论”在一些海湾国家颇有市场。

然而，中国国家形象的最终认知结果还是取决于中国自身发展战略的改善。如何对他国恶意负面化中国形象的行为进行反击，需要中国自身不断发展，拥有正面塑造国家形象的实力，从而获得可持续的善意表达机遇。中国在海湾国家承担了大量的民生工程的建设项目。在伊核危机、阿以问题上，中国仍倡导以和平方式解决争端，化解分歧，并提供大量的人道主义援助，派遣维和军警。中东乱局渐息之后，中资企业纷纷参与战后重建，中国国家形象有所提升。这一事实说明，尽管欧美国家有意负面化中国国家形象，一些国家出于各自的需要也对此推波助澜，但当中国互利共赢的大中东政策展示强大生命力时，中国在阿拉伯世界的负面形象便会随之改善。国家形象对当代中国来说是最为根本的问题，假如把这个问题解决好了，那么许多其他困惑和难题都可以迎刃而解。[②] 因此，如何巩固中国在海湾地区“合作者”身份的认同，推进海湾国家对中国国家形象的正向认同，是中国发展与海湾国家关系过程中所必须重视的问题。

二、中国国家形象优化的困境分析

不可忽视的是，中国在海湾国家的预期形象和实际形象之间存在着三大落差：一是海湾国家精英阶层对中国较为熟悉，而普通民众则对中国不甚了解；二是很多海湾国家民众对中国在中东国际政治中的地位存在认知偏差，将中国看成是冷战期间抗美力量的代表；三是多

---

① ［美］米尔斯海默著，王义桅译：《大国政治的悲剧》，上海人民出版社2003年版，第544页。

② ［美］乔舒亚·库珀·雷默，沈晓雷译：《中国形象：外国学者眼里的中国》，社会科学文献出版社2008年版，第12页。

数海湾国家民众认为中国在改革开放以来，对海湾地区的关注点集中于能源利益而非阿拉伯国家本身。这些“中国印象”在海湾地区虽非主流，但其产生的负面影响不可忽视。尽管历届中国领导人在与海湾国家的长期交往中留下了丰富的外交遗产，但中国在海湾地区的形象优化实践，仍面临五大困境。

一是跨文化交流难度较大。不同地域的生产方式会产生形成不同的体制、观念认同和价值体系，最终形成独特的区域文化。海湾地区是传统的阿拉伯——穆斯林文化区，尽管近几十年欧美商品大量涌入海湾市场，并渗透进普通市民的生活，西方社会的价值观念、生活方式在一定程度上影响了传统的生活，但海湾作为一个文化传统根深蒂固的典型地区，几千年来形成的文化心态仍然深深影响现代的对外交往。海湾国家人乐观、憨厚、淳朴，同时也残留着部落长老制的痕迹，而中国长期处于儒家文化的影响下，形成了独具特色的东方文化。相对于近代以来西方文化的强势，中华文化在海湾国家较为弱势，加之中国与之交往以经贸、能源合作为主流，文化交流与沟通只占据了很小的比例，很多海湾国家民众对中国政府所倡导的“和平发展”、“和谐世界”理念并不了解和接受，反而是某些西方媒体所宣扬的“新殖民主义论”、“中国威胁论”等谬论较有影响。[①] 此外，中阿语言文化的不同造成的表达和理解的差异，这就容易导致理解与表达的偏差，产生海湾民众对中国国家形象的误读。

二是公共外交的成效不够明显。能源合作是中国—海湾经贸合作的主要领域，而双方在文化、社会、医疗、教育等方面的合作很少，公共外交更是成效有限，不利于海湾国家政府与民众从多个角度感受到中国改革开放以来所获得的巨大成就以及中国政府、人民的无私援助和人文关怀。相对于政府力量，中国民间组织在海湾的公共外交活动更能够“稀释”官方外交的政治性，也更易被海湾国家人民所接受。

---

① 刘洪洋：《浅议中国援非工作中的国家形象塑造》，《人民论坛》，2012 年第 10 期，第 236 页。

一国公民对他国的善意表达，比官方援助更有感染力。然而，中国民间组织发展不充分，民间精英以及NGO对公共外交参与不足，对海湾公共外交的策略不完善、不成熟，公共外交的形式和渠道单一，成效有待提高。

三是部分中方企业形象不佳。中国在海湾的形象受损，也有一些自身的原因。例如不少中东学者认为中国产品质量不尽如人意、部分中国公司素质不高、一些中国人不愿主动融入当地社会等。海湾国家的政体多为君主制，处于从半封建经济形态向资本主义经济转型阶段。与市场经济相适应的法制不够健全，执法不严现象比较普遍。一些国家实行的伊斯兰法与世俗法律差异较大。这就出现了一些中国商人利用当地制度漏洞进行偷税漏税等不良现象。中国在海湾国家的一些投资项目只考虑了经济利益而忽略了对环境的保护，对当地经济的带动力有限，从而引起人们的反感与抵制。特别是中国“假冒伪劣”产品的大量流入不仅使海湾各国民众对中国商品的整体印象不佳。长期以往，不仅不利于中国企业的持续发展，而且会损害中国的形象和长远利益。①

四是一些西方媒体对中国形象的刻意丑化。海湾国家的中国负面形象主要体现在一些西方媒体和学界对中国国家形象的负面报道上。近年来，中国与海湾的经贸合作稳定发展，成为发展中国家间合作与交流的典范，在一定程度上冲击了西方国家在海湾的既得利益和现存的不平等的国际秩序。伴随改革开放三十年来中国的巨大发展而来的是西方国家对中国的忧虑，中国与阿拉伯国家的全方位多领域合作，导致了某些大国的不安和心态的失衡。出于自身的国家利益和意识形态等方面的考虑，这些国家企图借助其强大的全球传媒优势来妖魔化中国，损害中国形象和发展环境，压制或延缓中国崛起的进程。② 对中

① 王仲凯：《论中国国家形象在非洲的现状与塑造策略》，《法制与社会》，2010年第8期，第164页。

② 于歌：《美国的本质》，当代中国出版社2006年版，第142页。

国与海湾的经贸合作予以歪曲解读，利用国际咨询传播的话语权，诋毁中国在海湾国家开展的能源合作项目是“掠夺资源战”、“经济帝国主义”、“漠视了海湾人权”。这些言论干扰了中国与海湾国家经贸合作的顺利进行，让部分海湾国家官员和民众对中国在海湾国家的合作项目产生了忧虑甚至抵触情绪，损害了中国在海湾国家的形象和利益。可以说，中国在海湾的负面国家形象很大程度上是西方媒体按照自己的标准和意图塑造出来的。

最后，国际传播能力薄弱。在全球传播格局和传播秩序中，西方仍占据主导地位，掌握世界舆论导向和话语权，在资金、技术、语言上处于优势地位，而中国缺乏像西方国家那样庞大的媒体机构和先进的传播技术，中国对外传播技术落后，传播手段比较单一，影响了国际社会公众对中国的认知与了解，妨碍中国取得正面的国家形象。中国媒体数量虽然众多，但国际传播实力方面只相当于美国的14%，这种弱势的传播地位不利于塑造正面的中国国家形象。①

需要指出的是，西方媒体塑造中国在海湾负面形象的原因，除了中西方在海湾地区传媒能力上的较大差距之外，还与海湾国家民众获取中国讯息的渠道较为狭窄有关。海湾国家的精英阶层主要依靠因特网、旅行、上流社会交流等方式，政界、学界精英也大多接受欧美高等教育，对中国事务不甚了解；而平民阶层主要依靠电视、收音机、报纸甚至是道听途说。此外，除了通过本土语言的媒体获取信息外，英、法等西方语言主办的报纸、广播掌握了海湾地区国际事务舆论的话语权，对海湾国家民众有着传统而广泛的影响，这也正印证了中国在海湾国家的宣传力度不够的观点。西方媒体的话语权以及西方媒体对华报道的倾向性，决定了中国必须重视西方媒体中的中国形象。而海湾当地中文媒体主要面向所在国的华侨、华人等少数群体，影响力较为有限。中国媒体的国际传播力不足已严重影响了中国的国际舆论

① 孟建：《国家形象的传播力瓶颈》，《国际公共》，2009年第2期，第39—40页。

环境和国家形象塑造。

因此，优化中国在海湾地区的国家形象，极具战略意义。一方面，良好的国家形象有利于中国在海湾地区软实力的拓展，有利于经贸及投资行为的顺利进行，为双方国际合作行为奠定良好的基础，消弭中国能源进口安全中的部分障碍；另一方面，中国国家形象的优化，有助于在海湾经贸合作中提升中国的向心力和凝聚力，加强中国在海湾经贸合作中的话语权和影响力，助益于合作主导权和合作收益的获取。

三、中国国家形象优化策略的塑构支点

在现代国际关系里，国家形象的正面塑造是提升国际竞争力的重要渠道。塑造优质的国家形象事实上是向国际合作的其他方积极宣示自我意图，以期得到有利于我的“品牌”判断，促使正向身份认同建立，从观念上改造其他国家对中国的负面印象，最终促成国际合作的开展和合作收益的获取。因此，在海湾塑造良好的国家形象的立足点在于做好中国与海湾国家之间的沟通，不断增进对海湾国家的了解和认识，同时把中国的善意有效传递给海湾人民。优化在海湾地区的中国国家形象，其塑构支点包括以下几个方面。

一是定位“友善中国”形象，提升中国的亲和力。国家形象定位是构建国家形象的出发点和归宿。① 由于历史和现实的原因，海湾国家现代化进程步履维艰，这给海湾国家政治精英带来很大压力，扩大对外经贸合作，特别是能源合作，对他们而言显得尤为重要。然而，西方政府对海湾国家的合作往往带有附加政治条件，其中很多是对海湾国家内政的赤裸裸干涉。相比之下，中国历来尊重海湾国家的独立与主权，支持其探索适合本国国情的发展道路，合作项目从来不附加任何政治条件，这就缓解了海湾国家政治精英的压力，以实际行动向他

① 刘少华：《中国国家形象：问题与思考》，《湖南师范大学社会科学学报》，2010年第4期，第42页。

们展示了中方无私支援海湾国家的坚定立场，在海湾国家政治精英层面营造了“友善中国、朋友中国”的良好氛围。

二是加强“民生”项目援建，赢得当地民众的好感。畸型的石油经济与相对落后的民用工业，是海湾经济的核心特征，民生问题一直是困扰海湾国家社会发展的难题。中国在海湾的“民生工程”无疑加强了中国对海湾普通民众的吸引力与感召力，减少了以往因交往不足而产生的偏见、隔阂和误解，这是中国在海湾国家塑造良好国家形象总体工作的重要组成部分。中国大型国有企业也应改善以往的粗放型经营模式，在高度重视工程项目质量的同时，努力扩展合作的受益面，带动当地的经济发展和就业率。中国在海湾国家开展的“民生工程”也可以考虑与西方国家相协调，共同合作开展部分民生项目，突出中国在海湾国家“建设者”而非“新殖民主义者”的形象，让海湾国家民众直观感受中国亲和的国家形象，为中国优化在当地的国家形象，奠定了坚实的群众基础。

三是推进对外传播事业的改革和建设，打造具有中国特色的民族传播品牌。现代传播媒体是中国施行国家形象优化策略的重要中介。中国对外传播缺乏吸引力的主要原因之一就是内容缺乏民族特色，传播方式单调老化。因此，要加大对具有中国特色的民族传统和现代文化的挖掘和整理，传播中华博大和多彩的文化，打造具有鲜明中国特色且贴近国外受众需求的精品栏目和节目，形成民族传媒品牌，在国际传播格局中占有一席之地。因此，中国必须拓宽在海湾国家的传播渠道，提升传播技术，整合传播资源，创新传播途径，提高传播质量，积极发挥当地华文媒体的作用，从而塑造良好的中国国家形象。[①]

最后，大力发展文化外交，建立优质文化形象。良好的文化形象作为文化软实力的核心内容，是塑造和提升国家形象的重要基础。正因如此，世界各国都通过展示自身文化魅力来塑造优质国家形象，通

---

① 门洪华：《中国国家形象的建构及传播路径》，《国际观察》，2012 年第 1 期，第 11 页。

过开展文化外交来提升文化竞争力，配合和推动其政治外交和国际形象塑造。中国政府采取了一系列跨文化交流活动，在海湾国家塑造以和谐文化为底蕴的“中国形象”，充分体现雍容大度的大国风范，展示中华文化的独特魅力，最大限度地增强海湾民众对中国文化的认同感。让中国文化走进当地阿拉伯主流媒体、走近阿拉伯世界的精英是迅捷之道，因为精英阶层常常是一国社会的“意见领袖”，而让中国文化走进阿拉伯的教育界、走近阿拉伯世界的年轻一代则是长久之计。[①] 中国文化中心、孔子学院的广泛建立便是重要举措。

综上所述，良好的国家形象是中国“走出去”战略的重要支撑力量。是在中国与其他国家的长期互动中形成的。从系统稳定的视角来看，未来的海湾地区政治格局的演变，包括能源合作的进展，没有中国的参与都是不可想象的。对于中国而言，树立在海湾国家的优质国家形象刻不容缓。然而，制定国家形象优化战略需要恰如其分的运行机制，以使中国国力和国际社会之间的沟通渠道制度化。对于像中国这样的新兴大国而言，这种乐观结局并非是理所当然的前景。中国能否抢抓难得的政治机遇，构筑良性的结构性相互认知，以推动与海湾国家的共赢式发展，关键取决于中国政府和社会的精英人物能否具备高超的政治智慧和谋略，是否深怀强烈的政治使命感和社会责任心。在相当长一段时期内，海湾地区仍将是中国能源外交的重点，如何塑造正面国家形象、成功完成中国在这一地区的身份建构，将深刻影响未来中国—海湾经贸合作的进展。

---

① 陈杰：《关于中国文化走向阿拉伯世界的一些思考》，《宁夏社会科学》，2012 年第 3 期，第 85 页。

附录一

卡塔尔新《劳动法》主要内容简介

一、雇用合同问题

雇用合同必须有阿拉伯文文本，一式三份，并经劳工部门认可，工资以卡塔尔里亚尔支付。新法还加进了允许雇主增加下列条款的权力：

——雇主有权要求雇员在解除雇用合同后，一段时间内不得被另一雇主雇用。

——雇主有权要求雇员在解除雇用合同后，不得从事与原雇主竞争的工作，不论其是个人活动还是参与相关项目。

但上述要求必须限定时间期限和工作性质。雇主和雇员可以在提前通知对方的前提下中止雇用合同而不必提出任何理由。

新劳动法第42款规定，雇员不得接受除雇主以外的任何人所给予的与其工作有关的礼物、奖金、佣金等；在雇用合同解除后，不得向他人泄露原雇主的任何工作秘密。

二、试用期问题

卡塔尔的雇用合同一般都有一个试用期，试用期通常为3个月到6

个月不等。以往有些雇主往往用延长雇用期的方法侵害雇员利益。新劳动法规定，雇用合同可以有试用期，但试用期不得超过6个月。

三、雇用结束的补偿问题

雇员受雇满一年以上的，在结束雇用合同时有权得到工资补偿，工资补偿每年度不得少于三个星期的原工资。但雇员因违反工作纪律被解雇者除外。

四、工作时间和休假问题

新法规定每周工作时间不得超过48小时，即每天工作时间不得超过8小时。斋月期间每周工作不得超过36小时，即每天各自不得超过6小时。

但是考虑到有些工种的特殊性，允许增加工时，即所谓加班，但加班时间每天不得超过2小时。新法还规定，公众事务部部长有权批准因必须超时加班的申请。加班工资一般不应低于正常工资的25%。如正常工作时每小时5里亚尔的话，加班一小时的工资不得低于6.25里亚尔。

五、病休、死亡及社会保障问题

雇员在工作满三个月后可以享受全薪病休。雇员生病必须提交医生证明并经雇主同意，但全薪病休不得超过两周。病休者自第三周到第六周可享受半薪。超过六周的雇主可以停发工资。

新法对工伤的规定比以前更细，并附有工伤的种类和鉴别的方法。其中包括因工作性质带来的疾病和纯工伤事故。还规定了与工作有关的伤残的范围和甄别方法，包括从居住地到工作场所的交通是否直达和绕道都做出了明确的规定。新法非常明确地规定雇主必须支付因工伤所产生的一切费用。如因为工作原因致使雇员死亡的，不论其宗教信仰如何，均由伊斯兰法庭确定赔偿的金额。雇主必须在死者去世或调查认定系因公死亡之日起 15 天内向法院交足死亡赔偿金。如果在三年内，法院仍无法确认死者赔偿金的合法领取者时，此笔赔偿金上缴交国库。

新法还规定，雇员人数超过 100 人以上的，雇主必须配备一名男护士，并备有一定数量的急救药品；超过 500 人的，雇主必须设立诊所，诊所必须有一名医生和至少一名男护士。违者将受到 2000 至 6000 里亚尔的罚款及/或一个月的监禁。

六、关于劳工权利及劳工代表问题

新法第 116 款首次允许职工成立工会（Labour Committee），该组织中的卡塔尔籍人不得少于 100 人。同行业的几个工会组织可以联合成立“同行业总工会”（General Committee for profession or industry workers）。不同行业的总工会可以成立工会联盟，名称为“卡塔尔职工总联盟”（估译，原文为：Qatar workers General Union）。工会和同行业总工会的会员必须是卡塔尔国民。成立上述工会组织须得到部一级的批准。这些工会的任务是保障职工利益，保护职工权利，代表职工处理有关劳务事宜。

新法第 120 条规定工人有罢工的权利，这在卡塔尔是一个很大的变化，以前卡塔尔法律是不允许罢工的。新法规定的罢工必须遵循下列条件和程序：

1. 经四分之三的总工会成员同意；
2. 在罢工前两周通知雇主；
3. 得到公共事务和住房部的批准；
4. 所有调解和仲裁方式均无法使雇主与雇员间达成一致。

新法 124 款还规定，任何雇员达到或超过 30 人以上的公司，可以成立雇主与雇员联合委员会。该委员会至少由雇主和雇员代表各一名组成。该委员会有权研究和讨论公司相关问题。

七、关于劳动纪律及处罚的规定

新法规定，任何雇工达到 10 人以上的公司，必须制定劳动纪律，并明确违反劳动纪律的处罚条件和程序。公司所制定的上述劳动纪律及其补充规定，必须在报劳工部门批准后方能生效。劳工部门将在收到上述报告后 30 天内答复。如果公司在 30 天没有收到劳工部门表示反对的通知，可视为被批准。公司可以将有关规定公诸于众，该规定在公布之日起 15 天内生效。

新法对于处罚问题也做了界定，包括自警告至解除合同的范围及各方应遵循的程序等。新法第 64 款明确了雇员对于雇主处罚不服时申诉的方法和渠道。主要有以下三种情况：

1. 在接到处罚通知并决定向有关法律部门申诉前 7 天内，雇员应先与雇主交涉，要求得到解释。如雇主在 7 天内不予答复，则被认为是拒绝答复。

2. 如果雇主拒绝答复，雇员有权向劳工部门提起申诉，劳工部门在接到申诉后 7 天内应予响应，否则将被视为拒绝受理。

3. 如果处罚是终止合同的，雇员不服，可直接向有关法院提起诉讼。如法院认为系处罚不当的，法院有权通知雇主该处罚无效，雇主必须恢复雇员的工作合同。在此种情况下，雇员有权要求雇主补发工资并要求相应得赔偿。

八、妇女就业问题

新劳动法明确规定女性在劳动就业和工资报酬方面与男子同工同酬；不得安排女性从事危险或不适合女性从事的职业。违者将被处于 2000 里亚尔的罚款或不超过一个月的监禁。新法还规定，女性在工作期满一年以后，有权享受 50 天的产假，产假期间雇主不得随意解雇。哺乳期的女性一年内每天可享受 1 小时哺乳时间。这一规定在鼓励和保护女性就业方面将起到较好的作用。

九、雇用童工问题

新劳动法严禁雇用16岁以下的童工，违者将受到罚款及/或处以与一个月以下的监禁。雇用16—18岁的未成年人必须征得其父母或监护人的同意，并报劳工部批准。如果未成年人是卡塔尔人，还需同时报教育部批准。卡塔尔是个外籍劳工占人口一半以上的国家。雇用童工问题在养骆驼行业非常普遍，新法实施后，将取缔这种现象。

（信息来源：中华人民共和国商务部，http：//www. mofcom. gov. cn/aarticle/i/jyjl/k/200502/20050200356103. html。

附录二

海湾阿拉伯国家合作委员会简介

海湾阿拉伯国家合作委员会（简称海合会，Gulf Cooperation Council for the Arab States of the Gulf——GCC）简称海湾合作委员会，1981年5月在阿联酋阿布扎比成立。

海湾合作委员会成员国包括阿拉伯联合酋长国、阿曼、巴林、卡塔尔、科威特、沙特阿拉伯6国。成员国总面积267万平方公里。主要资源为石油和天然气，总部设在沙特阿拉伯首都利雅得。2001年12月，也门被批准加入海湾合作委员会卫生、教育、劳工和社会事务部长理事会等机构，参与海湾合作委员会的部分工作。

海湾合作委员会宗旨：加强成员国之间在一切领域内的协调、合作和一体化；加强和密切成员国人民间的联系、交往与合作；推动6国发展工业、农业、科学技术，建立科学研究中心，兴建联合项目，鼓励私营企业间的经贸合作。

海湾合作委员会主要组织机构：

1. 最高理事会：为最高权力机构，最高理事会由成员国元首组成，即6国首脑会议，每年举行1次例会，主席由成员国国家元首按国名字母顺序轮流担任，任期一年。

2. 部长理事会：由成员国外交大臣（部长）或代表他们的其他大臣组成，系执行机构，每3个月举行1次例会。主席由各成员国按国名字母顺序轮流担任，任期一年。

3. 总秘书处：为常设机构，总部设在沙特阿拉伯首都利雅得。由秘书长和负责政治事务、财经事务及军事事务的3名助理秘书长主持工作。秘书长一职按国家名称（阿文）字母顺序轮流担任并由最高理事会在首脑会议期间任命，任期3年。

4. 专门委员会：设有经济社会发展委员会、商业金融合作委员会、工业合作委员会、石油合作委员会、文化合作委员会和防务合作委员会。

海湾合作委员会的主要活动：海湾合作委员会自成立以来，每年11月或12月轮流在6国首都召开首脑会议。海湾合作委员会首脑会议已先后发表了《科威特宣言》、《阿布扎比宣言》、《麦纳麦宣言》、《多哈宣言》，并通过了《海湾合作委员会与其他国家、地区集团和国际组织发展关系和进行谈判的长期战略》等一系列文件。此外，6国的外交、国防、内政、石油和财经等大臣（部长）还定期或根据需要召开会议，对政治、经济、军事、外交等方面的重大问题进行商讨，以协调立场，采取联合行动。

参考文献

一、著作

1. 吴元操著：《社会系统论》，上海：上海人民出版社 1993 年版。

2. （美）理查德·谢弗著，刘鹤群、房智慧译：《社会学与生活》，北京：世界图书出版公司 2008 年版。

3. 柳思思著：《突破与创新：国际关系理论的新研究》，北京：时事出版社 2013 年版。

4. 柳思思著：《规范生成与恐怖主义》，北京：世界知识出版社 2013 年版。

5. 宣兆凯编著：《新编社会学概论》，北京：中国人事出版社 2000 年版。

6. 吴增基、吴彭森、苏振芳主编：《现代社会学》，上海：上海人民出版社 2009 年版。

7. （美）詹姆斯·温布兰特著，韩志斌、王泽壮、尹斌译：《沙特阿拉伯史》，北京：东方出版中心 2009 年版。

8. 陈怀远、丁宇主编：《社会学基本理论与方法论》，武汉：湖北人民出版社 2009 年版。

9. （德）马克斯·韦伯著，阎克文译：《马克斯·韦伯社会学文集》，北京：人民出版社 2010 年版。

10. （美）米尔斯著，许荣、王崑译《权力精英》，南京：南京大学出版社 2004 年版。

11. （美）塞缪尔·亨廷顿，王冠桦等译《变化社会中的政治秩序》，北京：三联书店 1989 年版。

12.（美）塞缪尔·亨廷顿著，周琪、刘绯、张立平、王园译：《文明的冲突与世界秩序的重建》，北京：新华出版社 1998 年版。

13. 王联著：《中东政治与社会》，北京：北京大学出版社 2009 年版。

14. 朱小莉著：《国际战略视野中的中东》，北京：世界知识出版社 2010 年版。

15. 陈敏华著：《冷战后中东极端组织行动研究——社会学视角》，北京：时事出版社 2008 年版。

16. 冯璐璐著：《中东经济现代化的现实与理论探讨全球化的视角》，北京：人民出版社 2009 年版。

17. 杨光主编：《中东非洲发展报告：国际金融危机对中东非洲经济的影响》，北京：社会科学文献出版社 2010 年版。

18. 舒先林著：《美国中东石油战略研究》，北京：石油工业出版社 2010 年版。

19. 文天尧著：《中东战争史全传——中东黑血》，北京：凤凰出版传媒集团 2010 年版。

20. 郭依峰著：《阿拉伯国家概况》，北京：世界知识出版社 2006 年版。

21. 叶中娴著：《新天方夜谈：窥视中东》，杭州：浙江大学出版社 2011 年版。

22.（美）詹姆斯·温布兰特著，韩志斌、王泽壮、尹斌译：《沙特阿拉伯史》，北京：东方出版中心 2009 年版。

23. 郁兴志著：《在沙特当大使的日子》，上海：上海辞书出版社 2009 年版。

24. 刘洁著：《黑纱下的万种风情：一个中国女性眼中的沙特》，北京：中国广播电视出版社 2010 年版。

25.（美）康锐思著：《投资狂人：沙特王子阿尔瓦利德的财富传

奇》，北京：中信出版社 2007 年版。

26. 钱学文著：《当代沙特阿拉伯王国社会与文化》，上海：上海外语教育出版社 2003 年版。

27. 刘元培著：《沙特阿拉伯》，沈阳：辽宁教育出版社 2000 年版。

28. 王铁铮、林松业著：《中东国家通史：沙特阿拉伯》，北京：商务印书馆 2000 年版。

29. 陈沫著：《列国志——沙特阿拉伯》，北京：社会科学文献出版社 2011 年版。

30. 王铁铮主编：《沙特阿拉伯的国家与政治》，西安：三秦出版社 1997 年版。

31. 王联著：《中东政治与社会》，北京：北京大学出版社 2009 年版。

32. 王林聪著：《中东国家民主化问题研究》，北京：中国社会科学出版社 2007 年版。

33. 吴彦著：《沙特阿拉伯政治现代化进程研究》，杭州：浙江大学出版社 2011 年版。

34. 纳伊瓦·本·拉登著，陈嘉宁译：《本·拉登传：一个恐怖大亨的隐秘人生》，北京：金城出版社 2010 年版。

35. 朱威烈著：《中东反恐怖主义研究》，北京：时事出版社 2010 年版。

36. 徐龙德、周华著：《伊斯兰激进组织》，北京：时事出版社 2010 年版。

37. 李群英著：《全球化背景下的伊斯兰极端主义》，北京：中国政法大学出版社 2007 年版。

38. 安维华、李绍先、陈建民著：《海湾寻踪》，北京：时事出版社 1997 年版。

39. 黄民兴著：《中东历史与现状十八讲》，西安：陕西人民出版社 2008 年版。

40. 黄民兴著：《沙特阿拉伯——一个产油国人力资源的发展》，西安：西北大学出版社 1998 年版。

41. 高鸿均著：《伊斯兰法：传统与现代化》，北京：社会科学文献出版社 1996 年版。

42. （美）伯纳德·路易斯著，郑之书译：《中东：激荡在辉煌的历史中》，北京：中国友谊出版公司 2002 年版。

43. （叙利亚）莫尼尔·阿吉列尼著、何义译：《费萨尔传》，北京：商务印书馆 1997 年版。

44. 哈全安著：《中东国家的现代化历程》，北京：人民出版社 2006 年版。

45. 秦惠彬著：《伊斯兰文化与现代社会》，沈阳：沈阳出版社 2001 年版。

46. 马晓霖主编：《阿拉伯剧变——西亚、北非大动荡深层观察》，北京：新华出版社 2012 年版。

47. 金宜久、吴云贵著：《伊斯兰与国际热点》，北京：东方出版社 2001 年版。

48. 陈德成著：《中东政治现代化》，北京：社会科学文献出版社 2000 年版。

49. 王京烈著：《面向二十一世纪的中东》，北京：社会科学出版社 1999 年版。

50. 朱和海著：《中东，为水而战》，北京：世界知识出版社 2007 年版。

51. 钟至成著：《中东国家通史—海湾五国卷》，北京：商务印书馆 2007 年版。

52. （美）马修·西蒙斯著，徐小杰译：《沙漠黄昏：即将来临的沙特石油危机与世界经济》，上海：华东师范大学出版社 2006 年版。

53. （美）托马斯·李普曼著：《伊斯兰教与伊斯兰世界》，北京：新华出版社 1985 年版。

54. 彭树智主编，钟至成著：《中东国家通史：海湾五国卷》，北京：商务印书馆 2007 年版。

55. 殷罡：《阿以冲突——问题与出路》，北京：国际文化出版公司 2002 年版。

56. 解力夫：《中东战争》，北京：世界知识出版社 1994 年版。

57. 赵国忠：《海湾战争后的中东格局》，北京：中国社会科学出版社 1995 年版。

58. 张俊彦：《变化中的中东经济现状与前景》，北京：北京大学出版社 1987 年版。

59. 郭应德：《阿拉伯史纲 610—1945》，北京：中国社会科学出版社 1997 年版。

60. 孙承熙：《阿拉伯文化史纲》，北京：北京大学出版社 2001 年版。

61. 马坚译：《古兰经》，北京：中国社会科学出版社 1996 年版。

62.（美）托伊·法罗拉、安妮·杰诺娃著，王大锐、王翥译：《国际石油政治》，北京：石油工业出版社 2008 年版。

二、论文

1. 李震：《千年圣城，谁主沉浮？——浅析阿以对圣城耶路撒冷的争夺》[J]，阿拉伯世界，2000 年 04 期。

2. 杨中强：《21 世纪中东和平进程的难题——耶路撒冷问题》[J]，阿拉伯世界，2001 年 01 期。

3. 孙小亮：《冷战后美国中东战略的调整与伊朗核问题》[J]，阿拉伯世界研究，2009 年 05 期。

4. 刘中民：《中国的中东热点外交：历史、理念、经验与影响》[J]，阿拉伯世界研究，2011 年 01 期。

5. 刘中民：《关于中东变局的若干基本问题》[J]，阿拉伯世界研究，2012 年 02 期。

6. 刘中民：《中国的热点外交研究——特点、理念与意义》［J］，东北亚论坛，2009 年 03 期。

7. 刘彬：《海湾国家非传统安全现状评析》［J］，阿拉伯世界研究，2010 年 01 期。

8. 任晶晶：《新地区主义视角下的中国东亚区域合作外交》［J］，东北亚论坛，2007 年 01 期。

9. 朱祥：《中国与土耳其国家关系研究》［J］，东方企业文化，2010 年 05 期。

10. 安惠候：《阿拉伯国家转型》［J］，阿拉伯世界研究，2014 年 01 期。

11. 丁隆、赵元昊：《卡塔尔的外交政策及其实践》［J］，阿拉伯世界研究，2010 年 01 期。

12. 孙德刚：《论中阿战略合作关系》［J］，阿拉伯世界研究，2010 年 06 期。

13. 尹斌：《后冷战时代的欧盟中东战略与伊朗核问题》［J］，北京航空航天大学学报，2006 年 03 期。

14. 宫少朋：《阿以和平进程中的水问题》［J］，世界民族，2002 年 06 期。

15. 苏长和：《帝国、超国家与东亚的未来》［J］，国际观察，2003 年 02 期。

16. 何书海：《海湾国家工程承包市场分析》［J］，国际市场，2006 年 12 期。

17. 杨洁勉：《浅析奥巴马政府的全球战略调整》［J］，国际问题研究，2011 年 02 期。

18. 高祖贵：《中东大变局对美国战略的影响》［J］，国际问题研究，2011 年 03 期。

19. 漆海霞：《国际斡旋的成败分析》［J］，国际政治科学，2005 年 04 期。

20. 陈东晓：《当前国际局势特点及中国外部环境的新挑战》［J］，国际展望，2011 年 01 期。

21. 柳思思：《身份认知与不对称冲突》［J］，世界政治与经济，2011 年 02 期。

22. 柳思思：《从规范进化到规范退化》［J］，当代亚太，2011 年 06 期。

23. 柳思思：《规范传播下的“吉哈德主义”》［J］，外交评论，2011 年 04 期。

24. 柳思思：《伊斯兰教的“和平”与“中道”思想》［J］，东南亚研究，2013 年 04 期。

25. 柳思思：《中国与北非阿拉伯国家深水能源开发战略设计》［J］，阿拉伯世界研究，2012 年 11 期。

26. 柳思思：《新媒体：西亚北非乱局演化的“助推器”》［J］，当代世界，2013 年 05 期。

27. 柳思思：《解析“哈卡尼”网络的渗透过程》［J］，南亚研究季刊，2012 年 09 期。

28. 陈杰：《关于中国文化走向阿拉伯世界的一些思考》［J］，宁夏社会科学，2012 年 03 期。

29. 陈杰：《海湾外籍劳务现状及其发展趋势》［J］，阿拉伯世界研究，2007 年 05 期。

30. 刘军：《当代海湾国家的外来劳工移民及其影响》［J］，世界民族，2008 年 06 期。

31. 张玫：《海湾六国的可持续发展及其对中国的启示》［J］，阿拉伯世界研究，2008 年 03 期。

32. 安维华：《国际金融危机对中东经济的影响》［J］，西亚非洲，2009 年 04 期。

33. 李意：《试析中东国家的非传统安全挑战》［J］，阿拉伯世界研究，2005 年 03 期。

34. 李意：《迪拜危机与伊斯兰金融的安全性》［J］，阿拉伯世界研究，2010 年 04 期。

35. 汪波：《气候变化政治对海湾国家的影响》［J］，阿拉伯世界研究，2012 年 03 期。

36. 朱和海、邹兰芳：《中东水问题成因、合作与冲突》［J］，世界地理研究，2008 年 02 期。

37. 许经纶：《阿拉伯半岛诸国的水源与用水》［J］，上海水务，2004 年 04 期。

38. 黎海波：《当前中国领事保护机制的发展及人权推动因素》［J］，创新，2010 年 04 期。

39. 张叶烽：《当代国际劳务合作走势》［J］，施工企业管理，2005 年 06 期。

40. 辛晓宁：《〈各国经济权利和义务宪章〉国际法律效力之思考》［J］，决策与信息，2010 年 03 期。

41. 程达军：《我国企业海外并购的民族主义风险与企业应对策略》［J］，商业研究，2013 年 04 期。

42. 王铁鹏：《海湾六国建筑市场开发前景》［J］，技术与市场，2013 年 02 期。

43. 金峰：《海湾炼化工程承包市场分析及对策》［J］，当代石油石化，2009 年 11 期。

44. 马丽蓉：《中阿文明交往面临的挑战及对策思考》［J］，阿拉伯世界研究，2011 年 02 期。

45. 王京烈：《伊斯兰世界的命运与前途》［J］，国际问题研究，2004 年 01 期。

46. 王京烈：《论海湾六国移民与人口结构安全》［J］，西亚非洲，1999 年 02 期。

47. 王珏：《东亚地区中国国家形象解析》［J］，世界经济与政治论坛，2007 年 05 期。

48. 钟昌标：《海湾市场的人文地理环境》[J]，世界地理研究，1999 年 01 期。

49. 刘少华：《中国国家形象：问题与思考》[J]，湖南师范大学社会科学学报，2010 年 04 期。

50. 农业部农业贸易促进中心政策研究所：《海湾国家将粮食投资转向发达国家》[J]，世界农业，2014 年 04 期。

三、外文资料

1. Johnny McDevitt, "Jordanians Protest Against Soaring Food Prices," *The Guardian*, January 15, 2011.

2. United Nations, "Syria Drought Response Plan, 2009 - 2010", *Mid-Term Review*, New York, February 2010.

3. Jeff Rubin, "Food: What's Really Behind the Unrest in Egypt," *Toronto Globe & Mail*, February 9, 2011.

4. Matt Bradley, "Egypt Budget Reflects Populist Turn," *The Wall Street Journal*, June 3, 2011.

5. Rory Jones and Tom Arnold, "UAE Pact on Price Controls Set to Last to End of the Year," *The National*, May 11, 2011.

6. Emirates News Agency (WAM), "UAE freezes prices of 400 major commodities," *Emirates* 24/7, May 27, 2011.

7. International Monetary Fund, *World Economic Outlook*, September 2011, p. 99.

8. Luzi Ann Javier, "Egypt to Boost Wheat Imports to Avert Unrest, El Attal Says," *Bloomberg News*, September 20, 2011.

9. Eckart Woertz. "Arab Food, Water and the Big Gulf Landgrab that Wasn't", *The Brown Journal of World Affairs*, p. 4.

10. Clemens Breisinger et al., "Food Security and Economic Development in the Middle East and North Africa: Current State and Future Perspec-

tives", *International Food Policy Research Institute (IFPRI) Discussion Paper*, May 2010, p. 7.

11. V. Shahabinejad and A. Akbari, "Measuring Agricultural Productivity Growth in Developing Eight," *Journal of Development and Agricultural Economics*, Vol. 2, No. 9 (September 2010), p. 327.

12. Imed Drine, "The Food Crisis: Global Perspectives and Impact on MENA", *MPRA Paper*, No. 22245, April 21, 2010, p. 6.

13. Adel Shalaby and R. R. Ali, "Agricultural Land Monitoring in Egypt", *NOAA-AVHRR and SPOT Vegetation Data*, Vol. 8, No. l 11 (November 2010), pp. 275 –276.

14. Vinita Bharawaj, "U. A. E. Strives to Promote Local Farm Goods at Home," *The New York Times*, January 19, 2011.

15. Javier Blas, Jack Farchy, and Roula Khalaf, "Abu Dhabi Moves to Secure Food Supply," *Financial Times*, November 16, 2010.

16. Nadim Kawach, "Arabs Mull $65 Billion Food Security Plan," *Emirates* 24/7, July 28, 2010.

17. Joachim von Braun and Ruth Meinzen-Dick, " 'Land Grabbing' by Foreign Investors in Developing Countries: Risks and Opportunities," *IFPRI Policy Brief*, April 20.

18. Xan Rice, "Qatar Looks to Grow Food in Kenya," *The Guardian*, December 2, 2008.

19. Simeon Kerr and Farhan Bokhari, "UAE Investors Buy Pakistan Farmland," *Financial Times*, May 11, 2008.

20. John Vidal, "How Food and Water Are Driving a 21st – Century African Land Grad," *The Guardian*, March 7, 2010.

21. John Sfakianakis, et al., "Saudi Arabia Economics: Pressure on Food Prices," *Banque Saudi Fransi*, August 21, 2010, p. 11.

22. Nick Wadhams, "Kenyan Activists Fight Land Deal With Qatar,"

The National, June 6, 2009.

23. Klaus Von Grebmer et al. , *2010 Global Hunger Index*, IFPRI, October 2010.

24. Abdul Rahman Shaheen, "Poverty Alleviation Becomes Priority for Saudi Arabia", *Gulf News*, September 22, 2009.

25. Larbi Sadiki "Towards Arab Liberal Governance: From the Democracy of Bread to the Democracy of the Vote," *Third World Quarterly*, Vol. 18, No. 1 (March 1997), pp. 127 – 148.

26. Haim Malka and Jon B. Alterman, "Taking It to The Streets," *Middle East Notes and Comment*, October 2007.

27. Ibrahaim Saif, "The Food Price Crisis in the Arab Countries: Short-Term Responses to a Lasting Challenge," *Web Commentary*, Carnegies Endowment for International Peace, June 2008.

28. Ahmed Bel Haj Frej, Ahmed El-Kawaz. *New Economic Development and Their Impact on Arab Economies.* p. 469.

29. Nils Petter Gleditsch. *Conflict and the Environment*, Springer, 1997, p. 370.

30. M. Falkenmark, "The Massive Water Scarcity Now Threatening Africa—Why Isn' t It Being Addressed?," *Ambio*, 1989.

31. Waleed K. Al-Zubari, "Integrated Groundwater Resources Management in the GCC Countries—AReview," *Proceedings of the WSTA 8th Gulf Water Conference*, Bahrain, March 2 – 6, 2008.

32. Richard Cronin, Amit Pandya, "Exploiting Natural Resources", *STIMSON Pragmatic Steps For Globlal Security*, p. 6.

33. A. Al-Turbak, "Water in the Kingdom of Saudi Arabia: Policies and Challenges," paper presented at the*Future Vision of the Saudi Economy symposium organized*, 2003.

34. Winckler, Onn. "The Immigration Policy of the Gulf Cooperation

Council Countries (GCC) States." *Middle Eastern Studies* 33.3, 1997, pp. 480 – 493.

35. Kapiszewski, Andrzej "Arab Versus Asian Migrant Workers in the GCCCountries." United Nations Expert Group Meeting on InternationalMigration and Development in the Arab Region. Beirut, Lebanon, May15 – 17, 2006.

36. KhatriSridhar K. "Labour Migration, Employment and Poverty Alleviation in South Asia." *Proceedings of the Regional Seminar jointly organized by South Asia Centre for Policy Studies* (SACEPS) and Friedrich Ebert Stiftung (FES). Hotel Himalay, Kathmandu, Nepal, August 9 – 10, 2007.

37. Dito, Muhammad E. "Labor Migration in the GCC Countries: SomeReflections on a Chronic Dilemma." *Viewpoints: Migration and the Gulf*, 2010.

38. Auwal, Muhammad A. "Ending the Exploitation of Migrant Workers in the Gulf." *The Fletcher Forum of World Affairs Journal*, 2010: pp. 87 – 108.

39. Kapiszewski, Andrzej. *Arab Versus Asian Migrant Workers in the GCC Countries.* United Nations Expert Group Meeting on International Migration and Development in the Arab Region. Beirut, Lebanon, May15 – 17, 2006.

40. United Nations Framework Convention on Climate Change, *Climate Change: Impacts, Vulnerabilities and Adaptation in Developing Countries*, 2007: p. 24.

41. Intergovernmental Panel on Climate Change. "Summary for Policymakers," *Working Group I Contribution to the IPCC Fifth Assessment Report* (*AR5*) *Climate Change*, 2013.

42. Joshua Meltzer, Nathan Hultman. *Low-Carbon Energy Transitions In Qatar and The Gulf Cooperation Council Region*, Washington, D. C, U. S. A., Global Economy and Development program at the Brookings Insti-

tution. February 2014: p. 5.

43. United States Department of Defense. *Quadrennial Defense Review*, 2010.

44. IPCC. Summary for Policymakers. *Climate Change 2007: Fourth Assessment Report, Synthesis Report*, 2007.

45. Elasha. *Mapping of Climate Change Threats and Human Development Impacts in the Arab Region*, 2010.

46. Kumetat. *Climate Change in the Persian Gulf-Regional Security, Sustainability Strategies and Research Needs*, 2009.

47. Sowers and Weinthal. *Climate Change Adaptation in the Middle East and North Africa: Challenges and Opportunities*, 2010.

48. State of Qatar. *Initial National Communication to the United Nations Framework Convention on Climate Change*, 2011.

49. Al-Mulla et al. *Some climatologically aspects of the State of Qatar*, 2002.

50. Al-Mohannadi. *Water Resources in the State of Qatar, Shortages and Alternatives*, 2008.

51. Rao and Al-Mulla. *Possible Impacts of Climatic Change on Water Securities in Qatar*, 2001.

52. Sheppard et al. *Marine Ecology of the Arabian Peninsula Patterns and processes in Extreme Tropical Environments*, 2012.

53. Riegl, *Effects of the 1996 and 1998 positive Sea Surface Temperature Anomalies on Corals, Coral Diseases and Fish in the Arabian Gulf*, 2002.

54. Raouf. *Climate Change Threats, Opportunities, and the GCC Countries*, 2008.

55. Global Fuel Economy Initiative. *Fuel Economy State of the World 2014: The World is Shifting into Gear on Fuel Economy*, 2014.

56. Ahmed and Al-Maslamani. *Anticipated economic cost and benefits of*

ratification of the Kyoto Protocol by the State of Qatar, 2004.

57. Levitt. *Carbon Emissions*, *the World in 2010*, 2010.

58. Qader. *Electricity Consumption and GHG Emissions in GCC Countries*, 2009.

59. Baxter. *Riyadh' s Rising Fuel Subsidy Bill*, 2011.

60. McKinsey & Company. *Pathways to a Low Carbon Economy*: *Version 2 of the Global Greenhouse Gas Abatement Curve*, 2009.

61. UNEP. *Emissions Gap Report 2013*: *A UNEP Synthesis Report*, 2013. 62. Moncel et al. *Building the Climate Change Regime*: *Survey and Analysis of Approaches*, 2011.

63. United States Department of Energy and North Carolina Solar Center. *Database of State Incentives for Renewables & Efficiency*, 2013.

64. Center for Clean Energy Solutions. *Advanced Research Projects Agency-Energy*: *Innovation Through the U. S. Department of Energy*, 2012.

65. IEA. *Energy Policies of IEA Countries*: *The Republic of Korea 2012 Review*, 2012.

66. Raouf. *Climate Change Threats*, *Opportunities*, *and the GCC Countries*, 2008.

67. Qatar General Secretariat for Development Planning. *Qatar's Commitment to Sustainable Development*: *Meeting the Challenges of Climate Change*, 2012.

68. Ernst & Young. *Ensuring Australia' s Economic Sustainability*: *Government Agenda*, 2013.

四、网站

1. 中华人民共和国财政部：http：//www. mof. gov. cn/.

2. 中华人民共和国商务部：http：//www. mofcom. gov. cn/.

3. 中华人民共和国外交部：http：//www. fmprc. gov. cn.

4. 中华人民共和国科学与技术部：http：//www. most. gov. cn/.

5. 中华人民共和国驻科威特大使馆：http：//kw. mofcom. gov. cn/article/jmxw/201311/20131100404339. shtml.

6. 中华人民共和国驻巴林大使馆：http：//bh. mofcom. gov. cn/.

7. 中华人民共和国驻沙特大使馆：http：//sa. mofcom. gov. cn/.

8. 中华人民共和国驻阿联酋大使馆：http：//www. fmprc. gov. cn/ce/ceae/chn/.

9. 中华人民共和国驻阿曼大使馆：http：//om. mofcom. gov. cn/.

10. 中华人民共和国驻卡塔尔大使馆：http：//qa. mofcom. gov. cn/.

11. 中华人民共和国驻约旦大使馆：http：//jo. mofcom. gov. cn/.

12. 中华人民共和国驻埃及大使馆：http：//eg. mofcom. gov. cn/aarticle/jmxw/200405/20040500227252. html.

13. 中国对外工程承包商会：http：//www. chinca. org/.

14. 中国水网：http：//news. h2o - china. com/html/2005/10/411741128992920_ 1. shtml.

后 记

经过数月的艰苦鏖战和上百个不眠之夜，在北京初秋的蝉鸣中，这部拙著总算成稿了。但我并没有丝毫想放松一下的感觉，因为书中值得反复推敲、把握琢磨的地方还很多，然而由于资料有限和功力不逮，又难以立即投入深化性的研究。

我对海湾国家非传统安全的兴趣始于读博时代，从那时起我就感觉富裕的海湾国家一定有不为人知的苦恼。为此我逐渐痴迷于那块土地的历史、文化、经济，甚至不知深浅地进行了对伊斯兰古典哲学的研究。工作后仍然坚持翻阅国内外研究海湾国家非传统安全的成果。国内一大批阿拉伯世界研究的先驱如彭树智、朱威烈、高少朋、殷罡、王京烈、朱和海、钟志成等都是我未曾谋面的授业恩师，没有他们的开拓性研究成果与公开发表的资料，就不会有我这本小书的面世。籍此书出版之际，向所有研究海湾国家非传统安全的先行者们献上我的敬意与厚谢，并期待有缘面聆教诲。

书成之际，心中满是感激。感谢我的父母，他们为我操劳半生，无怨无悔。在此，祝愿他们能够健康快乐，长命百岁。感谢编辑高冉女士，是她让书籍文字更为精炼。最后，感谢所有为本书的写作带来启发的先行者。由于作者学识有限，功力不逮，文字粗疏浅陋，在本刊付梓之前，尽量汲取国内外学术界的研究成果。以升量石，谬误之处在所难免，谒诚欢迎学者、读者批评赐教。

在此，要特别感谢我的学生们：顾泽华、焦运佳、柳文博、李芝聪乐等。她们天资聪颖并且极其刻苦，求学的渴望让我不敢有丝毫懈怠。我很庆幸自己的学术团队能有这些善良、努力、坚忍不拔的年轻人！在和她们并肩奋斗的道路上，我求学的渴望再次苏醒，不断提醒我以敬畏之心对待学问。她们主动为我分忧，担负起相关章节的资料搜集、翻译、整理等工作，为本书的顺利交稿付出了很多辛勤的劳动。

我希望拙作能为那些对海湾国家感兴趣的同仁带来阅读的快乐。虽然每个人都会为琐事烦身，但做一个爱读书、勤思考的学人，终究会体会做科研的快乐。求学在坚持中逐渐圆满，问学在醍醐灌顶中带来持久的愉悦。正所谓“人生有梦，逐梦踏实”，本书的完成不仅是一个梦想的实践，也奠定了未来宽广的发展可能。在自我实现的竞逐中，愿善尽一己之力，能学以致用回馈社会，贡献所学所能，许自己、社会及国家一个美好的未来。

图书在版编目（CIP）数据

非传统威胁下海湾国家安全局势研究/肖洋著. —北京：时事出版社，2015. 1

ISBN 978-7-80232-788-7

Ⅰ. ①非…　Ⅱ. ①肖…　Ⅲ. ①国家安全－研究－阿拉伯半岛地区　Ⅳ. ①D737. 103. 5

中国版本图书馆 CIP 数据核字（2014）第 250992 号

出 版 发 行：时事出版社
地　　　址：北京市海淀区万寿寺甲 2 号
邮　　　编：100081
发 行 热 线：（010）88547590　88547591
读者服务部：（010）88547595
传　　　真：（010）88547592
电 子 邮 箱：shishichubanshe@ sina. com
网　　　址：www. shishishe. com
印　　　刷：北京市昌平百善印刷厂

开本：787 × 1092　1/16　印张：16. 25　字数：226 千字
2015 年 1 月第 1 版　2015 年 1 月第 1 次印刷
定价：60. 00 元
（如有印装质量问题，请与本社发行部联系调换）